독학사 2·4단계
국어국문학과

국문학개론

시대에듀

머리말 INTRO

학위를 얻는 데 시간과 장소는 더 이상 제약이 되지 않습니다. 대입 전형을 거치지 않아도 '학점은행제'를 통해 학사학위를 취득할 수 있기 때문입니다. 그중 독학학위제도는 고등학교 졸업자이거나 이와 동등 이상의 학력을 가지고 있는 사람들에게 효율적인 학점 인정 및 학사학위 취득의 기회를 줍니다.

학습을 통한 개인의 자아실현 도구이자 자신의 실력을 인정받을 수 있는 스펙인 독학사는 짧은 기간 안에 학사학위를 취득할 수 있는 가장 빠른 지름길로써 많은 수험생들의 선택을 받고 있습니다.

이 책은 독학사 시험을 준비하는 수험생분들이 단기간에 효과적인 학습을 할 수 있도록 다음과 같이 구성하였습니다.

01 핵심이론을 학습하기에 앞서 각 단원에서 파악해야 할 중점과 학습목표를 정리하여 수록하였습니다.

02 시험에 출제될 수 있는 내용을 '핵심이론'으로 수록하였으며, 이론 안의 '더 알아두기' 등을 통해 내용 이해에 부족함이 없도록 하였습니다. (2023년 시험부터 적용된 개정 평가영역 반영)

03 해당 출제영역에 맞는 핵심포인트를 분석하여 구성한 '실전예상문제'를 수록하였습니다.

04 최신 출제유형을 반영한 '최종모의고사(2회분)'를 통해 자신의 실력을 점검해 볼 수 있도록 하였습니다.

05 4단계 시험에 대비할 수 있도록 '주관식 문제'를 수록하였습니다.

국문학개론은 개화기 이전에 나타났던 국문학의 다양한 문학 장르를 두루 살펴보는 과목으로, 전체적인 흐름을 먼저 파악한 후 대표 작품들을 구체적으로 살펴봄으로써 국문학에 대해 전반적으로 이해할 수 있습니다. 이 과정에서 문학 장르별 특징뿐만 아니라 대표 작품들에 대한 이론, 시대 상황을 바탕으로 각 장르가 생겨날 수밖에 없었던 필연적인 이유들도 이해해야 하기 때문에 그 난이도가 다소 높을 수 있습니다. 그러나 국문학개론을 열심히 공부한다면 국문학 전체에 대한 통찰력은 물론 한국인의 기본적인 정서에 대한 이해, 각각의 작품들을 통한 내면의 풍족함까지 얻을 수 있을 것입니다.

편저자 드림

독학학위제 소개 BDES

◇ 독학학위제란?

「독학에 의한 학위취득에 관한 법률」에 의거하여 국가에서 시행하는 시험에 합격한 사람에게 학사학위를 수여하는 제도

- ✓ 고등학교 졸업 이상의 학력을 가진 사람이면 누구나 응시 가능
- ✓ 대학교를 다니지 않아도 스스로 공부해서 학위취득 가능
- ✓ 일과 학습의 병행이 가능하여 시간과 비용 최소화
- ✓ 언제, 어디서나 학습이 가능한 평생학습시대의 자아실현을 위한 제도
- ✓ 학위취득시험은 4개의 과정(교양, 전공기초, 전공심화, 학위취득 종합시험)으로 이루어져 있으며 각 과정별 시험을 모두 거쳐 학위취득 종합시험에 합격하면 학사학위 취득

◇ 독학학위제 전공 분야 (11개 전공)

※ 유아교육학 및 정보통신학 전공 : 3, 4과정만 개설
   (정보통신학의 경우 3과정은 2025년까지, 4과정은 2026년까지만 응시 가능하며, 이후 폐지)
※ 간호학 전공 : 4과정만 개설
※ 중어중문학, 수학, 농학 전공 : 폐지 전공으로, 기존에 해당 전공 학적 보유자에 한하여 2025년까지 응시 가능

※ 시대에듀는 현재 4개 학과(심리학과, 경영학과, 컴퓨터공학과, 간호학과) 개설 완료
※ 2개 학과(국어국문학과, 영어영문학과) 개설 중

독학학위제 시험안내 INFORMATION

◈ 과정별 응시자격

단계	과정	응시자격	과정(과목) 시험 면제 요건
1	교양	고등학교 졸업 이상 학력 소지자	• 대학(교)에서 각 학년 수료 및 일정 학점 취득 • 학점은행제 일정 학점 인정 • 국가기술자격법에 따른 자격 취득 • 교육부령에 따른 각종 시험 합격 • 면제지정기관 이수 등
2	전공기초		
3	전공심화		
4	학위취득	• 1~3과정 합격 및 면제 • 대학에서 동일 전공으로 3년 이상 수료 (3년제의 경우 졸업) 또는 105학점 이상 취득 • 학점은행제 동일 전공 105학점 이상 인정 (전공 28학점 포함) • 외국에서 15년 이상의 학교교육과정 수료	없음(반드시 응시)

◈ 응시방법 및 응시료

- 접수방법 : 온라인으로만 가능
- 제출서류 : 응시자격 증빙서류 등 자세한 내용은 홈페이지 참조
- 응시료 : 20,700원

◈ 독학학위제 시험 범위

- 시험 과목별 평가영역 범위에서 대학 전공자에게 요구되는 수준으로 출제
- 독학학위제 홈페이지(bdes.nile.or.kr) ➔ 학습정보 ➔ 과목별 평가영역에서 확인

◈ 문항 수 및 배점

과정	일반 과목			예외 과목		
	객관식	주관식	합계	객관식	주관식	합계
교양, 전공기초 (1~2과정)	40문항×2.5점 =100점	–	40문항 100점	25문항×4점 =100점	–	25문항 100점
전공심화, 학위취득 (3~4과정)	24문항×2.5점 =60점	4문항×10점 =40점	28문항 100점	15문항×4점 =60점	5문항×8점 =40점	20문항 100점

※ 2017년도부터 교양과정 인정시험 및 전공기초과정 인정시험은 객관식 문항으로만 출제

합격 기준

■ 1~3과정(교양, 전공기초, 전공심화) 시험

단계	과정	합격 기준	유의 사항
1	교양	매 과목 60점 이상 득점을 합격으로 하고, 과목 합격 인정(합격 여부만 결정)	5과목 합격
2	전공기초		6과목 이상 합격
3	전공심화		

■ 4과정(학위취득) 시험 : 총점 합격제 또는 과목별 합격제 선택

구분	합격 기준	유의 사항
총점 합격제	• 총점(600점)의 60% 이상 득점(360점) • 과목 낙제 없음	• 6과목 모두 신규 응시 • 기존 합격 과목 불인정
과목별 합격제	매 과목 100점 만점으로 하여 전 과목(교양 2, 전공 4) 60점 이상 득점	• 기존 합격 과목 재응시 불가 • 1과목이라도 60점 미만 득점하면 불합격

시험 일정

■ 국어국문학과 2단계 시험 과목 및 시간표

구분(교시별)	시간	시험 과목명
1교시	09:00~10:40(100분)	국어학개론, 국어문법론
2교시	11:10~12:50(100분)	국문학개론, 국어사
중식 12:50~13:40(50분)		
3교시	14:00~15:40(100분)	고전소설론, 한국현대시론
4교시	16:10~17:50(100분)	한국현대소설론, 한국현대희곡론

※ 시험 일정 및 세부사항은 반드시 독학학위제 홈페이지(bdes.nile.or.kr)를 통해 확인하시기 바랍니다.
※ 시대에듀에서 개설된 과목은 빨간색으로 표시하였습니다.

독학학위제 출제방향 GUIDE

- 국가평생교육진흥원에서 고시한 과목별 평가영역에 준거하여 출제하되, 특정한 영역이나 분야가 지나치게 중시되거나 경시되지 않도록 한다.

- 독학자들의 취업 비율이 높은 점을 감안하여, 과목의 특성을 반영하는 범주 내에서 학문적이고 이론적인 문항뿐만 아니라 실무적인 문항도 출제한다.

- 단편적 지식의 암기로 풀 수 있는 문항의 출제는 지양하고, 이해력·적용력·분석력 등 폭넓고 고차원적인 능력을 측정하는 문항을 위주로 한다.

- 이설(異說)이 많은 내용의 출제는 지양하고 보편적이고 정설화된 내용에 근거하여 출제하며, 그럴 수 없는 경우에는 해당 학자의 성명이나 학파를 명시한다.

- 교양과정 인정시험(1과정)은 대학 교양교재에서 공통적으로 다루고 있는 기본적이고 핵심적인 내용을 출제하되, 교양과정 범위를 넘는 전문적이거나 지엽적인 내용의 출제는 지양한다.

- 전공기초과정 인정시험(2과정)은 각 전공영역의 학문을 연구하기 위하여 각 학문 계열에서 공통적으로 필요한 지식과 기술을 평가한다.

- 전공심화과정 인정시험(3과정)은 각 전공영역에 관하여 보다 심화된 전문적인 지식과 기술을 평가한다.

- 학위취득 종합시험(4과정)은 시험의 최종 과정으로서 학위를 취득한 자가 일반적으로 갖추어야 할 소양 및 전문지식과 기술을 종합적으로 평가한다.

- 교양과정 인정시험 및 전공기초과정 인정시험의 시험방법은 객관식(4지택1형)으로 한다.

- 전공심화과정 인정시험 및 학위취득 종합시험의 시험방법은 객관식(4지택1형)과 주관식(80자 내외의 서술형)으로 하되, 과목의 특성에 따라 다소 융통성 있게 출제한다.

//
독학학위제 합격수기 COMMENT

" 저는 학사편입 제도를 이용하기 위해 2~4단계 시험에 순차로 응시했고 한 번에 합격했습니다. 아슬아슬한 점수라서 부끄럽지만 독학사는 자료가 부족해서 부족하나마 후기를 쓰는 것이 도움이 될까 하여 제 합격전략을 정리하여 알려 드립니다.

#1. 교재와 전공서적을 가까이에!

학사학위 취득은 본래 4년을 기본으로 합니다. 독학사는 이를 1년으로 단축하는 것을 목표로 하는 시험이라 실제 시험도 변별력을 높이는 몇 문제를 제외한다면 기본이 되는 중요한 이론 위주로 출제됩니다. 시대에듀의 독학사 시리즈 역시 이에 맞추어 중요한 내용이 일목요연하게 압축·정리되어 있습니다. 빠르게 훑어보기 좋지만 내가 목표로 한 전공에 대해 자세히 알고 싶다면 전공서적과 함께 공부하는 것이 좋습니다. 교재와 전공서적을 함께 보면서 교재에 전공서적 내용을 정리하여 단권화하면 시험이 임박했을 때 교재 한 권으로도 자신 있게 시험을 치를 수 있습니다.

#2. 시간확인은 필수!

쉬운 문제는 금방 넘어가지만 지문이 길거나 어렵고 헷갈리는 문제도 있고, OMR 카드에 마킹까지 해야 하니 실제로 주어진 시간은 더 짧습니다. 앞부분에 어려운 문제가 있다고 해서 시간을 많이 허비하면 쉽게 풀 수 있는 뒷부분 문제들을 놓칠 수 있습니다. 문제 푸는 속도가 느려지면 집중력도 떨어집니다. 그래서 어차피 배점은 같으니 아는 문제를 최대한 많이 맞히는 것을 목표로 했습니다.
① 어려운 문제는 빠르게 넘기면서 문제를 끝까지 다 풀고 ② 확실한 답부터 우선 마킹한 후 ③ 다시 시험지로 돌아가 건너뛴 문제들을 다시 풀었습니다. 확실히 시간을 재고 문제를 많이 풀어봐야 실전에 도움이 되는 것 같습니다.

#3. 문제풀이의 반복!

여느 시험과 마찬가지로 문제는 많이 풀어볼수록 좋습니다. 이론을 공부한 후 예상문제를 풀다보니 부족한 부분이 어딘지 확인할 수 있었고, 공부한 이론이 시험에 어떤 식으로 출제될지 예상할 수 있었습니다. 그렇게 부족한 부분을 보충해가며 문제유형을 파악하면 이론을 복습할 때도 어떤 부분을 중점적으로 암기해야 할지 알 수 있습니다. 이론 공부가 어느 정도 마무리되었을 때 시계를 준비하고 모의고사를 풀었습니다. 실제 시험시간을 생각하면서 예행연습을 하니 시험 당일에는 덜 긴장할 수 있었습니다.

학위취득을 위해 오늘도 열심히 학습하시는 수험생 여러분에게도 합격의 영광이 있길 기원하면서 이만 줄입니다. "

이 책의 구성과 특징 STRUCTURES

| 단원 개요 |

이 단원은 우리 민족 문학의 생성기 모습을 보여주는 자료들을
지 않은 경우도 있으나 한역의 형태로 남아있는 몇몇 작품들을
활동 면모를 짐작해 볼 수 있다.

| 출제 경향 및 수험 대책 |

「구지가」,「공무도하가」,「황조가」등 구체적인 작품의 내용과
의 특징을 배경설화와 함께 알아두는 것이 필요하다.

01 단원 개요

핵심이론을 학습하기에 앞서 각 단원에서 파악해야 할 중점과 학습목표를 확인해 보세요.

제1장 국문학의 개념과 범주

1 언어예술로서의 국문학

음악이나 미술 등의 예술작품은 소리 및 색과 형태라는 감각적인 대상들로 만들어져 인간의 감각기
관에 직접적으로 영향을 미친다. 그러나 문학은 언어를 재료로 삼아 만들어지는 것으로 언어기호의 해독
과정을 거쳐야만 우리의 감각 및 인식에 도달할 수 있다. 이러한 점은 언어예술로서의 국문학이 갖는 한계
라 할 수 있다.
그러나 문학은 여타의 예술과 달리 언어를 통해 사상과 관념, 정서 등 인간과 세계의 모든 것을 직접적으로
형상화하여 표현하는 게 가능하다. 그러한 점에서 국문학은 한국인의 사상과 정서를 담아내는 언어예술의
한 형태라 할 수 있다.

2 구비문학과 기록문학

구비문학은 입에서 입으로 전승되는 것이라는 점에서 구전문학(口傳文學)이라고도 하는데, 비석에 새겨 놓
은 것처럼 오래도록 전해져 말로써 정착된 문학을 말한다. 구비문학은 기록문학보다 앞서 존재해 왔는데,
국문학의 경우 중국으로부터 한문이 들어오기 전에는 오로지 구비문학만 존재했다. 따라서 국문학의 연구
범주는 기록문학은 물론 구비문학까지도 모두 포함하는 것이 되어야 한다.
구비문학의 상당 부분은 민중에 의해 향유되어 왔다. 따라서 구비문학은 하층 민중의 의식을 알 수 있게
한다는 점에서도 상당한 의의를 지닌다.
국문학 중 구비문학에 해당하는 것은 설화, 민요, 무가, 판소리, 민속극, 속담, 수수께끼 등이 있다. 이것들은
단지 구전되었다는 특성이 있는 것이 아니라 공감대를 형성할 수 있는 이야기를 일정한 형식이나 구조로
나타낸 것이다.
구비문학은 단지 구비문학으로만 존재하는 것이 아니라 기록문학 발달에 영향을 주기도 했다. 예를 들어
건국 서사시는 서사무가를 거쳐 소설에까지 이어지고, 민요는 국문학의 다양한 시가문학에 영향을 주었다.
또한 판소리는 조선 후기 국문소설의 발달로 이어졌다.

02 핵심이론

평가영역을 바탕으로 꼼꼼하게 정리된 '핵심이론'을 통해 꼭 알아야 하는 내용을 명확히 파악해 보세요.

03 실전예상문제

'핵심이론'에서 공부한 내용을 바탕으로 '실전예상문제'를 풀어 보면서 문제를 해결하는 능력을 길러 보세요.

04 최종모의고사

'최종모의고사'를 실제 시험처럼 시간을 정해 놓고 풀어 보면서 최종점검을 해 보세요.

05 주관식 문제

출제유형을 분석하여 반영한 '주관식 문제'로 4단계 시험도 대비해 보세요.

목차 CONTENTS

PART 1 핵심이론 & 실전예상문제

제1편 국문학의 개념과 특징
제1장 국문학의 개념과 범주 · 003
제2장 국문학의 갈래 · 004
제3장 국문학의 연구방법 · 005
실전예상문제 · 008

제2편 고대시가
제1장 고대시가의 형식과 특징 · 015
제2장 고대시가의 작품 세계 · 017
실전예상문제 · 022

제3편 향가
제1장 향가의 형식과 특징 · 031
제2장 향가의 작품 세계 · 034
실전예상문제 · 036

제4편 속악가사
제1장 속악가사의 형식과 특징 · 045
제2장 속악가사의 작품 세계 · 046
실전예상문제 · 049

제5편 경기체가
제1장 경기체가의 형식과 특징 · 057
제2장 경기체가의 작품 세계 · 059
실전예상문제 · 061

제6편 시조
제1장 시조의 개념과 형식 · 067
제2장 시조의 문학사적 전개 · 069
제3장 시조의 주요 작가와 작품 · 070
실전예상문제 · 078

제7편 악장
- 제1장 악장의 개념과 특징 · 091
- 제2장 악장의 작품 세계 · 093
- 실전예상문제 · 095

제8편 가사
- 제1장 가사의 개념과 특징 · 103
- 제2장 가사의 문학사적 전개 · · · · · · · · · · · · · · · · · · · 104
- 제3장 가사의 주요 작가와 작품 · · · · · · · · · · · · · · · · 108
- 실전예상문제 · 116

제9편 민요
- 제1장 민요의 개념과 형식 · 125
- 제2장 민요의 기능과 갈래 · 128
- 제3장 민요의 작품 세계 · 131
- 실전예상문제 · 138

제10편 설화
- 제1장 설화의 개념과 특징 · 149
- 제2장 신화, 전설, 민담 · 151
- 실전예상문제 · 157

제11편 고소설
- 제1장 고소설의 문학사적 전개 · · · · · · · · · · · · · · · · 167
- 제2장 고소설에 대한 비판론과 옹호론 · · · · · · · · · 171
- 제3장 고소설의 주제와 미의식 · · · · · · · · · · · · · · · · 173
- 제4장 고소설의 주요 작가와 작품 · · · · · · · · · · · · · 175
- 실전예상문제 · 184

제12편 판소리
- 제1장 판소리의 개념과 역사 · · · · · · · · · · · · · · · · · · · 195
- 제2장 판소리의 주제와 미의식 · · · · · · · · · · · · · · · · 200
- 제3장 판소리와 판소리계 소설 · · · · · · · · · · · · · · · · 202

제4장 신재효의 판소리 정리 · 205
실전예상문제 · 208

제13편 민속극
제1장 민속극의 역사적 전개 · 221
제2장 가면극의 개념과 특징 · 224
제3장 인형극의 개념과 특징 · 231
실전예상문제 · 236

제14편 무가
제1장 무가의 개념과 특징 · 247
제2장 무가의 작품 세계 · 248
실전예상문제 · 250

제15편 한문학
제1장 한문학의 형식과 갈래 · 257
제2장 한문학의 역사적 전개 · 259
제3장 한문학의 주요 작가와 작품 · · · · · · · · · · · · · · · · · 262
실전예상문제 · 264

PART 2 최종모의고사

최종모의고사 제1회 · 277
최종모의고사 제2회 · 288
최종모의고사 제1회 정답 및 해설 · · · · · · · · · · · · · · · · 299
최종모의고사 제2회 정답 및 해설 · · · · · · · · · · · · · · · · 303

PART 3 부록

4단계 대비 주관식 문제 · 309

제 1 편

국문학의 개념과 특징

제1장	국문학의 개념과 범주
제2장	국문학의 갈래
제3장	국문학의 연구방법
실전예상문제	

| 단원 개요 |

이 단원은 국문학을 공부할 때 기본 전제가 되는 내용들을 담고 있다. 1장에서는 국문학이 무엇을 연구 대상으로 하는지 밝힘으로써 공부의 범위를 한정한다. 2장에서는 국문학의 갈래를 통해 연구 대상의 실상을 개략적으로 이해하고 이와 관련된 논의를 살펴본다. 3장에서는 국문학 연구의 기본적인 관점들을 소개하여 작품 해석의 방향성을 확인한다.

| 출제 경향 및 수험 대책 |

이 단원의 내용은 국문학과 관련된 가장 기본적인 바탕을 확인하는 것이어서 이와 관련된 문제가 출제될 가능성이 높다. 서정 갈래에 해당하지 않는 장르를 묻거나, 국문학의 범주를 묻는 문제 등이 출제될 수 있다. 가볍게 넘기지 말고 꼼꼼히 기억해 두는 것이 필요하다.

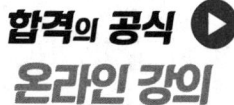 

보다 깊이 있는 학습을 원하는 수험생들을 위한
시대에듀의 동영상 강의가 준비되어 있습니다.
www.sdedu.co.kr ➜ 회원가입(로그인) ➜ 강의 살펴보기

제1장 | 국문학의 개념과 범주

1 언어예술로서의 국문학

음악이나 미술 등의 예술작품은 소리 및 색과 형태라는 감각적인 대상들을 재료로 만들어져 인간의 감각기관에 직접적으로 영향을 미친다. 그러나 문학은 언어를 재료로 삼아 만들어지는 것으로 언어기호의 해독 과정을 거쳐야만 우리의 감각 및 인식에 도달할 수 있다. 이러한 점은 언어예술로서의 국문학이 갖는 한계라 할 수 있다.

그러나 문학은 여타의 예술과 달리 언어를 통해 사상과 관념, 정서 등 인간과 세계의 모든 것을 직접적으로 형상화하여 표현하는 게 가능하다. 그러한 점에서 국문학은 **한국인의 사상과 정서를 담아내는 언어예술의 한 형태**라 할 수 있다.

2 구비문학과 기록문학

구비문학은 입에서 입으로 전승되는 것이라는 점에서 구전문학(口傳文學)이라고도 하는데, 비석에 새겨 놓은 것처럼 오래도록 전해져 말로써 정착된 문학을 말한다. 구비문학은 기록문학보다 앞서 존재해 왔는데, 국문학의 경우 중국으로부터 한문이 들어오기 전에는 오로지 구비문학만 존재했다. 따라서 국문학의 연구 범주는 기록문학은 물론 **구비문학까지도 모두 포함**하는 것이 되어야 한다.

구비문학의 상당 부분은 민중에 의해 향유되어 왔다. 따라서 구비문학은 하층 민중의 의식을 알 수 있게 한다는 점에서도 상당한 의의를 지닌다.

국문학 중 구비문학에 해당하는 것은 **설화, 민요, 무가, 판소리, 민속극, 속담, 수수께끼** 등이 있다. 이것들은 단지 구전되었다는 특성만 있는 것이 아니라 공감대를 형성할 수 있는 이야기를 일정한 형식이나 구조로 나타낸 것이다.

구비문학은 단지 구비문학으로만 존재하는 것이 아니라 기록문학 발달에 영향을 주기도 했다. 예를 들어 건국 서사시는 서사무가를 거쳐 소설에까지 이어지고, 민요는 국문학의 다양한 시가문학에 영향을 주었다. 또한 판소리는 조선 후기 국문소설의 발달로 이어졌다.

3 한글문학과 한문문학

국문학은 한글이라는 주체적 문자를 통해 쌓아올린 문학이다. 그러나 우리나라는 세종대왕이 한글을 만들기 이전까지 오랜 시간 동안 한자가 주된 표기 수단이었다. 이두나 향찰처럼 한자를 주체적으로 수용하고자 한 차자 표기가 있었으나 그것 역시 한자를 이용했다는 점에서 한문문학의 범주로 포함시킬 수 있다. 따라서 국문학의 범주에는 우리나라 사람이 한글로 쓴 작품과 한문으로 쓴 작품 모두가 포함되어야 한다.

제 2 장 국문학의 갈래

갈래란 장르라고도 하는데, 작품들을 공통성에 따라 가르고 묶은 것을 말한다. 향가, 시조, 고전소설 등이 갈래를 의미하는데, 이러한 갈래의 구분은 간단하고 명료하게 이루어지는 것은 아니다. 예를 들어 '가사' 작품의 경우 서정과 서사의 특징을 모두 갖고 있어서 둘 중 어느 갈래로 묶을 것인지 모호하다. 그럼에도 불구하고 갈래를 구분함으로써 각각의 작품을 보다 구체적, 총체적, 체계적으로 이해할 수 있기 때문에 갈래를 구분하고자 하는 여러 시도들이 있었다.

첫 번째 시도로서 이병기는 시가(詩歌)와 산문(散文)의 두 갈래로 나누었다. 시가에는 잡가, 향가, 시조, 별곡, 악장, 가사, 극가 등이 속하고, 산문에는 설화, 소설, 일기, 내간, 기행, 잡문이 해당한다. 장덕순은 서양에서 흔히 하는 3분법을 빌려와 서정, 서사, 극의 세 갈래로 구분하였다. 그런데 이 구분법에 따르면 가사를 어디에 귀속할 것인지가 마땅치 않았다. 그 대안으로 시가, 소설, 희곡, 가사의 넷으로 나누고자 하는 시도도 있었지만 이 또한 마땅치 않았다.

조동일은 자아와 세계가 연관된 양상에 따라 한국문학 작품들을 네 갈래로 나누었는데 그 구체적 양상은 다음과 같다.

갈래류	자아와 세계의 연관 양상	갈래종
서정(抒情)	세계의 자아화	서정민요, 고대가요, 향가, 속악가사(속요), 시조, 잡가, 신체시, 현대시
교술(敎述)	자아의 세계화	교술민요, 경기체가, 악장, 가사, 창가, 몽유록, 수필, 서간문, 일기, 기행문, 비평문
서사(敍事)	자아와 세계의 대결 (작품 외적 자아의 개입 있음)	서사민요, 서사무가, 판소리, 신화, 전설, 민담, 소설
희곡(戲曲)	자아와 세계의 대결 (작품 외적 자아의 개입 없음)	가면극, 인형극, 창극, 신파극, 현대극

조동일의 갈래 구분은 '교술'이라는 갈래를 두어 그동안 구분이 모호했던 작품들을 모두 포함시켰다는 점과 서양의 3분법을 포함함으로써 보편성 있는 기준이 된다는 점에서 가장 많은 이점을 갖고 있다.

그러나 서정적 요소, 서사적 요소가 풍부하게 담겨 있는 가사 작품을 교술로 구분하는 것이 적절한가, 경기체가는 하나의 갈래라기보다 과도기적 단계로 봐야 하는 것 아닌가 등의 논의가 여전히 남아있다. 이처럼 한국문학의 갈래 구분은 완결된 것이 아니라 여전히 **상대적이고 유동적**이다.

제3장 국문학의 연구방법

1 작가론의 방법과 의미

(1) 작품을 보는 관점
작품은 작가의 독창적인 산물이고, 작가와 작품의 관계를 규명함으로써 작품의 의미를 온전히 이해하는 것이 가능하다고 본다.

(2) 연구방법
작가와 작품의 관계를 다각적으로 분석하기 위해 작가의 자전적 경험 및 전기적 생애는 물론이고 작가가 살아온 시대상황과 환경 등에 대한 연구가 이루어진다.

(3) 한계
작가론은 하나의 작품이 나오기까지 너무나 많은 자료와 사실이 전제되어 있다고 보는 것으로, 작품의 원천과 가치에 대한 혼동이 생길 뿐만 아니라 작품의 미적 구조, 작품의 독자성을 제대로 추론해내지 못한다는 한계를 지닌다.

(4) 의의
작가와 사회, 작가와 다른 작가들의 관계 등을 밝힐 수 있다.

2 작품론의 방법과 의미

(1) 작품을 보는 관점
문학의 형식에 주목하여 문학 작품을 작품답게 하는 문학적 형식을 밝힘으로써 작품 자체에 대한 이해를 온전히 할 수 있다고 본다.

(2) 연구방법
작품 속에 나타난 상징, 은유, 모티프, 내용과 형식의 조화 등을 연구하여 작품이 다른 것과 달리 문학다운 이유를 밝히고자 한다.

(3) 한계
역사적 안목이 결여되어 있고 문학사에 대한 문제가 해결되지 않는다.

(4) 의의
작품 분석 및 문학성 규명에 용이하다.

3 갈래와 문학 담당층의 변화

(1) 언어에 따른 문학의 갈래
① 고대시대의 한국문학은 구비문학의 형태로 존재했다. 그러다가 기원 전후 무렵 한자가 유입되어 문자생활이 가능하게 되었을 것으로 추정된다.
② 구비문학 중 일부가 문헌으로 정착되었고, 차자를 통해 향가와 같은 작품들이 창작되었을 뿐 아니라 지배층의 한자 사용이 보편화되어 다양한 갈래의 한문학 작품들이 창작되었다.
③ 조선 전기에 세종에 의해 한글이 창제되고 점차 확산됨에 따라 국문문학의 비중이 조금씩 커지게 되었다.
④ 두 차례의 전쟁을 거친 17세기 이후로는 국문문학이 국문학의 중심을 이루게 되었다.

이처럼 각 시기별 표기의 특징 및 주된 문학 갈래를 정리해 보면 다음과 같다.

시기	표기의 특징	주된 문학 갈래
고대 (한자 유입 이전)	구어	건국서사시 · 민요 등의 구비문학
한자 유입~중세 전기 (고려 말)	• 한자 유입 • 차자표기의 등장 • 지배층의 한문 사용 보편화	• 향가 • 서정시의 발달(한시) • 시조, 가사 등장 • 가전, 몽유록 등장
중세 후기 (조선 건국 ~임진왜란 이전)	• 지배층의 한문 사용 • 일부 계층의 한글 사용	• 시조의 발달 • 가사의 발달
근대~ (양란 이후~)	• 지배층의 한문 사용 • 한글 사용의 보편화	• 가사의 장형화 • 사설시조 등장 • 국문소설의 발달 • 판소리 등장 • 민속극 발달

(2) 문학 담당층의 변화

시기	주된 문학 담당층
고대 (~한자 유입 이전)	전쟁의 주역인 귀족이 창작 및 전승
중세 전기 (한자 유입~고려 말)	• 신라의 육두품 • 문벌귀족 및 신진 사대부
중세 후기 (조선 건국~임진왜란 이전)	• 사대부 • 한글을 익힌 일부 여성들(사대부가의 여성들 혹은 기생)
근대 (양란 이후~)	양반 및 상민 전 계층의 남녀

제1편 실전예상문제

01 한국문학의 갈래 구분은 완결되었다기보다 여전히 해결되지 않은 문제를 안고 있으며 유동적이라고 할 수 있다.

01 다음 중 한국문학의 갈래에 대한 설명이 틀린 것은?

① 3분법에 따르면 서정, 서사, 극으로 구분할 수 있다.
② '가사'는 갈래 구분이 애매한 장르 중 하나이다.
③ 한국문학의 갈래는 완전하게 구분되어 체계적으로 정리되었다.
④ 조동일의 4분법에 따르면 한국문학은 서정, 서사, 교술, 희곡으로 나뉜다.

02 갈래구분은 크게 묶은 갈래에 해당하는 '유(類)개념'과 그 유개념의 하위 항목에 해당하는 작은 갈래, 즉 '종(種)개념'이 있다. 교술은 한국문학을 서정, 교술, 서사, 희곡으로 묶는 4갈래의 유개념에 해당한다. 반면 보기에 제시된 소설, 시조, 수필은 각각 순서대로 서사, 서정, 교술이라는 유개념의 하위항목이 되는 종개념이다.

02 다음 중 갈래를 구분 짓는 차원이 다른 하나는 무엇인가?

① 소설
② 교술
③ 시조
④ 수필

정답 01 ③ 02 ②

03 다음 중 작품 외적 세계의 개입이 없는 갈래를 모두 고른 것은?

> ⊙ 가면극
> ⓒ 신화
> ⓒ 일기
> ② 현대시

① ⊙, ⓒ
② ⊙, ②
③ ⓒ, ⓒ
④ ⓒ, ②

작품 외적 세계의 개입이 있음	자아의 세계화	교술
	자아와 세계의 대결	서사
작품 외적 세계의 개입이 없음	세계의 자아화	서정
	자아와 세계의 대결	희곡

03 조동일의 4분법을 작품 외적 세계의 개입 여부로 나눌 수 있는데, 이에 따르면 ⊙의 가면극은 희곡 장르, ②의 현대시는 서정 장르로 작품 외적 세계의 개입이 없다. ⓒ의 신화는 자아와 세계의 대결이 이루어지는 서사 장르, ⓒ의 일기는 자아의 세계화가 이루어지는 교술 장르로 작품 외적 세계의 개입이 있다.
[문제 하단의 표 참고]

04 조동일의 4분법에 따르면 '가사'는 어느 갈래에 속하는가?

① 서정
② 교술
③ 서사
④ 희곡

04 현대에는 실용적인 글들을 문학의 갈래에서 배제하는 경향이 있어서 수필 정도가 교술에 해당한다. 하지만 교술이란 장르는 한문학의 사(辭), 부(賦), 문(文)뿐만 아니라 가사나 경기체가 같은 것을 모두 포함하는 장르로, 어디에도 포함시키기 어려운 것들을 모두 포함하는 장르로서의 역할을 담당한다.

05 다음 중 자아의 세계화가 이루어진 갈래는 무엇인가?

① 판소리
② 악장
③ 현대극
④ 향가

05 자아의 세계화가 이루어진 장르는 '교술'이다. 교술에는 악장뿐만 아니라 교술민요, 경기체가, 가사, 창가, 몽유록, 수필, 서간문, 일기, 기행문, 비평문이 해당한다. 제시된 보기 중 판소리는 서사, 현대극은 희곡, 향가는 서정 갈래에 속한다.

정답 03 ② 04 ② 05 ②

| 06 | 구비문학은 입에서 입으로 전승된다. 나중에 문자로 정착되는 경우가 있지만 본질은 구비 전승이므로 그에 따른 여러 가지 특징을 갖게 된다. 악장은 궁중에서 여러 행사 때 쓰이는 노래의 노랫말로 기록문학에 속한다. |

06 다음 중 구비문학에 속하지 <u>않는</u> 것은 무엇인가?
① 설화
② 판소리
③ 민요
④ 악장

| 07 | 국문학은 크게 구비문학과 기록문학으로 나눌 수 있다. 구비문학에는 설화, 민요, 무가 등이 포함되고 기록문학에는 한문·향찰·한글로 쓰인 문학작품들이 해당된다. |

07 다음 중 기록문학이 <u>아닌</u> 것은 무엇인가?
① 설화문학
② 한문문학
③ 향찰문학
④ 한글문학

| 08 | 장덕순은 국문학을 서양의 3분법에 따라 서정, 서사, 극갈래로 나누었다. 서정갈래에는 민요, 고대시가, 향가, 고려가요(속악가사), 시조, 악장, 가사, 한시, 잡가 등이 해당되고, 서사갈래에는 서사무가, 판소리, 신화, 전설, 민담, 소설 등이 해당된다. 마지막으로 극갈래에는 가면극, 인형극, 창극, 신파극, 현대극 등이 해당된다. |

08 국문학을 크게 서정, 서사, 극의 세 갈래로 나눌 때 서정갈래에 해당하지 <u>않는</u> 것은?
① 민요
② 잡가
③ 가사
④ 판소리

| 09 | 이병기는 국문학의 갈래를 크게 시가와 산문, 두 가지로 나누었다. 시가에는 잡가, 향가, 시조, 별곡, 악장, 가사, 극가 등이 속하고, 산문에는 설화, 소설, 일기, 내간, 기행, 잡문이 속한다. |

09 다음 중 국문학의 갈래를 시가와 산문의 두 갈래로 구분한 사람은?
① 조동일
② 장덕순
③ 이병기
④ 조윤제

정답 06 ④ 07 ① 08 ④ 09 ③

10 조동일의 갈래 구분에 따르면 판소리는 어느 갈래인가?

① 서정
② 교술
③ 서사
④ 희곡

> 10 조동일의 갈래 구분에 따르면 서사갈래에는 서사민요, 서사무가, 판소리, 신화, 전설, 민담, 소설이 해당한다.

11 다음 중 국문학이 우리의 말과 글로 된 언어예술이라는 점을 고려했을 때 연구 대상에 해당하지 않는 것은?

① 고려인이 한자로 쓴 한시
② 조선을 여행했던 영국인이 한글로 쓴 소설
③ 조선시대에 입에서 입으로 전해지던 이야기
④ 조선시대에 영국으로 건너간 조선인이 영어로 쓴 시

> 11 국문학은 우리나라 사람이 우리말로 이루어낸 언어예술이다. 이때 어디에 살고 있는가, 처음부터 글로 쓴 것인가 하는 점은 핵심적인 고려대상은 아니다. 다만 영국인이 쓴 글은 아무리 한글로 썼다 하더라도 필연적으로 영국인의 사상과 감정을 담을 수밖에 없는 것이므로 국문학의 연구대상으로 삼기에 적절하지 않다.

12 갈래의 개념 및 필요성에 대한 설명으로 옳지 않은 것은?

① 갈래는 다른 말로 장르라고 한다.
② 시조를 평시조, 사설시조로 나누는 것이 갈래 구분의 예이다.
③ 갈래를 구분하면 작품들을 보다 구체적, 총체적, 체계적으로 이해하는 데 도움이 된다.
④ 갈래가 명확하게 구분되지 않는 경우들도 있다.

> 12 갈래는 시조를 평시조, 사설시조로 나누는 것보다 큰 묶음의 구분이다. 서정과 서사 갈래로 나누거나 서정, 교술, 서사, 희곡 갈래 등으로 나누는 것이 갈래 구분이다.

정답 10 ③ 11 ② 12 ②

13 작가가 살았던 시대 역시 작가의 의식 형성 및 생애에 영향을 주었기 때문에 작가론의 연구 대상이 된다.

13 다음 중 국문학 연구방법에서 작가론에 대한 설명으로 옳지 않은 것은?

① 작가와 다른 작가들의 관계를 밝힐 수 있는 연구방법이다.
② 작가의 자전적 경험과 작품의 관계를 분석하지만 작가가 살았던 시대상황에 대해서는 다루지 않는다.
③ 작가론의 관점에서 작품은 작가의 독창적인 산물이다.
④ 작가와 작품의 관계를 밝힘으로써 작품의 의미를 온전히 이해할 수 있다고 보는 관점이다.

14 작품론은 작품의 문학적 형식을 밝힘으로써 작품의 내용을 온전히 이해할 수 있다고 본다. 이러한 작품론이 문학의 형식에 주목하기는 하지만, 형식에만 초점을 맞추는 게 아니라 내용과 형식의 조화를 중시한다. 한편 역사적인 면에서의 의의를 평가하기 어렵다는 점은 작품론이 지닌 한계이다.

14 다음 중 작품론에 대한 설명으로 옳은 것은?

① 작품의 내용을 온전히 이해해야 문학적 형식을 제대로 밝힐 수 있다고 본다.
② 역사적 맥락 속에서 작품이 지니는 의의를 찾는다.
③ 작품의 형식적인 면에만 초점을 맞춰 연구한다.
④ 작품이 지니는 문학성을 밝히는 데 용이한 연구방법이다.

15 중세 후기는 조선 건국부터 임진왜란 이전까지의 시기를 가리키는 용어로, 이 시기에는 산문보다 운문문학의 창작이 두드러졌다.

15 다음 중 시기별 특징적 문학 갈래가 잘못 연결된 것은?

① 고대 – 구비문학
② 중세 전기 – 향가
③ 중세 후기 – 산문문학
④ 근대 이후 – 사설시조

정답 13 ② 14 ④ 15 ③

제 2 편

고대시가

제1장 고대시가의 형식과 특징
제2장 고대시가의 작품 세계
실전예상문제

| 단원 개요 |

이 단원은 우리 민족 문학의 생성기 모습을 보여주는 자료들을 다룬다. 비록 자료가 충분하지 않고 심지어 작품 자체가 남아있지 않은 경우도 있으나 한역의 형태로 남아있는 몇몇 작품들을 통해 신라가 강력한 국가로 성장하기 이전 우리 민족의 예술 활동 면모를 짐작해 볼 수 있다.

| 출제 경향 및 수험 대책 |

「구지가」, 「공무도하가」, 「황조가」 등 구체적인 작품의 내용과 형식에 관한 문제가 출제될 수 있다. 각 작품의 내용과 형식상의 특징을 배경설화와 함께 알아두는 것이 필요하다.

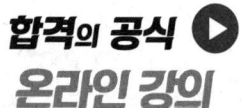

보다 깊이 있는 학습을 원하는 수험생들을 위한
시대에듀의 동영상 강의가 준비되어 있습니다.
www.sdedu.co.kr ➜ 회원가입(로그인) ➜ 강의 실펴보기

제1장 고대시가의 형식과 특징

고대시가는 상고시가, 상고가요, 상대시가, 상고가요라고도 불리는데 대체로 우리 시가의 **발생 단계에서부터 향가의 생성 이전까지**에 이르는 초창기 시가를 총칭하는 개념이다. 이 시대와 관련된 문학사적 자료는 거의 남아있지 않아서 고대시가 발생의 초창기 모습을 그리는 것은 쉬운 일이 아니다. 이 시대는 문자가 없는 시대였기 때문에 남겨서 전할 수 있는 자료 자체가 없었을 가능성도 있다. 그나마 중국 역사책인 『삼국지』 「위지」의 '동이전'에 나오는 영고, 무천 등의 제천의식에 관한 기록이 있어서 이를 근거하여 설명하는 것이 일반적이다. 부족국가에서 고대국가로 넘어가는 시점에서 제천의식은 하늘의 뜻을 받드는 중요한 행사였다. 이 기록에는 구체적인 작품이나 예술 활동에 관한 기록은 남아있지 않지만, 우리 민족은 농경생활 및 종교의식과 관련하여 집단적으로 모여 음주가무를 즐겼다는 기록이 남아 있다. 그러한 상황에서 문학, 음악, 무용이 미분화된 **원시 종합 예술** 상태로 고대시가가 형성되었을 것이라고 추측된다.

1 관련문헌

(1) **국외 자료** : 『삼국지』 중 「위지」 '동이전' 부분

(2) **국내 자료** : 『삼국사기』, 『삼국유사』, 『해동역사』, 『고려사』의 「악지」 편, 『악학궤범』 등

2 고대시가의 형식

고대시가가 불리던 때에는 기록 수단이 없었기 때문에 구전될 수밖에 없었다. 그러다가 후대에 중국으로부터 한자가 전래되자 한자로 번역되어 정착되기에 이르렀다. 남아있는 작품들의 형식은 다음과 같다.

「구지가」	• 총 4행(호명 – 명령 – 가정 – 위협) • 각 구의 글자 수는 4 – 4 – 4 – 5
「공무도하가」	• 총 4행(기 – 승 – 전 – 결) • 각 구의 글자 수는 4 – 4 – 4 – 4
「황조가」	• 총 4행(기 – 승 – 전 – 결) • 각 구의 글자 수는 4 – 4 – 4 – 4
「해가」	• 총 4행(호명 · 명령 – 명령의 당위성 부여 – 가정 – 위협) • 각 구의 글자 수는 7 – 7 – 7 – 7

이처럼 고대시가 작품들은 공통적으로 4행으로 이루어져 있고 각 행의 글자 수는 4글자 혹은 7글자로 되어 있다. 또한 내용을 고려했을 때 하나의 행은 두 토막으로 나눌 수 있어서 고대시가 작품들은 2토막씩 4줄, 혹은 4토막씩 2줄의 형식을 지닌다고 말할 수 있다.

3 이 시기 작품들의 특징 중요

이 시기의 한역되어 전해지는 몇몇 작품들을 통해 짐작한 고대시가의 특징은 다음과 같다.

(1) 초기에는 집단적이고 의식적인 노래였으나 후기로 올수록 개인적인 서정에 바탕을 둔 노래들이 창작되었다.

(2) 배경설화와 함께 전한다.

(3) 구전되다가 후대에 한역되었다.

(4) 우리 시가 초기의 기본적인 형식과 정서를 보여준다.

제 2 장 고대시가의 작품 세계

1 고대시가의 분류

(1) 가사 없이 관련 유래만 남은 작품들

① **고구려** : 「내원성」, 「연양」, 「명주」
② **백제** : 「무등산」, 「선운산」, 「방등산」, 「지리산」
③ **신라** : 「동경」, 「목주」, 「여나산」, 「장한성」, 「이견대」, 「도솔가」, 「물계자가」, 「회소곡」, 「우식곡」
  (향찰 표기 여부 불분명)

(2) 설화와 함께 국문으로 기록된 작품 : 「정읍사」

정읍은 전주의 속현이었는데, 이 고을 저 고을로 돌아다니며 행상을 하는 남편이 오랫동안 돌아오지 않자 그의 아내가 남편의 무사귀환을 바라며 부른 노래라 한다. 이 노래는 『고려사』에는 「정읍」이라 되어 있고 배경설화만 전하나, 조선시대 때 지어진 『악학궤범』에는 「정읍사」로 가사가 실려 있다. 고려를 거쳐 조선시대까지 궁중악으로 불렸기에 국문으로 기록될 수 있었던 것이다.

「정읍사」의 가사는 다음과 같다.

원문	현대어 풀이
돌하 노피곰 도도샤	달님이시여 높이 높이 돋으시어
어긔야 머리곰 비취오시라	아, 멀리 멀리 비추어 주십시오.
어긔야 어강됴리	(후렴구)
아으 다롱디리	(후렴구)
져재 녀러신고요	(임은) 시장에 가 계시옵니까
어긔야 즌 되를 드되욜셰라	아, 진 곳을 디딜까 두렵습니다.
어긔야 어강됴리	(후렴구)
어느이다 노코시라	어느 곳에나 놓으십시오.
어긔야 내 가논 되 졈그를셰라	아, 내가(내 임이) 가는 곳에 날이 저물까 두렵습니다.
어긔야 어강됴리	(후렴구)
아으 다롱디리	(후렴구)

(3) 설화와 함께 한역된 작품들

상고시대에 집단적 노래의 형태로 불리던 가요들은 전부 한역(漢譯)되어 전해지기 때문에 한역가요라고 불린다. 이 가요들은 『삼국사기』, 『삼국유사』, 혹은 『해동역사』 등에 배경설화와 함께 실려 있는데, 「구지가」, 「황조가」, 「공무도하가」, 「해가」가 있다.

① 「**구지가**」

먼저 주목할 작품은 「구지가(龜旨歌)」이다. 「구지가」는 『삼국유사』의 「가락국기 수로왕 탄강기」에 실린 노래이다. 즉 가야의 시조인 김수로왕의 탄생배경과 관련된 노래인 것이다. 이 기록대로라면 「구지가」는 기원후 42년경 제작된 작품이다. 「구지가」를 비롯하여 현재 전해지는 한역가요들이 모두 기원전후 1세기 무렵 형성되었다는 것을 알 수 있을 뿐, 정확한 생성 연도를 알 수 없고, 이 작품들 모두 한국시가가 최초로 생성된 시기의 작품은 아니라는 점이 공통적이다. 하지만 「구지가」는 다른 작품에 비해 생성기 시가의 특징을 잘 드러낸다는 점에서 특히 먼저 주목할 만하다. 「구지가」의 내용은 다음과 같다.

원문	현대어 풀이
龜何龜何(구하구하)	거북아 거북아
首其現也(수기현야)	머리를 내어라.
若不現也(약불현야)	내놓지 않으면
燔灼而喫也(번작이끽야)	구워서 먹으리.

이 노래에 대한 해석은 '거북'을 무엇으로 보는가에 따라 달라진다. 하나는 거북을 실제 거북이라 생각하고, **토테미즘**에 근거해 사람들이 신령스런 장수의 동물인 거북에게 우두머리를 내려달라고 비는 노래라고 보는 관점이 있다. 또한 거북을 뜻하는 '龜'가 '신'을 뜻하는 우리말 '검'을 나타내기 위해 빌려 온 한자라고 보는 입장이 있다. 이 입장에 따르면 거북은 '신'이 된다. 신에게 우두머리를 내려달라고 비는 노래라는 입장이다. 노래의 뒷부분은 신에게 협박을 할 정도로 강렬한 기원의 마음을 갖고 있음을 의미하기도 하고, 제물을 불태워 제사 지내는 희생제의를 뜻한다고 보기도 한다. 한편 구조적인 면에서 「구지가」에 나타나는 '호명 – 명령 – 가정 – 위협'의 구조는 우리나라의 다른 시대 작품뿐만 아니라 중국, 인도네시아, 남미 등 다른 나라 작품에도 나타나는 형태이다. 이러한 「구지가」계 노래들에 나타나는 공통점을 뽑아보면 다음과 같다.

- 집단적 제의에서 여럿이 함께 부르는 주술적 노래이다.
- 기우 혹은 풍요를 바라는 내용이다.
- 신 자체가 아니라 신의 매개자에게 위협한다.

이러한 점으로 보아 「구지가」는 **청동기 문화를 배경**으로 본격적인 농경이 이루어지고, 혈연집단보다 큰 규모의 공동체가 형성되는 상황에서 직접적인 위협을 할 수 없을 정도로 초월적인 힘을 지닌 신에 대한 관념이 형성된 시기의 작품이라는 것을 알 수 있다. 이러한 특성은 『삼국지』「위지」'동이전'에 나오는 제천의식의 전통과 일치한다. 따라서 「구지가」는 우리 시가 생성기의 초기 모습을 보여주는 작품이라 할 수 있다.

② 「**공무도하가**」

「공무도하가(公無渡河歌)」는 후한 말 채옹이 엮은 『금조』와 진(晋)나라 때 최표가 엮은 『고금주』에 「공후인」이라는 악곡으로 채록되어 내려오는 고대시가이다. 한국 문헌에서는 17세기 차천로의 『오산설림초고』에 처음 나타나며, 18세기 이후 한치윤의 『해동역사』 등에도 수록되어 있다. 이 노래에 대한 가장 오래된 기록이 중국의 자료이기에 중국 노래라는 설도 있었으나, 한치윤은 『해동역사』에서 이 작품의 배경을 **고조선**으로 언급하고 있다. 고조선 시대에 민간에서 불리던 노래가 고조선 멸망

후 한사군의 성립과 더불어 중국으로 전해진 것으로 추측된다. 「공무도하가」의 내용은 다음과 같다.

원문	현대어 풀이
公無渡河(공무도하)	그대여, 물을 건너지 마오.
公竟渡河(공경도하)	그대 결국 물을 건너셨도다.
墮河而死(타하이사)	물에 빠져 돌아가시니,
當奈公何(당내공하)	가신 임을 어이할꼬.

이 노래에는 두 가지 죽음의 형태가 나타난다. 먼저 임(백수광부)은 삶과 죽음을 경계 짓지 않는 신화적 인간의 모습이 나타난다. 이러한 임의 존재는 무당이라 볼 수도 있는데 그의 죽음은 죽음을 죽음으로 인식하지 않는 제의적-초월적 죽음이다. 반면 남편의 죽음에 뒤따라 목숨을 던지는 아내는 삶과 죽음을 뚜렷이 경계 짓는 현실적 인간의 모습이다. 이러한 아내의 죽음은 죽음이 세계의 종말이 되는 경험적 죽음이다.

「공무도하가」는 죽음을 받아들이는 형태가 제의적인 것에서 현실적인 것으로 변화해 가는 모습을 보여줌으로써 철기시대의 도래로 인한 세계관의 변화를 보여주는 작품이라 할 수 있다. 이처럼 「공무도하가」는 사회가 변화하는 상황에 대한 노래라는 점에서 완전한 의미의 개인적 서정시라 보기 어렵다는 견해도 있다. 그러나 「공무도하가」와 같은 과정을 거쳐 「구지가」계와 같은 집단적 제의의 노래에서 개인적인 서정시로의 변화가 이루어진 것은 분명하다.

③ 「황조가」

「황조가(黃鳥歌)」는 『삼국사기』 「고구려 본기 유리왕」조에 실려 있는 고대시가이다. 고구려의 2대 왕인 유리왕이 지은 것이라 전한다. 「황조가」의 내용은 다음과 같다.

원문	현대어 풀이
翩翩黃鳥(편편황조)	펄펄 나는 저 꾀꼬리
雌雄相依(자웅상의)	암수 서로 정답구나.
念我之獨(염아지독)	외로울사 이내 몸은
誰其與歸(수기여귀)	뉘와 함께 돌아갈꼬.

「구지가」나 「공무도하가」와 달리 실연의 아픔이라는 개인적인 느낌을 담고 있다는 점에서 확실하게 구별되는 작품이다. 그런데 「황조가」의 배경설화 속에 등장하는 '치희'와 '화희'가 단지 임금의 총애를 바라는 두 여인이 아니라 한인으로 대표되는 외래세력(치희)과 골천인으로 대표되는 토착세력(화희)이며, 이들 간의 정치적 다툼 사이에서 좌절감을 느낀 유리왕의 심정을 바탕으로 한 노래라는 견해도 있다. 또한 벼(禾, 화희)로 상징되는 농경사회와 꿩(稚, 치희)으로 상징되는 수렵사회의 대립 구도로 보는 견해도 있다. 그러나 어느 쪽으로 해석하든 「황조가」가 개인적 서정시라는 점은 변함없다.

④ 「해가」

「해가」는 『삼국유사』 「기이편 수로부인」조에 실려 있는 작자 미상의 시가이다. 내용은 다음과 같다.

원문	현대어 풀이
龜乎龜乎出水路(구호구호출수로)	거북아 거북아 수로를 내놓아라.
掠人婦女罪何極(약인부녀죄하극)	다른 이의 부녀를 빼앗은 죄가 얼마나 되는가.
汝若悖逆不出獻(여약패역불출헌)	네가 만약 거역하여 바치지 않으면
入網捕掠燔之喫(입망포략번지끽)	그물로 (너를) 잡아 구워먹고 말리라.

이 노래는 내용과 주제가 「구지가」와 매우 비슷하다. 다만 「구지가」가 4언인 반면 「해가」는 7언으로 되어 있다는 점에서 「해가」가 좀 더 구체적이다. 그래서 「구지가」의 풍자적 개작으로 보기도 한다. 또한 익사한 사람을 위한 초혼굿에서 불린 노래라는 견해, 제사를 지낼 때 부른 주술가요라 보는 견해 등이 있다.

> **더 알아두기**
>
> **「구지가」의 배경설화**
> 후한의 세조 광무제 건무 18년 임인 3월, 액을 덜기 위해 목욕하고 술을 마시던 계욕일에 그들이 사는 북쪽 구지봉에서 누군가를 부르는 이상한 소리가 들려왔다. 이삼백 명의 사람들이 모여들었는데, 사람 소리는 있는 것 같으나 모습은 보이지 않고 말소리가 들렸다.
> "여기에 사람이 있느냐?"
> 이에 구간 등이 대답했다.
> "우리들이 있습니다."
> "내가 있는 데가 어디냐?"
> "구지입니다."
> "하늘이 내게 명하여 이곳에 나라를 세우고 임금이 되라 하시므로 여기에 왔으니, 너희는 이 봉우리의 흙을 파서 모으면서 노래를 불러라. '거북아, 거북아. 머리를 내 놓아라. 내놓지 않으면 구워서 먹으리라[龜何龜何 首其現也 若不現也 燔灼而喫也].'하면서 춤을 추면 이것이 대왕을 맞이하면서 기뻐 날뛰는 것이리라."
> 구간 등이 그 말대로 즐거이 노래하며 춤추다가 얼마 후 우러러보니 하늘에서 자주색 줄이 늘어져 땅에까지 닿았다. 줄 끝을 찾아보니 붉은 보자기에 금합을 싼 것이 있었다. 합을 열어보니 알 여섯 개가 있는데 태양처럼 황금빛으로 빛났다. 여러 사람들이 모두 놀라 기뻐하며 백 번 절하고 다시 싸서 아도간의 집으로 돌아갔다. 책상 위에 모셔 두고 흩어졌다가 12일쯤 지나 그 다음날 아침에 사람들이 다시 모여 합을 열어보니 알 여섯 개가 모두 남자로 변하였는데, 성스러운 용모를 가졌다. 이어 의자에 앉히고 공손히 하례하였다.
>
> **「공무도하가」의 배경설화**
> 곽리자고가 새벽에 일어나 배를 저어 갔다. 그때 흰 머리를 풀어헤친 어떤 미친 사람(白首狂夫)이 술병을 들고 어지럽게 물을 건너가고, 그 아내가 쫓아가며 말렸다. 그러나 그 남자는 아내의 말을 듣지 않고 결국 물에 빠져 죽었다. 이에 그 아내는 공후를 타며 「공무도하(公無渡河)」라는 노래를 지어 불렀는데, 소리가 매우 구슬펐다. 노래가 끝나자 그녀도 스스로 몸을 던져 물에 빠져 죽었다. 곽리자고가 돌아와 아내 여옥에게 그가 본 광경과 노래를 이야기해 주었다. 여옥은 슬퍼하며 공후를 안고 그 소리를 본받아 타니 듣는 자들은 모두 슬퍼했다. 여옥은 그 노래를 이웃 여자 여용에게 전해주었는데, 이를 일컬어 「공무도하가」라 한다.

「황조가」의 배경설화

유리왕 3년 7월에 골천에 머무는 별궁을 지었다. 10월에는 왕비 송씨가 죽었다. 왕은 다시 두 여자를 후실로 얻었는데 한 사람은 화희라는 골천 사람의 딸이고, 또 한 사람은 치희라는 한나라 사람의 딸이었다. 두 여자가 사랑 다툼으로 서로 화목하지 못하므로 왕은 양곡(凉谷)에 동궁과 서궁을 짓고 따로 머물게 했다. 그 후 왕이 기산에 사냥을 가서 7일 동안 돌아오지 않았는데 두 여자가 크게 싸웠다. 화희가 치희에게 "너는 한나라 집안의 종으로 첩이 된 사람인데 왜 이리 무례한가?"하면서 꾸짖었다. 치희는 부끄럽고 분하여 집으로 돌아가 버렸다. 왕은 이 말을 듣고 말을 채찍질하며 쫓아갔으나, 치희는 성을 내며 돌아오지 않았다. 왕이 어느 날 나무 밑에서 쉬며 꾀꼬리들이 날아 모여듦을 보고 느끼는 바가 있어 노래하였다.

「해가」의 배경설화

신라 성덕왕 때 순정공의 부인 수로는 미모가 뛰어나 깊은 산이나 큰 연못을 지날 때에는 자주 신물(神物)에게 잡혀가고는 했었다. 순정공이 강릉태수로 부임하여 가던 중 한 노인으로부터 낭떠러지에서 꺾어 온 꽃을 받았고, 동해안에서는 갑자기 해룡이 나타나 수로부인을 납치해갔다. 이때 어떤 노인이 "백성을 모아 노래를 지어 부르며 막대기로 언덕을 치면 부인을 찾을 수 있으리라."고 했다. 순정공이 「해가」를 지어 부르며 백성들이 언덕을 치게 하니 과연 용은 수로부인을 돌려주었다.

제 2 편 실전예상문제

01 상고시대의 한역가요들은 『삼국사기』, 『삼국유사』, 『해동역사』 등에 배경설화와 함께 실려 있다. 『고려사』에는 고대시가 관련 기록이 남아있을 뿐이다.

01 다음 중 상고시대의 한역가요를 수록하고 있는 책이 <u>아닌</u> 것은 무엇인가?

① 『삼국사기』
② 『해동역사』
③ 『고려사』
④ 『삼국유사』

02 현전하는 상고시대의 시가들은 모두 한역되어 전한다. 향찰로 표기된 것은 향가이다.

02 다음 중 상고시대 시가의 특징으로 볼 수 <u>없는</u> 것은 무엇인가?

① 원시 종합 예술의 형태를 나타낸다.
② 향찰로 표기되었다.
③ 집단이 모여 음주가무를 즐기는 가운데 이루어졌다.
④ 배경설화와 함께 전한다.

03 현전하는 상고시대 시가에는 「구지가」, 「황조가」, 「공무도하가」, 「해가」가 있다.

03 다음 중 상고시대 시가는 무엇인가?

① 「헌화가」
② 「공무도하가」
③ 「원왕가」
④ 「서동요」

정답 01 ③ 02 ② 03 ②

04 다음 중 「구지가」계 노래들의 공통적 특징에 해당하지 않는 것은 무엇인가?

① 여럿이 함께 불렀다.
② 풍요를 바라는 마음이 담겼다.
③ 신에 대한 두려움이 나타난다.
④ 엄격한 형식을 갖추었다.

04 「구지가」계 노래들에는 '호명 – 명령 – 가정 – 위협'이라는 공통적인 구조가 나타나기는 하지만, 형식이 엄격하게 지켜진 것은 아니다.

05 다음 중 「구지가」와 관련 있는 나라는 어디인가?

① 가야
② 고조선
③ 고구려
④ 부여

05 「구지가」는 『삼국유사』 「가락국기 수로왕 탄강기」에 실린 노래이다. 즉 가야의 시조인 김수로왕의 탄생배경과 관련된 노래이다.

06 다음 중 「황조가」와 관련 없는 구절은 무엇인가?

① 翩翩黃鳥(편편황조)
② 誰其與歸(수기여귀)
③ 念我之獨(염아지독)
④ 若不現也(약불현야)

06 '若不現也(약불현야)'는 「구지가」의 세 번째 구절이다. 「황조가」의 내용은 '翩翩黃鳥(편편황조) 雌雄相依(자웅상의) 念我之獨(염아지독) 誰其與歸(수기여귀)'이다.

정답 04 ④ 05 ① 06 ④

07 해당 작품의 작가는 백수광부의 부인이며 고구려가 아니라 고조선 시대의 노래이다. 또한 이 노래에 대한 가장 오래된 기록은 중국 후한 말 채옹이 엮은 『금조』와 진(晉)나라 때 최표가 엮은 『고금주』에 있다.

07 다음 중 「공무도하가」에 대한 설명으로 옳은 것은 무엇인가?
① 백수광부가 물에 빠져 죽는 슬픈 장면을 본 곽리자고가 노래로 지었다.
② 고구려 시대에 민간에서 불리던 노래가 중국으로 전해져 중국 역사책에 실리게 되었다.
③ 「공후인」이라고도 불린다.
④ 이 노래에 대한 가장 오래된 기록은 고조선의 기록이다.

08 「구지가」는 집단 제의 때 불린 것이며, 「공무도하가」역시 집단적 요소가 어느 정도 남아있다. 그러나 「황조가」는 유리왕이 이별의 슬픔을 노래한 것으로 확실하게 개인의 서정을 노래했다고 할 수 있다.

08 상고시대 시가 중에서 개인의 서정을 담은 최초의 노래는 무엇인가?
① 「공무도하가」
② 「구지가」
③ 「황조가」
④ 「공후인」

09 여옥은 「공무도하가」 관련 설화에 나오는 곽리자고의 부인이다.

09 「황조가」와 관련된 인물이 아닌 것은 누구인가?
① 유리왕
② 여옥
③ 화희
④ 치희

정답 07 ③ 08 ③ 09 ②

10 「구지가」의 구조를 다음과 같이 나타낼 때 괄호 안에 들어갈 말로 옳은 것은?

> 호명 – 명령 – ( ) – 위협

① 제안
② 재촉
③ 가정
④ 설득

11 다음 중 「황조가」에 대한 설명으로 옳지 않은 것은?

① 현전하는 가장 오래된 개인 서정시이다.
② 시적화자는 자연물을 보며 동병상련의 감정을 느끼고 있다.
③ 임과 이별한 슬픔을 직접적으로 드러내고 있다.
④ 내면의 심리는 외부 대상 묘사보다 나중에 제시했다.

12 다음 중 「공무도하가」에 대한 설명으로 옳지 않은 것은?

① 임을 잃은 슬픔을 표현하였다.
② 집단가요에서 개인적 서정시로 넘어가는 과도기적 성격을 지닌다.
③ 자신을 두고 떠나간 임에 대한 원망의 정서가 나타난다.
④ 화자의 감정이 화려한 수식 없이 직접적으로 표현되어 있다.

---

10 '호명 – 명령 – 가정 – 위협'은 구지가계 노래의 공통적인 구조이다.

11 「황조가」의 시적화자는 꾀꼬리는 자신과 달리 암수가 서로 정답게 노닌다고 하였다. 이는 동병상련의 감정이 아니라 자신과 대비되는 꾀꼬리의 모습을 보고 자신의 외로운 처지를 더 강하게 인식한 것이라 할 수 있다.

12 「공무도하가」에는 원망의 정서가 아니라, 체념의 정서가 드러난다.

정답 10 ③ 11 ② 12 ③

13 「황조가」는 고구려의 2대 왕인 유리왕이 지은 것이라 전해진다.

13 다음 중 「황조가」의 저자는 누구인가?
① 유리왕
② 주몽
③ 백수광부
④ 백수광부의 처

14 「해가」는 『삼국유사』 중 「기이편 수로부인」조에 실려 있는 작자 미상의 가요이다.

14 다음 중 고대시가와 그 가요가 실린 책의 이름이 잘못 연결된 것은?
① 「구지가」 – 『삼국유사』
② 「공무도하가」 – 『금조』
③ 「황조가」 – 『삼국사기』
④ 「해가」 – 『삼국사기』

15 「구지가」는 혈연집단보다 큰 규모의 공동체가 형성되는 상황에서 초월적인 힘을 지닌 신에 대한 관념이 형성되어 있는 시기의 작품이라 할 수 있다. 이러한 시기에 해당하는 것은 청동기이다.

15 「구지가」의 배경이 되는 문화는 무엇인가?
① 구석기 문화
② 신석기 문화
③ 청동기 문화
④ 철기 문화

정답 13 ① 14 ④ 15 ③

16 다음 중 고대 한역가요에 해당하지 <u>않는</u> 작품은 무엇인가?
① 「구지가」
② 「공무도하가」
③ 「황조가」
④ 「헌화가」

16 「헌화가」는 신라 성덕왕 때 어느 노옹이 수로부인에게 꽃을 꺾어 바치며 지었다고 전해지는 4구체 향가이다.

17 고구려 유리왕이 지은 「황조가」가 개인의 서정을 노래했다는 것이 의미하는 바에 대해 적절하게 설명한 것은?
① 개인의 서정을 노래했다는 것은 왕이 시 짓기에 빠져 있을 정도로 시 짓기가 당시의 유행이었다는 것을 의미한다.
② 개인의 서정을 노래했다는 것은 당시 사회가 신화의 세계에서 중세로 넘어가고 있음을 의미한다.
③ 개인의 서정을 노래했다는 것은 당시 사회가 개인의 다양한 감정표현을 폭넓게 수용하는 열린 사회였음을 의미한다.
④ 개인의 서정을 노래했다는 것은 당시 유리왕이 정치보다 연인과의 사랑에 더 빠져 있었다는 것을 의미한다.

17 유리왕은 주몽의 아들로, 천신으로부터 시작되는 신화와 직결되는 인물이다. 신화시대는 공통의 가치를 설정하여 추구하는 동질적인 세계로, '개인'의 개념이 희박하다. 개인의 서정을 노래할 수 있는 것은 세계와 자아가 분리된 상태로 어느 정도 합리적으로 세계를 인식할 수 있는 단계에 이르렀다는 것을 의미한다. 그러므로 유리왕이 「황조가」를 지었다는 것은 당시 사회가 신화의 시대를 벗어나 중세로 넘어가고 있음을 뜻한다.

18 다음 중 「공무도하가」와 관련 <u>없는</u> 것은?
① 「공후인」
② 『해동역사』
③ 고조선
④ 『삼국유사』

18 「공무도하가」는 중국 책 『금조』와 『고금주』에 「공후인」이라는 제목으로 실려 있으며, 한국 책에는 『오산설림초고』, 『해동역사』에 수록되어 있다.

정답 16 ④ 17 ② 18 ④

19 '當奈公何(당내공하)'는 '가신 임을 어이할꼬'라는 뜻으로, 이 구절에 원망의 마음이 담겨 있다고 보기는 어렵다.

19 「공무도하가」의 마지막 구절인 '當奈公何(당내공하)'에 나타난 화자의 심정에 해당하지 <u>않는</u> 것은 무엇인가?

① 원망
② 체념
③ 탄식
④ 슬픔

20 고대시가는 한역되어 전하는 신라가요 이전의 시가를 말한다.

20 다음 중 고대시가에 대한 설명으로 적절한 것은 무엇인가?

① 『삼국유사』에 실린 시가 전부
② 고려시대 이전 시가
③ 신라가요 이전 시가
④ 한글 창제 이전 시가

정답 19 ① 20 ③

제 3 편

향가

제1장 향가의 형식과 특징
제2장 향가의 작품 세계
실전예상문제

| 단원 개요 |

삼국시대를 거쳐 통일신라시대에 이르며 사람들은 서서히 집단적인 제의에서 부르는 주술적 노래에서 벗어나 개인의 서정을 노래하기 시작한다. 이때에는 중국과 서역 등을 통해 다양한 악기가 유입되고 거문고가 만들어지면서 더욱 노래가 발전하기 좋은 상황이 된다. 그러나 아쉽게도 이 시기의 작품들은 가락은 물론이고 노래가사도 향가 25수를 제외하면 백제의 「정읍사」만이 남아있을 뿐이다. 다행히 배경설화나 작품 관련 설명이 문헌에 남아 있어 작품의 내용을 짐작해 볼 수 있다. 현존하는 향가 25수를 통해서는 개인적 서정시가 자리 잡는 모습과, 향찰이라는 독창적인 방법으로 우리말을 표기함으로써 독자적인 우리 문학이 발전해 가는 모습을 엿볼 수 있다.

| 출제 경향 및 수험 대책 |

이 단원에서 다루는 내용들 중에서 특히 향가는 우리의 독자적인 문학 형식을 형성해 나가는 과정의 처음이라 할 수 있기 때문에 형식과 내용 등에 주목해서 살펴볼 필요가 있다. 향가 작품이 현전하는 경우는 물론이고, 배경설화만 전하는 작품들의 경우에도 특징을 놓치지 않고 학습해 두는 것이 필요하다.

보다 깊이 있는 학습을 원하는 수험생들을 위한
시대에듀의 동영상 강의가 준비되어 있습니다.
www.sdedu.co.kr ➔ 회원가입(로그인) ➔ 강의 살펴보기

제1장 향가의 형식과 특징

향가(鄕歌)는 광의로는 중국 시가에 대한 우리의 시가를 말하고, 협의로는 주로 신라 시대부터 고려 전기까지 유행한 우리말 노래로, 향찰로 표기되어 전해지는 작품들을 가리킨다. 일반적으로 말하는 '향가'는 협의의 의미로서의 향가를 뜻한다.

1 향가의 형식

향가의 실제 모습을 볼 수 있는 것은 1075년에 혁련정이 지은 승려 균여의 전기문인 『균여전』(11수)과 1281년에 승려 일연이 지은 『삼국유사』(14수)를 통해서이다.

현존하는 25수의 향가를 토대로 정리해 보면 향가는 4구체, 8구체, 10구체로 나뉜다. 이 외에도 다양한 분절체가 있지만, 그것은 기록을 할 때 잘못된 것으로 보는 등 향가의 형식에 대한 논의는 아직 완결되지 않았다.

(1) 4구체
① 단순하고 소박한 민요형이다.
② 대부분 구전되던 민요나 동요가 향가로 정착된 것으로 추정된다.
③ '기 – 승 – 전 – 결'의 형식을 갖는다.
④ 해당 작품 : 「서동요」, 「풍요」, 「헌화가」, 「도솔가」

(2) 8구체
① '4 – 4' 형태로, 4구체를 중첩시킨 형태이다.
② 4구체에 비해 보다 복잡하고, 내용 전달에 유용한 형식을 갖는다.
③ 4구체에서 10구체로 발전해 가는 과도기적 특징을 갖는다.
④ 해당 작품 : 「모죽지랑가」, 「처용가」

(3) 10구체
① 8구체 향가의 끝에 2구를 더한 형태, 즉 '4 + 4 + 2'의 형태를 갖는다.
② 마지막 2구를 '결구' 또는 '낙구'라 하는데, **결구의 첫머리에는 반드시 감탄사가 온다.**
③ 가장 완성된 향가 형식이다.
④ 해당 작품 : 「혜성가」, 「원왕생가」, 「원가」, 「제망매가」, 「안민가」, 「찬기파랑가」, 「맹아득안가」, 「우적가」, 균여의 「원왕가」(「보현십종원가」 또는 「보현십원가」) 11수

2 향가의 특징

(1) 기능상의 특징

향가와 관련된 문헌을 보면 향가는 **주술적 기능**을 갖고 있었다는 것을 알 수 있다. 『삼국유사』의 「월명사 도솔가」 조를 보면 경덕왕 때 하늘에 해가 둘이 나타나는 변괴가 생기자 경덕왕이 마침 지나가던 월명사에게 노래를 지으라고 했는데, 월명사가 향가를 지어 부르자 해가 사라졌다고 한다. 또한 '월명사는 일찍이 죽은 누이동생을 위해 재를 올렸는데 향가를 지어 제사지냈다'거나 '신라 사람들도 향가를 숭상한 자가 많았으니 … (중략) … 이따금 천지와 귀신을 감동시킨 것이 한두 번이 아니었다'라고 적혀 있다. 이처럼 향가는 주술적 기능을 갖고 있다.

(2) 표기상의 특징

향가 이전에는 우리의 노래가 구전되거나 한역되었다. 그러나 향가를 기록하는 과정에서 향가가 지닌 주술적 기능을 고려할 때 우리말 발음을 정확하게 반영하는 게 필요했고, 그러한 상황에서 **향찰이라는 방법**을 고안해 내게 된 것으로 보인다. 또한 불교를 전파하는 데 우리말로 표현된 음악을 이용하는 게 좋다는 인식이 생겨남에 따라 향찰로 기록하는 것이 더욱 필요하게 되었다고도 본다.

(3) 향유 계층상의 특징

「서동요」, 「풍요」, 「헌화가」, 「도솔가」, 「처용가」 등의 민요계 향가는 예전부터 많은 사람들에게 구전되던 것이었으나, 향가의 **대부분은 승려**가 지은 것이다. 또한 화랑제도의 성립으로 인해 화랑이 작가층으로서 적극적인 참여를 했다. 이 외에 여성이 지은 노래도 있으며 향가의 작가가 누구인지 확실하지 않은 경우도 있다. 『삼국유사』에는 「서동요」의 서동이 백제 무왕이라고 적혀 있으나, 평민 출신의 서동이 공주와 결혼한다는 점이 상식적이지 않을 뿐만 아니라 당시 백제와 신라의 관계가 좋지 않았다는 점도 고려할 때 서동이라는 아명을 가진 실제 인물이 백제 무왕이라는 점을 사실로 받아들이기는 어렵다. 또한 충담사, 월명사, 처용 등의 실명이 나오지만 이러한 이름은 실제 이름이 아니라 향가의 내용이나 관련 설화를 토대로 지은 이름이라고 볼 수도 있다. 이 외에도 향찰 해독과 한문 읽기를 하는 과정에서 작가가 달라질 가능성도 있다.

(4) 내용상의 특징

신라에서 불교가 호국불교로 성장하고, 왕실 중심이 아닌 민중불교로 바뀌게 되자 여러 승려들이 거리를 다니며 가요활동을 하게 됨으로써 향가의 창작이 대대적으로 이루어졌을 것으로 보인다. 이처럼 향가는 주된 향유층이 승려였던 것으로 인해 **불교적 색채**를 띠는 경우가 많다. 그러나 신라 말에 이르러 불교계가 교종 중심이 아니라 선종 중심으로 방향을 전환하면서, 승려들이 돌아다니며 향가를 읊는 대신 산 속 깊은 절로 들어가는 바람에 향가는 점차 쇠퇴하게 된 것으로 보인다. 이밖에도 향가는 그 시대를 살아간 사람들의 감정과 바람을 담아내었다는 특징이 있다.

(5) 문학사적 의의 및 특징

① 향가는 **최초의 정형화된 개인 서정시**라 할 수 있다.
② 우리글이 없는 시기에 향찰이라는 표기수단을 만들어내었다는 점에서 **민족적 주체성**이 발현되었음을 확인할 수 있다.
③ 10구체 향가의 형식은 이후 시조나 가사의 형식에 영향을 주기도 했다.

더 알아두기

향찰 연구

향찰(鄕札)은 한자의 음과 훈을 빌려 한국어를 표기하는 차자 표기의 하나이다. 향찰을 해독하는 문제는 여전히 진행 중이라고 할 수 있는데, 근현대에 와서 가장 이른 연구는 일본인인 오쿠라 신베이가 『향가 및 이두의 연구』(1929)에서 향가 25수 전체에 대해 해독을 하면서부터였다. 그는 향가에 딸린 설화를 토대로 뜻을 해석하려 했다. 이후 양주동에 의해 『조선고가연구』(1942)에서 좀 더 보완된 해석이 나왔다. 양주동은 차자 해독을 할 때 귀납적인 방법을 쓰는데 초점을 맞추었다. 김완진은 『향가 해독법 연구』(1980)에서 훈주음종의 원리에 따라 향찰을 해석하려 하였다.

삼대목(三代目)

신라 진성여왕 때였던 888년에 왕명에 따라 승려 대구화상과 문신 위홍이 지었으나 현재는 전하지 않는다. '삼대'는 신라의 상대, 중대, 하대를 뜻하는 것으로 신라시대의 향가를 집대성한 것이며 '목'은 분류체계를 뜻하는 것으로 짐작된다. 『삼대목』은 문헌상에 기록된 최초의 가집(歌集)이라는 점에서 의의가 있다.

균여의 사뇌가, 「보현십원가」

균여는 신라 말에 태어나 고려 초까지 살았던 사람으로, 승려가 된 후 화엄종을 통해 고려 전기의 사상적인 통일에 기여하였다. 그는 하층민들에게 화엄 사상을 널리 퍼뜨리고자 하는 생각을 향가를 지음으로써 실현하려 했다. 『화엄경』제40권에 「보현행원품」이라는 대목이 있다. 이것은 보현보살이 10가지 긴요한 행실을 소원으로 말한 것으로, 불교를 믿는 사람이라면 마땅히 수행할 사항이라는 것이다. 균여는 한문 경전을 읽기 어려운 사람이라도 그 뜻을 이해하고 마음에 새길 수 있도록 하는 사뇌가를 지었다. 이는 각 5줄씩 총 11편인데 이 중 10편은 「화엄경」을 풀이한 것이고, 마지막 한 편은 맺는 말을 하고 있다. 각 편의 제목은 있지만 11편을 총괄하는 제목을 따로 짓지 않아서 「보현시원가」, 「보현십종원왕가」, 「원왕가」라고도 한다.

제2장 향가의 작품 세계

1 현전하는 향가 25수의 간략한 사항

형식	작가	제목	내용
4구체	서동 (백제 무왕)	서동요	백제인인 서동이 신라의 선화공주와 결혼하기 위해 지어서 아이들에게 퍼트린 동요
	작자 미상 (사녀들)	풍요	영묘사의 불상을 만들 때 그 일을 하려고 모인 사람들이 이 노래를 부르며 일하라고 지은 노동요
	작자 미상 (노옹)	헌화가	순정공이라는 사람이 강릉 태수로 부임되어 부인 수로와 함께 가는 길에, 부인이 벼랑 위의 철쭉꽃을 보고 탐하자 이때 마침 암소를 끌고 지나가던 노옹이 꽃을 꺾어다 바치며 지어 부른 노래
	월명(승려)	도솔가	하늘에 두 개의 해가 나타나 열흘이 넘도록 사라지지 않자 왕명에 따라 월명사가 지어 불렀다는 노래
8구체	득오(화랑)	모죽지랑가	화랑 죽지랑의 고매한 인품을 사모하고, 인생의 무상함을 부른 노래
	처용 (신분 불분명)	처용가	아내를 범한 역신을 관용적인 태도로 물리쳤다는 노래
10구체	융천(승려)	혜성가	혜성이 나타나 심대성을 범하므로 노래를 지어 부르니 혜성이 사라지고 왜구도 물러갔다는 노래
	충담(승려)	찬기파랑가	화랑 기파랑의 높은 인품을 기리며 부른 노래
	충담(승려)	안민가	왕, 신하, 백성이 각자 자기의 본분을 다하면 백성을 편안히 다스릴 수 있다는 노래
	월명(승려)	제망매가	죽은 누이의 제사를 지내며 부른 노래
	영재(승려)	우적가	영재가 도둑떼를 만나 그들을 깨우치고 회개시켰다는 노래
	희명(여성)	도천수대비가 (맹아득안가, 천수관음가, 천수대비가)	눈먼 자식을 위해 천수대비 앞에 나가 부른 노래
	신충(문신)	원가	옛 약속을 지키지 않는 효성왕에 대한 원망의 마음을 담아 지어 잣나무에 붙인 노래
	광덕(승려)	원왕생가	광덕이 무량수전에 빌어 서방정토에 태어나기를 바라는 노래
	균여(승려)	보현십원가 11수	불교의 교리를 대중에게 퍼뜨리기 위해 지은 노래

2 구체적 작품 예시

(1) 서동(백제 무왕), 「서동요」[1]

원문	현대어 풀이
善化公主主隱 他 密只 嫁良 置古 薯童房乙 夜矣 卯乙 抱遣 去如	선화공주님은 남 몰래 사귀어(통정하여 두고) 맛둥[薯童]도련님을 밤에 몰래 안고 간다

① 4구체 향가로, 민요형이다.
② 현전하는 향가 중 가장 오래되었다.
③ 어린이들의 입을 통해 불림으로써 원하는 결과를 유도했다는 점에서 주술성을 띠었다고 할 수 있다.
④ 평민이 공주를 아내로 맞는다는 점에서 하층민의 신분상승 욕구가 반영되었다.

(2) 월명사, 「제망매가」[2]

원문	현대어 풀이
生死路隱 此矣 有阿米 次肹伊遣 吾隱去內如辭叱都 毛如云遣去內尼叱古 於內秋察早隱風未 此矣彼矣浮良落尸葉如 一等隱枝良出古 去奴隱處毛冬乎丁 阿也 彌陀刹良逢乎吾 道修良待是古如	죽고 사는 길 예 있으매 저히고 나는 간다 말도 못다 하고 가는가 어느 가을 이른 바람에 이에 저에 떨어질 잎다이 한 가지에 나고 가는 곳 모르누나 아으 미타찰(彌陀刹)에서 만날 내 도 닦아 기다리리다.

① 신라 경덕왕 때 월명사가 지은 10구체 향가이다.
② 죽은 누이의 명복을 비는 내용을 담고 있다.
③ 다음 배경설화를 통해 향가가 주술적 성격을 지녔음을 알 수 있다.

> 죽은 누이를 위하여 '제망매가'를 지어 불렀더니 갑자기 광풍이 일어나 지전(紙錢)을 서쪽으로 날려 보냈다.
>
> - 『삼국유사』 권5 감통, 「월명사 도솔가」

④ 적절한 비유와 상징을 사용하여 현존하는 향가 중 가장 서정적이라는 평가를 받는다.
⑤ 누이의 죽음으로 인한 인간적 고통을 종교적으로 승화하고 있다.
⑥ 내용상 세 단락으로 나뉘고, 세 번째 단락에 해당하는 마지막 2구(낙구)가 '아으'라는 감탄사로 시작하고 있는데, 이것은 10구체 향가의 일반적인 형식이다.

---

1) [네이버 지식백과] 서동요 (배규범·주옥파, 외국인을 위한 한국고전문학사, 도서출판 하우, 2010. 1. 29.)
2) [네이버 지식백과] 제망매가 (한국학중앙연구원, 한국민족문화대백과)

제3편 | 실전예상문제

01 향가는 신라시대부터 고려 전기까지 유행한 노래로, 주로 지어진 것은 신라시대라고 할 수 있다.

01 다음 중 향가에 대한 설명으로 알맞지 않은 것은?
① 향가가 주로 지어진 시기는 고려시대이다.
② 가장 발전된 형태의 향가는 10구체 향가이다.
③ 향가의 표기법인 향찰은 한자를 이용해 우리말을 표기하려는 시도가 반영된 것이다.
④ 현존하는 향가는 모두 25수이다.

02 8구체 향가는 4구체에서 10구체로 넘어가는 과도기적 형태로 본다. 가장 완성된 향가의 형식은 10구체이다.

02 다음 중 향가의 형식에 관한 설명으로 옳지 않은 것은?
① 4구체는 가장 단순하고 소박한 민요형이다.
② 8구체 향가에는 「모죽지랑가」, 「처용가」가 있다.
③ 10구체 향가가 보다 정제된 형태로 발전하여 8구체 형식이 완성되었다.
④ 10구체 향가의 결구는 반드시 감탄사로 시작한다.

03 「서동요」, 「풍요」, 「헌화가」, 「도솔가」 등은 4구체 향가이고, 「혜성가」는 10구체 향가에 해당한다.

03 다음 중 형식이 다른 향가는 무엇인가?
① 「서동요」
② 「혜성가」
③ 「헌화가」
④ 「풍요」

정답 01 ① 02 ③ 03 ②

04 다음 중 향가에 대한 설명으로 옳은 것은?
① 향가는 주술적 기능을 갖고 있었던 것으로 추측된다.
② 향가는 유교적 내용을 지닌 작품이 많다.
③ 향가는 구전되다가 훈민정음 창제 이후 우리 식으로 표기되었다.
④ 향가의 '향'이라는 글자로 미루어보아, 향가는 주로 지방에서 불리던 노래였다.

04 향가와 관련된 문헌들의 관련 설화를 보면 향가는 주술적 기능을 갖고 있었던 것으로 보인다.

05 다음 중 향가의 작자를 기준으로 보았을 때 이질적인 작품은?
① 「도솔가」
② 「혜성가」
③ 「원왕생가」
④ 「도천수대비가」

05 「도천수대비가」는 희명이라는 이름의 여성이고, 나머지 작품은 모두 승려의 작품이다.

06 다음 중 월명사가 죽은 누이의 죽음을 슬퍼하며 불렀다고 전해지는 작품은?
① 「찬기파랑가」
② 「원왕생가」
③ 「제망매가」
④ 「우적가」

06 「찬기파랑가」는 기파랑의 찬양한 노래이고, 「원왕생가」는 광덕사 본인이 서방정토에 태어나기를 바라는 노래이며, 「우적가」는 승려가 도둑 떼를 회개시켰다는 내용이 담긴 향가이다.

정답 04 ① 05 ④ 06 ③

07 교종과 같은 민중 중심의 불교가 성행하면서 불교 전파를 위해서는 우리말로 표현된 음악을 이용하는 것이 좋다는 점은 향찰로 표기된 향가가 발전하는 배경이 되었다. 그러나 선종이 발달하게 되면서 향가는 쇠퇴하게 된다.

08 향가의 작자는 승려가 대부분이지만 화랑이나 여성인 경우도 있다. 누가 지었는가에 따라 작품의 종교적인 성격도 달라지는데, 「보현십원가」는 승려 균여가 불교의 교리를 퍼뜨릴 목적으로 지은 향가이다. 「서동요」는 백제 무왕이 부른 것으로 전해지는데 선화공주의 행적을 담고 있을 뿐 불교적인 색채를 지닌 것은 아니다. 또한 「처용가」 역시 '처용'이라는 신분 불명의 작자가 지은 작품으로 불교적인 것과는 거리가 멀다. 「모죽지랑가」는 화랑 죽지랑의 고매한 인품을 찬양한 노래이다.

09 이름이 분명하게 현전하는 향가의 작자는 서동, 월명, 득오, 처용, 융천, 충담, 영재, 희명, 신충, 광덕, 균여이다. 이 외에 이름을 알 수 없는 노옹과 사녀들도 있다. 원효의 어릴 적 아명이 서동이었고, 원효도 요석공주와 결혼하기 전에 노래를 지어 부르며 다녔다는 일화가 있기에 서동과 혼동될 수 있으나 원효와 서동은 다른 인물이다.

정답 07 ① 08 ③ 09 ④

07 다음 중 향가가 발전하게 된 까닭에 해당하는 것은?
① 교종 위주의 불교가 성행했다.
② 화랑도의 사회적 지위가 하락했다.
③ 한문 사용이 점차 줄어들기 시작했다.
④ 속악가사와 경기체가라는 장르가 생겨났다.

08 다음 중 불교적인 색채가 강하게 나타난 향가 작품은 무엇인가?
① 「서동요」
② 「처용가」
③ 「보현십원가」
④ 「모죽지랑가」

09 다음 중 향가의 작자가 아닌 사람은 누구인가?
① 득오
② 월명
③ 서동
④ 원효

10 다음 설명에 해당하는 노래에 관한 내용으로 옳지 <u>않은</u> 것은?

- 넓은 의미에서 중국 시가에 대비해 우리의 시가를 가리키는 노래이다.
- 신라시대부터 고려 전기까지 유행하였다.
- 한자를 사용해 우리말을 우리 식으로 표기하려는 노력이 반영된 표기를 사용했다.

① 대부분의 작가는 화랑과 승려였다.
② 『삼대목』에 실린 것을 통해 그 실체를 확인할 수 있다.
③ '사뇌가'라고도 불린다.
④ 불교의 대중화가 이루어지던 시대를 바탕으로 형성되었다.

10 『삼대목』은 기록상으로만 존재할 뿐 현전하지 않는다. 향가는 『균여전』에 남은 11수와 『삼국유사』에 기록된 14수를 통해 실체를 확인할 수 있다.

11 다음 중 향가가 쇠퇴하게 된 원인으로 옳지 <u>않은</u> 것은?

① 한문이 공용 문자로 사용되었다.
② 화랑도의 사회적 지위가 하락했다.
③ 속악가사와 경기체가 향가의 역할을 대신했다.
④ 교종 위주의 불교가 성행했다.

11 향가는 불교가 크게 성행하던 시기에 발전하였다. 이때의 불교는 교종 위주였기 때문에 승려들이 민중들과 어울려 생활하며 여러 작품을 지을 수 있었다. 그러나 신라 말기로 접어들며 선종 위주로 바뀌게 되자 승려들은 깊은 산 속에 있는 사찰을 찾아 은거하게 된다. 그러면서 향가와 같은 창작 활동도 자연스레 줄어들게 되었다.

12 다음 중 천재지변과 관련된 일화와 함께 전해지는 작품은?

① 「도솔가」
② 「원가」
③ 「헌화가」
④ 「안민가」

12 「도솔가」는 하늘에 두 개의 해가 나타나 열흘이 넘도록 사라지지 않자 왕명에 따라 월명사가 지어 불렀다는 일화와 함께 전해진다.

정답 10 ② 11 ④ 12 ①

13 「찬기파랑가」는 10구체 향가이다.

13 다음 중 「찬기파랑가」에 대한 설명으로 알맞지 <u>않은</u> 것은?
① 화랑이었다가 승려가 된 충담이 지었다.
② 화랑이었던 기파랑의 높은 인품을 기리며 부른 노래이다.
③ 8구체 향가이다.
④ 관련된 일화가 분명하게 전해지지 않는다.

14 『삼국유사』에 실린 일화에 따르면 영묘사의 불상을 만들 때 그 일을 도와주려고 모인 많은 사람들에게 이 노래를 지어주고 일을 하면서 부르도록 하였다고 한다. 「풍요」라는 명칭은 고유한 이름이 아니라 노래 성격상 민요라는 뜻이다. 「양지사석」, 「바람결노래」, 「오라가」, 「오라노래」 등으로 불리기도 한다.

14 다음 중 「풍요」에 대한 설명으로 적절하지 <u>않은</u> 것은?
① 4구체 향가이다.
② 농사를 지을 때 풍작을 기원하며 부른 것으로 추정된다.
③ 노동요적인 성격을 가진다.
④ 작자의 이름이 분명히 밝혀지지 않았다.

15 향가의 작가는 승려가 많기는 하지만 왕, 화랑, 여성, 하층민 등 다양한 계층에 퍼져 있다. 따라서 불교문학으로서의 가치뿐만 아니라 당시 사람들의 개인적인 감정과 바람을 살펴보는 귀중한 자료가 된다.

15 다음 중 향가의 의의와 관련한 설명으로 옳지 <u>않은</u> 것은?
① 향찰이라는 표기를 통해 민족적 주체성이 발휘되었다.
② 최초의 정형화된 개인 서정시이다.
③ 시조나 가사 형식으로 발전하는 밑바탕이 되었다.
④ 작가가 승려라는 일부 계층에 한정되어 불교문학으로서의 가치만 높다.

정답 13 ③ 14 ② 15 ④

16 향가의 기능에 대한 설명으로 알맞지 <u>않은</u> 것은?
① 벽사진경의 기능
② 신을 움직이는 기능
③ 여러 사람을 선동하는 기능
④ 정보를 전달하는 기능

16 향가는 벽사진경, 선동, 기도의 기능 등이 있다.

17 다음 중 불교적 색채가 특히 강한 향가 작품은 무엇인가?
① 「제망매가」
② 「헌화가」
③ 「처용가」
④ 「찬기파랑가」

17 「제망매가」는 승려인 월명사가 누이의 죽음을 슬퍼하며 지은 것으로 불교적인 색채가 짙다.

정답 16 ④ 17 ①

합격의 공식
SD EDU
시대에듀

훌륭한 가정만한 학교가 없고,
덕이 있는 부모만한 스승은 없다.

- 마하트마 간디 -

제 4 편

속악가사

제1장	속악가사의 형식과 특징
제2장	속악가사의 작품 세계
실전예상문제	

| 단원 개요 |

우리 민족 고유의 정형시였던 향가가 점차 소멸되면서 고려시대에는 한문학이 전성기를 맞는다. 불교가 발달하고 과거제도가 시행된 것도 한문학 발달에 영향을 주었다. 또한 고려시대에는 문학이 계층에 따라 분화되는 양상을 보이는데, 귀족문학에 해당하는 경기체가와 평민문학에 해당하는 속악가사(속요)가 그것이다. 이러한 양상은 고려 후기에 이르러 시조 형식으로 통합된다.

| 출제 경향 및 수험 대책 |

이 단원에서는 속악가사의 장르적 특징 및 개별 작품에 대한 문제가 출제될 수 있다. 특히 「가시리」, 「정석가」, 「동동」 등의 작품을 꼼꼼히 봐 둘 필요가 있다.

보다 깊이 있는 학습을 원하는 수험생들을 위한
시대에듀의 동영상 강의가 준비되어 있습니다.
www.sdedu.co.kr ➔ 회원가입(로그인) ➔ 강의 살펴보기

제1장 속악가사의 형식과 특징

1 속악가사의 개념

속악가사는 평민들 사이에 **구비 전승**되던 민요 사설의 일부를 고려 후기 권문세족이 궁중악으로 수용한 것이다. 권문세족들은 지방에서 뽑혀 올라온 기녀나 무녀들과 함께 잔치를 벌이는 일이 많았는데 이때 주로 속악가사를 향유하였다. 이후 조선시대에 들어 훈민정음 창제 이후 궁중악을 수록한 문헌(『악장가사』, 『악학궤범』, 『시용향악보』 등)에 문자로 정착되었다. 이 과정에서 궁중악에 맞게 내용의 첨가와 삭제가 이루어졌다. 속악가사의 또 다른 명칭에는 고려가사, 여요, 고려장가, 속요, 고려가요 등이 있다.

2 속악가사의 형식

(1) 주로 3음보를 기본으로 하며 3·3·2조의 음수율을 지니는 경우가 많다.

(2) 대부분 몇 개의 연이 연속적으로 이어지는 분연체(분절체, 연장체)이다. (예외 : 「정과정」, 「사모곡」)

(3) 각 연마다 **후렴구**가 붙는다.

(4) **여음구(조흥구)**가 있다.

(5) 속악가사 「만전춘」의 2연과 5연에서 광의의 시조 형식을 엿볼 수 있다. 이를 통해 시조의 기원을 찾을 때 「만전춘」이 언급되기도 한다.

3 속악가사의 특징

(1) 솔직하고 소박한 내용뿐만 아니라 남녀의 애정을 진솔하게 읊는 노래가 많아 조선시대에 '남녀상열지사'라고 비판의 대상이 되었다.

(2) 대부분 작품의 작자, 창작 시기가 알려져 있지 않다.

(3) 형식은 자유로운 편이나 10구체 향가와 비슷한 것들도 있어서 향가가 속악가사로 맥을 이어가게 되었다는 것을 짐작할 수 있다.

(4) 서정 장르에 속한다.

제 2장 속악가사의 작품 세계

1 현전 속악가사의 간략한 사항

작품명	작자	창작 시기	내용
「도이장가(悼二將歌)」	예종	16대 예종 (1120년)	고려 개국공신 김락, 신숭겸을 추모 (향가 형식)
「정과정곡(鄭瓜亭曲)」	정서	18대 의종 (정확한 연도 미상)	임금을 향한 변함없는 충정 (향가 형식)
「가시리」	미상	미상	이별의 정한
「서경별곡(西京別曲)」			이별의 정한
「청산별곡(靑山別曲)」			인생무상
「동동(動動)」			임에 대한 송축과 연모의 정 (월령체)
「만전춘(滿殿春)」			남녀 간 사랑을 노골적으로 표현
「사모곡(思母曲)」			부모의 사랑, 특히 어머니의 사랑
「쌍화점(雙花店)」			남녀 관계의 노골적 내용
「이상곡(履霜曲)」			사별한 남편에 대한 사랑과 정절
「정석가(鄭石歌)」			임에 대한 영원한 사랑, 태평성대
「처용가(處容歌)」			향가 「처용가」에 내용을 덧붙인 것

2 구체적 작품 예시

(1) 「가시리」

> 가시리 가시리잇고 나는
> ᄇ리고 가시리잇고 나는
> 위 증즐가 대평성ᄃᆡ(大平盛代)
>
> 날러는 엇디 살라ᄒ고
> ᄇ리고 가시리잇고 나는
> 위 증즐가 대평성ᄃᆡ(大平盛代)

> 잡스와 두어리마ᄂᆞᆫ
> 선ᄒᆞ면 아니올셰라
> 위 증즐가 대평셩ᄃᆡ(大平盛代)
>
> 셜온님 보내옵노니 나ᄂᆞᆫ
> 가시ᄂᆞᆫ 닷 도셔 오쇼셔 나ᄂᆞᆫ
> 위 증즐가 대평셩ᄃᆡ(大平盛代)

① 사랑하는 사람과의 이별의 심정을 노래한 속악가사이다.
② 후렴구를 포함하여 3행으로 된 연들이 모여 이루어진 연장체이다.
③ 각 연의 끝에는 '위 증즐가 대평셩ᄃᆡ(大平盛代)'라는 후렴구가 붙는데, 이것은 임과의 이별이라는 슬픈 분위기에 어울리지 않는 내용이다. 이로써 민간에서 불리던 속악가사가 궁중음악으로 편입되면서 후렴구가 덧붙었다는 것을 알 수 있다.
④ 후렴구 외에도 'ᄂᆞᆫ'이라는 여음이 붙는 경우가 많다.

(2) 「정석가」

> 딩아 돌하 당금(當今)에 계샹이다
> 딩아 돌하 당금(當今)에 계샹이다
> 션왕셩ᄃᆡ(先王聖代)에 노니ᄋᆞ와지이다
>
> 삭삭기 셰몰애 별헤 나ᄂᆞᆫ
> 삭삭기 셰몰애 별헤 나ᄂᆞᆫ
> 구은 밤 닷 되를 심고이다
> 그 바미 우미 도다 삭나거시아
> 그 바미 우미 도다 삭나거시아
> 유덕(有德)ᄒᆞ신 님믈 여희ᄋᆞ와지이다
>
> 옥(玉)으로 련(蓮)ㅅ고즐 사교이다
> 옥(玉)으로 련(蓮)ㅅ고즐 사교이다
> 바회 우회 졉듀(接柱)ᄒᆞ요이다
> 그 고지 삼동(三同)이 퓌거시아
> 그 고지 삼동(三同)이 퓌거시아
> 유덕(有德)ᄒᆞ신 님 여희ᄋᆞ와지이다

> 므쇠로 텰릭을 몰아 나는
> 므쇠로 텰릭을 몰아 나는
> 텰ㅅ(鐵絲)로 주롬 바고이다
> 그 오시 다 헐어시아
> 그 오시 다 헐어시아
> 유덕(有德)ᄒ신 님 여희ᄋ와지이다
>
> 므쇠로 한쇼를 디여다가
> 므쇠로 한쇼를 디여다가
> 텰슈산(鐵樹山)에 노호이다
> 그 쇠 텰초(鐵草)를 머거아
> 그 쇠 텰초(鐵草)를 머거아
> 유덕(有德)ᄒ신 님 여희ᄋ와지이다
>
> 구스리 바회예 디신ᄃᆞᆯ
> 구스리 바회예 디신ᄃᆞᆯ
> 긴힛ᄃᆞᆫ 그츠리잇가
> 즈믄 히룰 외오곰 녀신ᄃᆞᆯ
> 즈믄 히룰 외오곰 녀신ᄃᆞᆯ
> 신(信)잇ᄃᆞᆫ 그츠리잇가

① 3음보, 총 6연으로 구성되어 있다.
② 여타의 속악가사들이 이별의 정한을 노래하는 것과 달리 불가능한 상황 설정을 통해 임과의 이별을 거부하고자 하는 의지를 나타낸다.
③ 6연의 내용은 또 다른 속악가사인「서경별곡」의 2연과 같다. 이를 통해 속악가사가 당대에 구전되면서 유행하는 구절이 생겨났음을 알 수 있다.
④ 1연에 나오는 '태평성대'라는 구절이 작품 전체의 분위기 및 흐름과 맞지 않는다는 것을 통해「정석가」역시 구전되다가 궁중악으로 편입되는 과정을 거쳤으리라 짐작할 수 있다.

제 4 편 | 실전예상문제

01 다음 중 속악가사의 또 다른 명칭으로 가장 적절하지 <u>않은</u> 것은?

① 고려가사
② 여요
③ 고려장가
④ 경기체가

> 01 속악가사의 별칭으로는 고려가사, 여요, 고려장가, 고속가, 경기체가를 제외한 속요가 있다.

02 다음 중 속악가사를 수록하고 있는 문헌이 <u>아닌</u> 것은 무엇인가?

① 『악학궤범』
② 『시용향악보』
③ 『해동가요』
④ 『악장가사』

> 02 속악가사가 수록된 문헌에는 『악학궤범』, 『악장가사』, 『시용향악보』 등이 있다. 『해동가요』는 조선 후기에 만들어진 시조집이다.

03 다음 중 속악가사가 발생하고 기록으로 남게 된 까닭으로 옳은 것은?

① 권문세족들이 높은 수준의 예술적 심미안을 가졌기 때문에
② 당시에 민간에서 당악이 유행했기 때문에
③ 궁중에서는 전문 악사들에 의한 노래만 불렸기 때문에
④ 궁중으로 올라온 지방의 유명한 기녀나 무녀들이 있었기 때문에

> 03 고려 말 실권을 잡은 권문세족들은 정치보다는 노는 데 관심이 많았고 수준 높은 당악과 향악보다는 남녀 간의 사랑 노래 등 다소 저속한 내용이 많은 속가가사들을 향유하였다. 또한 잔치를 위해 지방에서 유명한 기녀나 무녀들을 뽑아 궁중으로 데려왔는데 이 과정에서 지방의 민요들이 궁중의 음악으로 정착될 수 있었다.

정답 01 ④ 02 ③ 03 ④

04 속악가사는 처음에는 구비 전승되었으나 고려 말 궁중악으로 수용되어 조선시대에까지 불리게 되었다.

04 다음 중 속악가사의 특징으로 옳지 <u>않은</u> 것은?
① 구비 전승되다가 한자로 정착되었으며 고려왕조의 멸망과 함께 소멸되었다.
② 일부 작품은 궁중 음악으로도 불리었다.
③ 조선시대에 남녀상열지사로 여겨지기도 했다.
④ 서정 장르에 해당한다.

05 속악가사는 민간에서 구비 전승되면서 형성되었다. 따라서 대부분 작품의 작자를 알 수 없으며 창작 시기 역시 알려지지 않은 것이 대부분이다.

05 다음 중 속악가사에 대해 옳게 설명한 것은?
① 비교적 엄격한 형식에 맞춰 창작되었다.
② 경기체가와 마찬가지로 교술 장르에 속한다.
③ 대부분 작품의 작자를 알 수 없다.
④ 8구체 향가가 속악가사로 이어진 것으로 추정된다.

06 속악가사 「처용가」는 신라 향가 「처용가」에 내용을 덧붙인 것이다. 향가 「처용가」에 비해 속악가사 「처용가」는 귀신을 쫓고자 하는 마음이 더 분명하게 드러난다.

06 다음 중 속악가사의 작품과 그에 대한 설명으로 옳지 <u>않은</u> 것은?
① 「서경별곡」: 「가시리」와 달리 이별을 적극적으로 거부하는 여인의 모습이 나타난다.
② 「동동」: 1장은 서장(序章)이며 2장부터 13장까지는 월령체로 되어 있다.
③ 「쌍화점」: 남녀상열지사의 대표적인 작품이다.
④ 「처용가」: 신라시대의 향가인 「처용가」와는 내용이 완전히 다른 것이다.

정답 04 ① 05 ③ 06 ④

07 다음 속악가사 작품 중 작자가 누구인지 알 수 있는 것은?
① 「서경별곡」
② 「도이장가」
③ 「청산별곡」
④ 「정석가」

07 「도이장가」는 드물게 창작 시기와 작자가 분명한 속악가사 중 하나이다. 1120년 고려 예종 15년에 예종이 지은 작품으로, 예종이 팔관회 행사에 참여했을 때 개국공신 김락과 신숭겸의 모습을 허수아비 형상으로 만들어 놓은 것을 보고 개국공신인 그들의 공을 추도하여 지었다.

08 다음 중 「정과정곡」에 대한 설명으로 옳지 않은 것은?
① 작자는 고려 의종 대의 정서이다.
② 충신연주지사로 알려져 이후 「사미인곡」, 「속미인곡」 같은 연주지사의 원류가 되었다.
③ 8구체 향가 형식의 노래이다.
④ 「삼진작」이라고도 한다.

08 「정과정곡」은 10구체 향가 형식의 노래이다.

09 다음 중 향가 형식이 남아있는 속악가사에 해당하는 것은?
① 「도이장가」
② 「가시리」
③ 「만전춘」
④ 「처용가」

09 「도이장가」는 향찰식 표기로 쓰였다는 점에서 고려 문학의 과도기적 작품이라 할 수 있다.

정답 07 ② 08 ③ 09 ①

10 「만전춘」은 5연으로 된 속악가사인데 2연과 5연이 시조의 형식과 비슷한 모습을 보여 시조 장르의 기원을 찾을 때 언급된다.

10 다음 중 시조의 형식과 가장 가까운 것은 무엇인가?
① 「정과정」
② 「동동」
③ 「만전춘」
④ 「청산별곡」

11 고려 말부터 시조가 창작되었으나 이때의 시조는 양반층이 창작한 평시조였다. 사설시조는 조선 후기에 서민층이 문학 창작에 대거 참여하면서 창작되기 시작한 장르이다.

11 다음 중 고려시대에 창작된 문학 양식이 아닌 것은 무엇인가?
① 경기체가
② 평시조
③ 속악가사
④ 사설시조

12 『익재난고』에는 소악부 11수가 실려 있으나 속악가사가 실리지는 않았다. 속악가사는 고려시대에는 민중들에 의해 구전되다가 조선시대에 들어서야 기록으로 남게 된다.

12 다음 중 속악가사가 채록되어 있는 책이 아닌 것은?
① 『악학궤범』
② 『익재난고』
③ 『악장가사』
④ 『시용향악보』

정답 10 ③ 11 ④ 12 ②

13 다음 중 속악가사의 일반적인 특징으로 옳지 않은 것은?

① 후렴구가 있다.
② 불교적 색채가 짙다.
③ 현세적인 정서가 강하게 표출되었다.
④ 여러 개의 절로 나뉜다.

13 속악가사는 민중들의 삶과 관련되어 솔직하고 소박한 내용을 담고 있다. 불교적 색채가 짙다는 것은 향가에 대한 설명으로 적절하다.

14 다음 중 내용의 성격이 다른 작품은 무엇인가?

① 「만전춘」
② 「쌍화점」
③ 「이상곡」
④ 「정과정」

14 「만전춘」, 「쌍화점」, 「이상곡」은 모두 남녀 간의 사랑을 소재로 한 것인 반면 「정과정」은 임금을 향한 변함없는 충정을 노래한 작품이다.

정답 13 ② 14 ④

교육은 우리 자신의 무지를 점차 발견해 가는 과정이다.

- 윌 듀란트 -

제 5 편

경기체가

제1장	경기체가의 형식과 특징
제2장	경기체가의 작품 세계
실전예상문제	

| 단원 개요 |

속악가사 편에서 밝혔듯이, 고려시대 때 한문학이 전성기를 맞이하였고, 계층에 따라 문학이 분화되면서 귀족들이 주로 향유하는 경기체가가 등장하였다. 이 단원에서는 이러한 배경을 가진 경기체가의 형식 및 특징, 속악가사와의 차이점, 대표 작품 등에 대해 학습한다.

| 출제 경향 및 수험 대책 |

이 단원에서는 경기체가의 장르적 특징 및 개별 작품을 비롯하여 앞에서 언급한 속악가사와 경기체가의 차이점에 관련된 문제가 출제될 수 있다. 경기체가 작품 중에서는 특히 「한림별곡」을 눈여겨볼 필요가 있다.

보다 깊이 있는 학습을 원하는 수험생들을 위한
시대에듀의 동영상 강의가 준비되어 있습니다.
www.sdedu.co.kr ➜ 회원가입(로그인) ➜ 강의 실펴보기

제1장 | 경기체가의 형식과 특징

1 경기체가의 개념

경기체가란 고려 중기(고종)에 발생하여 조선 초기까지 계속된 시가 장르로, 주로 양반, 귀족들이 향락적인 생활양식을 노래한 작품을 말한다.

'경기체가'라는 명칭은 '景幾何如'라는 후렴구에서 따온 말이다. 각 연이 전대절과 후소절로 나뉘고 각 소절의 끝에 후렴구가 있는데, 그것이 바로 '景幾何如', 우리말로 표기하면 '경(景) 긔 엇더ᄒ니잇고'이다. 이는 보통 앞서 나열된 내용들을 압축하여 감탄함으로써 강조하는 역할을 한다. '별곡, 별곡체, 별곡체가, 경기하여가, 경기하여가체, 경기체별곡' 등으로도 불린다.

2 경기체가의 형식

(1) 경기체가는 속악가사와 마찬가지로 대부분 3음보이며 몇 개의 장이 모여 한 작품을 이루는 연장체이다.

(2) 속악가사와 달리 경기체가는 전대절과 후소절로 구분된다. 한 연은 6행으로 되어 있는데 앞의 1~4행까지를 전대절, 뒤의 5~6행을 후소절이라 한다. 전대절에서는 시의 주제가 제시되고 후소절에서는 전대절의 내용을 보충하거나 변형하여 반복한다.

(3) 후소절에 해당하는 제5행은 4음보로 되어 있는데 뒤의 2음보가 앞의 2음보의 가사를 반복한다.

(4) 한 장의 글자 수 및 형식의 예를 보면 다음과 같다.

	제1행	3 - 3 - 4
전대절	제2행	3 - 3 - 4
	제3행	4 - 4 - 4
	제4행	위 2(4) 景 긔 엇더ᄒ니잇고
후소절	제5행	(葉) 4 - 4 - 4 - 4
	제6행	위 2(4) 景 긔 엇더ᄒ니잇고

3 경기체가의 특징

(1) 속악가사와 달리 교술 장르에 속한다.

(2) 전반적으로 엄격한 정형시이다. (7편은 정격, 나머지는 변격 내지 파격)

(3) 글, 경치, 기상 등을 소재로 선비들의 학식과 체험을 노래했고, 사물이나 경치를 나열함으로써 고려 무신의 난 이후 등장한 신흥 사대부의 호탕한 기상과 자부심을 드러냈다.

(4) 운율상으로는 음악적 성격이 강하게 드러나지만 내용면에서의 문학성은 약하다고 본다.

(5) 정제된 형식미를 갖추었기에 조선시대까지 사대부 계층이 창작에 참여했다.

4 경기체가의 의의

한시도 우리나라 시도 아닌 중간적 성격을 띤 문학이지만 정제된 형식미를 갖추고 있어 조선시대까지 사대부 계층이 주로 창작하였다.

제 2 장 경기체가의 작품 세계

1 주요 작품

고려에서 조선에 이르기까지 창작되었으며, 현존하는 것은 고려시대 작품 3편, 조선시대 작품 22편이다. 주요 작품은 다음과 같다.

작품명	작자	창작 시기	내용	의의
「한림별곡(翰林別曲)」	여러 유생	고려 23대 고종	사대부의 자부심과 의욕을 노래함	최초의 경기체가
「관동별곡(關東別曲)」	안축	고려 27대 충숙왕	강원도의 경치를 노래함	조선시대 정철의 「관동별곡」에 영향을 줌
「죽계별곡(竹溪別曲)」	안축	고려 27대 충숙왕	죽계에서의 풍류를 노래함	경기체가 장르의 형성과정을 보여줌
「불우헌곡(不憂軒曲)」	정극인	조선 9대 성종	성군의 만수무강 축원	경기체가가 악장이라는 국가적 소용이 아닌 개인적 소용으로 바뀌었음을 보여줌

2 작품 예시

원문	현대어 풀이
元淳文 仁老詩 公老四六 (원슌문 인로시 공노사륙)	유원순의 문장, 이인로의 시, 이공로의 사륙변려문
李正言 陳翰林 雙韻走筆 (니정언 딘한림 쌍운주필)	이규보와 진화가 쌍운을 맞추어 거침없이 써 내려간 글
沖基對策 光鈞經義 良經詩賦 (튱긔디칙 광균경의 량경시부)	유충기의 대책문, 민광균의 경서 뜻풀이, 김양경의 시와 부
위 試場ㅅ景 긔 엇더ㅎ니잇고 (위 시댱ㅅ 경…)	아, 과거 시험장의 모습이 어떠합니까. (정말 대단하지 않습니까.)
(葉) 琴學士의 玉笋文生 琴學士의 玉笋文生 (엽) (금학사의 옥순문생) [반복]	학사 금의가 배출한 죽순처럼 많은 제자 [반복]
위 날조차 몃부니잇고	아, 나까지 모두 몇 분입니까. (참으로 많습니다.)
– 「한림별곡」 전 8장 중 1장	

「한림별곡」은 13세기 고려 고종 때 한림원의 여러 선비들이 지은 것으로, 학식과 재주를 과시하고 향락적인 풍류를 즐기는 내용이다. 그중 위에 제시된 제 1장은 문인들의 명문장과 금의의 문하생에 대해 찬양하는 내용을 담고 있다. 1장 및 이후에 이어지는 내용을 보면 다음과 같다.

[1장] 문장가, 시인 등의 명문장 찬양
[2장] 지식수련과 독서에 대한 자긍심
[3장] 유행하는 서체와 필기구 등 명필 찬양
[4장] 상류 계층의 주흥 예찬
[5장] 화원의 경치 예찬
[6장] 흥겨운 주악의 흥취 예찬
[7장] 후원의 경치 감상
[8장] 그네뛰기의 흥겨운 광경과 풍류 생활 예찬

제5편 실전예상문제

01 다음 중 경기체가와 속악가사의 공통점이라 할 수 없는 것은?
① 주로 3음보로 끊어 읽을 수 있다.
② 분연체 형식으로 되어 있다.
③ 여음이나 후렴구가 붙는다.
④ 조선시대에 '남녀상열지사'라 하여 금지되기도 했다.

01 솔직하고 소박하며 남녀의 애정을 진솔하게 읊는 노래가 많아 조선시대에 '남녀상열지사'라고 비판의 대상이 된 것은 속악가사뿐이다. 경기체가는 주로 양반, 귀족들이 향락적인 생활양식을 노래했다.

02 다음 중 '경기체가'에 대한 설명으로 옳지 않은 것은 무엇인가?
① 고려시대에만 창작되었던 고려 특유의 시가 장르이다.
② 주된 창작층은 양반, 귀족들이다.
③ 별곡, 경기하여가, 경기체별곡 등으로도 불린다.
④ 교술 장르에 속한다.

02 경기체가는 고려 중기에 발생하여 조선 초기까지 이어졌다.

03 다음 중 '경기체가'라는 명칭이 붙게 된 원인에 대한 설명으로 적절한 것은?
① 주로 경기도권에서 불리던 시가였기 때문에
② 후렴구에 '경기체가'라는 말이 반드시 들어가기 때문에
③ 후렴구에 '景幾何如'라는 말이 들어가기 때문에
④ 첫 구절이 '景幾何如'라는 말로 시작하기 때문에

03 경기체가는 각 연이 전대절과 후소절로 나뉘고 각 소절의 끝에 후렴구가 있는데 그 후렴구가 바로 '경기하여'이다. 이로부터 '경기체가'라는 명칭이 붙게 되었다.

정답 01 ④ 02 ① 03 ③

04 경기체가는 교술 장르에 속한다.

04 다음 중 경기체가에 대한 설명으로 옳지 <u>않은</u> 것은?
① 시가 장르에 속한다.
② 형식이 비교적 엄격한 편이다.
③ 연장체 형식이다.
④ 제5행에서는 같은 구절이 반복된다.

05 「한림별곡」은 고려 23대 왕 고종 때 지어진 것으로 최초의 경기체가로 여겨진다.

05 경기체가에 대한 설명으로 옳은 것은 무엇인가?
① 현존하는 작품은 고려시대에 지어진 것이 대부분이다.
② 최초의 경기체가로 여겨지는 작품은 여러 유생들이 지은 「한림별곡」이다.
③ 안축의 「관동별곡」은 정철의 「관동별곡」으로부터 영향을 받았다.
④ 경기체가는 형식이 단순하여 조선시대에 들어 다양한 계층이 참여하는 문학으로 자리잡았다.

06 「한림별곡」은 고려 고종 때 한림원의 여러 유생들이 지은 작품이다. 한림원 유생들은 신진사대부이지 권문세족이 아니다.

06 「한림별곡」에 대한 설명으로 옳지 <u>않은</u> 것은?
① 최초의 경기체가 작품으로 여겨진다.
② 음악적 성격이 문학성보다 강하다.
③ 총 8장으로 이루어진 분연체이다.
④ 권문세족들의 자부심과 의욕을 노래하였다.

정답 04 ① 05 ② 06 ④

07 다음 설명에 해당하는 작품의 제목은?

- 조선시대에 지어진 경기체가 작품이다.
- 작가는 정극인으로, 임금(성종)의 은혜에 감사하는 마음과 왕의 만수무강을 기원하는 마음을 담고 있다.
- 전 6장으로 구성되었고, 6장 끝에 낙구가 있다.

① 「상대별곡」
② 「한림별곡」
③ 「불우헌곡」
④ 「죽계별곡」

07 정극인의 「불우헌곡」에 대한 설명이다. 작가가 고향에서 지내는 동안 성종이 작위와 은전을 내려준 것에 감격하여 지은 작품이다. 이전까지의 조선시대 경기체가들과 달리 개인적인 감정을 담음으로써 경기체가 내용의 변모를 보여준다. 또한 「한림별곡」과 달리 낙구가 존재하여 경기체가 형식의 변모를 살피는 데 도움이 된다.
① 「상대별곡」은 조선 초 권근이 지은 경기체가로, 총 5장으로 이루어졌다.
② 「한림별곡」은 고려 23대 고종 때 지어진 작품이다.
④ 「죽계별곡」은 고려 27대 충숙왕 때 작품이다.

08 다음 중 경기체가에 대한 설명으로 옳은 것은?

① 시조와 마찬가지로 1연이 3행으로 되어 있다.
② 각 소절의 끝에 후렴구가 있다.
③ 형식은 무척 자유로운 편이다.
④ 최초의 경기체가 작품은 「죽계별곡」이다.

08 경기체가는 각 연이 전대절과 후소절로 나뉘고 각 소절의 끝에 후렴구가 붙는 형식으로 되어 있다. 1연은 총 6행으로 되어 있고, 대체적으로 정형적인 형식을 지닌다. 또한 최초의 경기체가는 고려 23대 왕인 고종 때 지어진 「한림별곡」이다.

정답 07 ③ 08 ②

09 경기체가는 전대절에서 주제가 드러나고, 후소절에서는 앞의 내용을 보충하거나 반복한다.

09 경기체가의 형식에 대한 설명으로 옳지 않은 것은?
① 하나의 연이 전대절과 후소절로 나뉜다.
② 하나의 연을 이루는 총 6행 중 4행과 6행은 후렴구에 해당한다.
③ 5행에서는 같은 말의 반복이 이루어진다.
④ 시의 주제가 집약적으로 제시되는 부분은 후소절이다.

10 「관동별곡」에는 고려 충숙왕 때 안축이 지은 경기체가 작품과 조선 선조 때 정철이 지은 가사 작품이 있다. '관동'은 강원도 일대를 말하는 것으로, 「관동별곡」은 경기체가 작품과 가사 작품 모두 관동지방의 아름다운 모습을 노래했다.

10 경기체가의 작품과 그 작가의 연결이 옳지 않은 것은?
① 「한림별곡」 - 여러 유생
② 「관동별곡」 - 정철
③ 「죽계별곡」 - 안축
④ 「불우헌곡」 - 정극인

정답 09 ④ 10 ②

제 6 편

시조

제1장	시조의 개념과 형식
제2장	시조의 문학사적 전개
제3장	시조의 주요 작가와 작품
실전예상문제	

| 단원 개요 |

시조는 고려 후기부터 현대에 이르기까지 꾸준히 창작되고 있는 우리 민족의 고유한 정형시이다. 짧은 형태이지만 가장 많은 작품수를 보유한 양식이며, 특정 시기에 창작되고 만 게 아니라는 점에서 시조는 한국시가의 대표적인 형태라고 할 수 있다. 이 단원에서는 시조의 명칭과 기원, 형식, 주제에 대한 설명 후 시조의 구체적인 모습을 살펴볼 수 있는 몇몇 주요 작품을 알아본다.

| 출제 경향 및 수험 대책 |

시조는 가사와 함께 조선시대 시가문학을 대표하는 장르이기 때문에 매우 비중 있게 다뤄지기 마련이다. 시조의 형식적 특징은 물론이고 대표적인 작품의 특징을 알아두는 것이 필요하다. 또한 사설시조의 성격 등에 대해 묻는 문제들이 출제될 수 있으므로 특히 자세하고 꼼꼼한 학습이 필요하다.

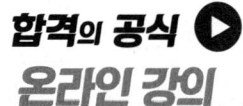 

보다 깊이 있는 학습을 원하는 수험생들을 위한
시대에듀의 동영상 강의가 준비되어 있습니다.
www.sdedu.co.kr ➜ 회원가입(로그인) ➜ 강의 살펴보기

제 1 장 | 시조의 개념과 형식

1 시조의 개념

(1) **시조의 뜻**

주로 사대부의 서정을 간결하고 일정한 형식으로 담아 낸 우리 고유의 정형시를 말한다.

(2) **시조의 명칭**

'시조'라는 명칭이 지금과 같은 의미를 지니게 된 것은 20세기에 들어서이다. 조선시대에는 '시조'가 음악 곡조를 가리키는 이름이었다. 조선시대에는 고려시대의 장가와 대립되는 것으로 보아 단가(短歌)라 부르기도 했고, 고악과 다른 새로운 노래라는 의미로 신조(新調), 신번(新飜), 신성(新聲)이라 부르기도 했다. 또한 당시에 유행하는 노래라는 의미로 시절가(時節歌), 시절가조(時節歌調)라 부르기도 했다. 이처럼 시조는 원래 문학의 양식을 가리키는 말은 아니었다. 그러다가 1920년대 후반 **최남선**이 **시조부흥운동**을 펼치면서 시조의 내용을 중심으로 분류하는 시도를 한다. 이로써 시조는 서서히 문학 갈래의 명칭으로 자리 잡기 시작했고, 이 시기 시조집을 발표한 이은상, 이병기 그리고 시조 연구에 힘쓴 조윤제, 김태준 등에 의해 시조는 문학 양식으로 확고히 정립되었다.

(3) **시조의 기원**

시조의 기원에 대해서는 외래 기원설과 재래 기원설이 있다. 먼저 외래 기원설은 시조가 불가(佛歌)와 한시의 절구시에서 유래했다는 것인데 오늘날 학계에서는 인정되지 않는다.

재래 기원설은 시조의 원형을 우리의 전통시가에서 찾을 수 있다고 보는 것인데, 어떤 시가로부터 기원한 것인지에 대해서는 다음과 같은 4가지 입장이 있다.

① **무가 기원설**

무가와 시조 모두 4음보, 3장으로 되어 있다.

② **향가 기원설**

1~4구가 초장, 5~8구가 중장, 9~10구가 종장이 되었다. 또한 4구체에서 8구체로 발전하는 과정에서 「정읍사」처럼 6구체 노래가 나타났다.

③ **민요 기원설**

6구 3절의 민요와 시조의 형식이 비슷하다.

④ **속악가사 기원설**

속악가사 「만전춘」의 2연과 5연에서 광의의 시조형식이 보인다.

이 중 어느 이론이 맞든 시조는 우리 전통시가와 맥을 같이 하며 다양한 문학 양식으로부터 영향을 받아 14세기 경 고려 말기에 형성된 것으로 추정된다.

2 시조의 형식

시조는 정형시임에도 형식을 엄격하게 제한하지는 않는다. 즉 기본적인 형태는 있지만 다양한 변조 또한 존재한다. 예를 들어 시조(평시조)는 초장·중장·종장의 3장으로 구성되는데 초장의 경우 3, 4, 3, 4의 글자 수를 보이는 것도 있고 3, 4, 4, 4의 글자 수를 보이는 것도 있는 식이다. 그럼에도 불구하고 대체적으로 공통되는 형식을 정리해 보면 다음과 같다.

(1) 시조의 형식적 특징(자수율 중심) 중요

① 초·중·종장이라 불리는 3행이 1연을 이룬다.
② 각 행은 3음보 혹은 4음보이며, 4음보는 두 개의 구로 나뉜다(3장 6구의 형식).
③ 각 음보는 대체로 3자 혹은 4자를 기본으로 이루어져 있다.
  ㉠ 초장 : 3 4 3(4) 4
  ㉡ 중장 : 3 4 3(4) 4
  ㉢ 종장 : 3 5 4 3
④ 종장의 첫 음보는 엄격하게 3자를 유지한다.

(2) 시조의 분류

① 길이에 따라
  ㉠ 평시조 중요
    ⓐ 시조의 기본형이다(일반적으로 '시조'라 하면 평시조를 가리키는 경우가 많다).
    ⓑ 사설시조나 엇시조에 비해 길이가 가장 짧아 '단형시조'라고도 한다.
    ⓒ 종장에서 시상의 전환과 함께 주제를 드러낸다.
    ⓓ 절제미와 담백하고 우아한 품격이 드러난다.
  ㉡ 엇시조
    ⓐ 시조의 기본형에서 한 장 혹은 두 장이 길어진 시조인데, 대부분 중장이 길어졌다.
    ⓑ 평시조와 사설시조의 중간적 성격을 띤다.
    ⓒ 사설지름시조라고도 한다.
  ㉢ 사설시조 중요
    ⓐ 조선 후기 근대로의 이행기에 **평민의식의 성장**과 더불어 발전한 형식이다.
    ⓑ 평시조의 율격을 파괴하고, 중세적 이념에서 벗어나 풍자와 해학에 가치를 두는 서민의식이 반영되었다.
    ⓒ '장시조', 또는 '장형시조'라고도 한다.
    ⓓ 종장의 첫 3자를 지키는 등 시조의 기본 형식을 유지하지만 대체로 **중장이 매우 길다**.
    ⓔ 엇시조보다 더 파격적인 형태를 보여준다.
    ⓕ 서민과 몰락한 양반이 주된 향유층이다.

② 중첩 여부에 따라
  ㉠ 단시조 : 1수만으로 이루어진 시조
  ㉡ 연시조 : 하나의 제목 아래 평시조 여러 개가 모여 한 편을 이룬 것

제 2 장 시조의 문학사적 전개

시조의 기원에 대한 의견은 분분하다. 10구체 향가 기원설, 무당의 노랫가락 기원설, 고대의 민요 기원설, 한시 현토체 기원설, 속악가사 중 「만전춘별사」의 3장 형태 기원설 등이 있다. 이 중 가장 유력한 것은 고려의 속악가사 기원설이다. 속악가사가 단형화되면서 시조의 형식이 만들어졌다고 보는 것이다. 어느 이론이든 시조는 고려 말기에 형성되어 조선시대에 발달한 운문 양식이다.

고려 말의 대표적인 시인으로는 우탁, 이조년, 이색, 길재, 최영, 정몽주, 이방원이 있다. 가장 초기의 시조로 알려진 우탁의 시조는 '탄로가' 성격을 지닌 것이며, 비슷한 시가의 이조년의 시조 역시 애상적인 정서를 읊었으나 이 시기 대부분의 시조는 유교적 충의 사상을 노래하였다.

조선이 건국되면서 시조는 고려 유신들의 회고가나 충절가 또는 조선 건국 공신들의 송축가가 주를 이루었다. 길재, 원천석, 김종서 등의 시조가 여기에 속한다.
조선 초 시조의 주된 향유층은 사대부였는데, 세조의 계유정난이 일어나자 사육신들에 의해 충절가가 많이 지어졌다.

중종 이후부터 임진왜란 전까지인 조선 중기에는 정치적 다툼이 치열하여 자의든 타의든 정계에서 물러나게 된 사대부들이 자연 속에서 한가롭게 유유자적하는 낙천적인 인생을 추구하는 경향의 시들을 많이 지었다. 이러한 경향의 시조를 '강호한정가'라고 하는데 이들은 산천에 파묻혀 강호의 아름다움과 임금의 은혜를 노래하는 내용의 시조를 많이 지었다. 이현보, 송순, 이황, 이이, 정철, 임제 등이 여기에 속하는데, 영남가단과 호남가단이 형성되어 지역별 내용의 차이를 보이기도 했다. 한편 홍랑, 황진이 같은 기녀들이 시조 창작에 참여하기도 하여 향유층의 확대가 이루어졌다. 참고로 조선 초부터 중기까지를 묶어 조선 전기로 구분하기도 한다.

두 차례의 전쟁을 거친 후인 조선 후기에 이르러 시조의 향유층이 평민층으로까지 확대되면서 생활의 일부로 자리 잡았으며, 내용과 형식의 변화가 이루어졌다. 우선 내용은 사대부들이 전통적으로 추구하는 관념적·유교적 내용만이 아니라 현실적인 삶과 고뇌를 다루는 작품, 자연에 묻혀 사는 즐거움을 노래한 작품들이 대거 창작되었다. 송시열, 박효관, 위백규, 박인로, 김수장, 윤선도 등이 이 시기의 작가에 해당한다. 형식적인 면에서는 사설시조가 등장하였는데 대개 평민들이 창작하여 작가와 창작 연대를 알 수 없는 경우가 많고, 당대 사회 현실에 대한 풍자, 서민들의 소박한 생활 감정 등이 솔직하게 표현된 시조들이 창작되었다. 또한 전문 가객 중심의 가단이 형성되고 시조집이 편찬되는 등 시조는 국민문학으로 완전히 자리 잡게 된다.

제 3 장 | 시조의 주요 작가와 작품

1 고려 말의 주요 시조 작품들

(1) 우탁(1262~1342)의 탄로가(歎老歌) 2수 중요

> ᄒᆞᆫ 손에 막디 잡고 또 ᄒᆞᆫ 손에 가싀 쥐고
> 늙는 길 가싀로 막고 오는 白髮(백발) 막디로 치려터니
> 白髮(백발)이 제 몬져 알고 즈럼길로 오더라

갈래	평시조
내용	백발을 의인화하고, 세월을 '길'로 구체화하여 늙음은 인간이 어찌할 수 없는 한계임을 해학적으로 노래함
특징	우탁의 탄로가들은 현재 전하는 시조들 가운데 가장 오래된 것으로 여겨짐

> 春山(춘산)에 눈 노기는 바롬 건듯 불고 간 듸 업다
> 져근덧 비러다가 므리 우희 불니고져
> 귀밋틔 히묵은 셔리를 녹여 볼가 ᄒᆞ노라

갈래	평시조
내용	자신의 흰머리를 다시 검게 하고 싶은 마음을 비유적으로 표현함

(2) 이조년(1269~1343)의 시조

> 梨花(이화)에 月白(월백)ᄒᆞ고 銀漢(은한)이 三更(삼경)인 제
> 一枝春心(일지춘심)을 子規(자규) | 야 아라마는
> 多情(다정)도 病(병)인 냥ᄒᆞ여 좀 못드러 ᄒᆞ노라

갈래	평시조
내용	배꽃이 활짝 핀 달밤에 들려오는 두견새 소리를 들으며 봄의 정취에 빠져 있음을 노래함
창작 배경	지은이가 충혜왕에게 충간하다가 벼슬에서 물러난 후 지은 것으로 보아, 단지 봄밤의 정서가 아니라 왕을 걱정하며 그리는 심정을 노래한 것으로 보기도 함

(3) 이존오(1341~1371)의 시조

> 구름이 無心(무심)툰 말이 아마도 虛浪(허랑)ᄒ다
> 中天(중천)에 떠 이셔 任意(임의) 둔니면셔
> 구틔야 光明(광명)흔 날빗츨 ᄯ라가며 덥ᄂ니

갈래	평시조
내용	고려 말 승려 신돈의 횡포를 풍자한 작품으로 구름은 신돈, 햇빛은 공민왕을 뜻함
창작 배경	이존오가 신돈의 잘못을 탄핵하다가 공민왕에 의해 좌천되었을 때 씀

(4) 이색(1328~1396)의 시조

> 白雪(백설)이 ᄌ자진 골에 구룸이 머흐레라
> 반가온 梅花(매화)는 어늬 곳에 픠엿는고
> 夕陽(석양)에 호을노 셔셔 갈 곳 몰라 ᄒ노라

갈래	평시조
내용	고려 말의 시대상황을 자연물(백설 = 고려의 신하, 구름 = 신흥세력)에 빗대어 기울어 가는 고려의 운명에 안타까워하는 심정을 노래함

(5) 정몽주(1337~1392)의 시조

> 이 몸이 주거 주거 일백 번 고쳐 주거
> 白骨(백골)이 塵土(진토)되여 넉시라도 잇고 업고
> 님 향한 一片丹心(일편단심)이야 가쉴 줄이 이시랴

갈래	평시조
내용	고려 왕조에 대한 변함없는 충정과 절개를 노래함
창작 배경	• 이방원의 「하여가」에 대한 답가로 불림 • 「단심가」라고도 함

2 조선시대 주요 시조 작품들

(1) 조선 건국 무렵의 시조

① 원천석(1330~?)의 시조

> 興亡(흥망)이 有數(유수)ᄒ니 滿月臺(만월대)도 秋草(추초)ㅣ로다
> 五百年(오백년) 王業(왕업)이 牧笛(목적)에 부쳐시니
> 夕陽(석양)에 지나는 客(객)이 눈물 계워 ᄒ더라

갈래	평시조
내용	고려 왕조를 회상하고 세월의 무상함을 노래함
창작 배경	고려의 유신이었던 작가가 옛 고려의 도읍지를 돌아보면서 지난 날을 회상하고 지음

② 정도전(1342~1398)의 시조

> 仙人橋(선인교) 나린 물이 紫霞洞(자하동)에 흘너 드러
> 반천 년 왕업이 물소리 ᄲᅮᆫ이로다
> 아희야 古國興亡(고국 흥망)을 물어 무솜ᄒ리오

갈래	평시조
내용	고려 왕업의 무상함을 노래함
창작 배경	조선이 세워진 직후 고려 왕조의 옛 자취를 돌이켜 생각하며 지음

(2) 조선 초기 시조

정치적으로 안정된 시대적 상황을 바탕으로 자연을 즐기고 여유로운 생활을 나타내는 시조들이 지어졌다.

① 맹사성(1360~1438)의 시조

> 江湖(강호)에 봄이 드니 미친 興(흥)이 절로 난다.
> 濁醪溪邊(탁료 계변)에 錦鱗魚(금린어)ㅣ 안주로다.
> 이 몸이 한가ᄒ옴도 亦君恩(역군은)이샷다. (제1장)

갈래	총 4수의 연시조
내용	자연의 변화와 더불어 자신의 삶도 변하는 것을 춘하추동에 맞추어 노래함
특징	• 최초의 연시조 • 정치와 생활이 안정된 조선 전기의 모습을 잘 보여주는 작품

② 황희(1363~1452)의 시조

> 대쵸 볼 불근 골에 밤은 어이 뜻드르며
> 벼 빈 그르헤 게는 어이 누리는고
> 술 닉쟈 쳬 쟝수 도라가니 아니 먹고 어이리

갈래	평시조
내용	가을 농촌의 여유로움과 풍요로움을 흥겹게 노래함
특징	맹사성의 시조와 마찬가지로 안정된 조선 전기의 모습을 잘 보여주는 작품

③ 김종서(1383~1453)의 시조

> 朔風(삭풍)은 나모 긋틱 불고 明月(명월)은 눈 속에 츤듸
> 萬里邊城(만리변성)에 一長劍(일장검) 집고 서서
> 긴 프람 큰 흔 소릭에 거칠 거시 업세라

갈래	평시조
내용	직설적인 표현을 통해 무인(武人)의 기개를 한껏 드러낸 내용
특징	안으로는 질서가 잡히고 밖으로는 영토가 늘어나는 안정된 시대를 보여줌

④ 성삼문(1418~1456)의 시조

> 이 몸이 주거 가서 무어시 될쇼 ᄒ니
> 蓬萊山(봉래산) 第一峰(제일봉)에 落落長松(낙락장송) 되야 이셔
> 白雪(백설)이 滿乾坤(만건곤)홀 제 獨也靑靑(독야청청)ᄒ리라

갈래	평시조
내용	죽어서도 높은 산의 소나무가 되어 흰 눈이 온 세상을 덮더라도 푸르겠다는 성삼문의 지조가 담긴 노래
특징	사육신의 한 사람이었던 성삼문의 충절을 느낄 수 있음

(3) 조선 중기 시조

이 시기에 사림들은 사화로 인해 정계에서 물러나야 했으나 지방의 아름다운 자연 속에서 학문에 정진하며 창작활동을 펼쳤다. 이 시기의 작품들은 지역에 따라 약간 다른 모습을 보인다. 영남가단의 작가들은 도학적 기풍을 지닌 작품을 보여주는 반면 호남가단은 풍류를 즐기는 내용의 작품을 많이 남겼다.

① 영남가단 이현보(1467~1555)의 「농암가」

> 농암에 올라보니 老眼(노안)이 猶明(유명)이로다
> 人事(인사) l 변한들 산천이 딴 가샐가
> 巖前(암전) 某水某丘(모수모구) l 어제 본듯 하여라

갈래	평시조
내용	자기는 변했으나 변하지 않는 자연의 모습을 예찬함
특징	작자가 만년에 안동군에서 전원생활을 하면서 농암이라는 바위에 올라 읊은 것임

② 영남가단 이황(1502~1571)의 「도산십이곡」 중요

> 靑山(청산)은 엇뎨ᄒ야 萬古(만고)애 프르르며
> 流水(유수)는 엇뎨ᄒ야 晝夜(주야)애 긋디 아니ᄂ고
> 우리도 그치디 마라 萬古常靑(만고상청) ᄒ리라 (제11곡)
>
> 愚夫(우부)도 알며 ᄒ거니 긔 아니 쉬운가
> 聖人(성인)도 몯다 ᄒ시니 긔 아니 어려운가
> 쉽거나 어렵거낫 듕에 늙은 주를 몰래라 (제12곡)

갈래	총 12수의 연시조
내용	자연친화적 삶의 추구와 학문 수양에 대한 끝없는 의지를 노래함
특징	작가가 벼슬을 사직하고 고향으로 내려와 지내며 쓴 작품

③ 호남가단 송순(1493~1583)의 「면앙정잡가」

> 十年(십 년)을 經營(경영)ᄒ여 草廬三間(초려삼간) 지여내니
> 나 ᄒ간 둘 ᄒ간에 淸風(청풍) ᄒ간 맛져 두고
> 江山(강산)은 들일 듸 업스니 둘러 두고 보리라 (제2수)

갈래	전 2수의 연시조
내용	가난하지만 자연을 즐기는 삶
특징	• '면앙정'은 송순의 호 • 송순은 자연을 주제로 한 작품을 많이 써서 강호가도의 선구자로 불림 • 이 작품은 1수와 2수를 분리하여 평시조로 보기도 함

④ 호남가단 정철(1536~1593)의 「훈민가」

> 오늘도 다 새거다 호믜 메고 가쟈스라
> 내 논 다 매여든 네 논 졈 매여 주마
> 올 길헤 뽕 따다가 누에 머겨 보쟈스라 (제13수)

갈래	총 16수의 연시조
내용	유교적 윤리의 실천을 권장하는 내용
특징	• 순우리말을 사용하여 백성들을 계몽하고 교화시키려는 목적이 극대화됨 • 정철이 강원도 관찰사로 있을 때 백성들을 가르치기 위해 지은 시

⑤ 황진이(?~?. 중종 때로 추정)의 시조 중요

황진이는 조선의 기생으로, 기명은 명월(明月)이며 당대 유명한 문인들과 교류한 시인이다. 황진이의 생몰연대는 확실하지 않으나, 서경덕이나 소세양과의 일화가 있는 것으로 보아 그들과 같은 시기인 16세기에 활동한 것으로 볼 수 있다.

> 冬至(동지)ㅅ 돌 기나긴 밤을 한 허리를 버혀 내어
> 춘풍 니불 아뤼 서리서리 너헛다가
> 어론 님 오신 날 밤이여든 구뷔구뷔 펴리라.

갈래	평시조
내용	임에 대한 사랑과 그리움을 노래함
특징	• 추상적인 시간을 구체화하여 사물처럼 토막낸다고 하는 과감한 상상력을 보여줌 • 우리말의 묘미를 잘 살림

(4) 조선 후기 시조

① 송시열(1607~1689)의 시조

> 靑山(청산)도 절로절로 綠水(녹수)도 절로절로
> 山(산)절로 水(수)절로 山水間(산수간)에 나도 절로
> 이 중에 절로 ᄌᆞ란 몸이 늙기도 절로절로

갈래	평시조
내용	자연의 순리에 따르고자 하는 마음을 노래함
특징	'절로'라는 말을 반복하여 자연의 섭리에 순응하는 무위자연의 태도를 보여줌

② 박인로(1561~1642)의 「오륜가」

> 同氣(동기)로 셋 몸 되야 훈 몸 가치 지닉다가
> 두 아은 어딕 가셔 도라올 줄 모릭는고
> 날마다 夕陽門外(석양문외)예 한숨 계워 ᄒ노라 (제19수)

갈래	총 25수의 연시조
내용	오륜에 대한 가르침
특징	• 부자유친·군신유의·부부유별·형제우애를 주제로 한 연을 각각 5수씩, 붕우유신을 주제로 한 연을 2수, 그리고 작품의 끝에 총론 3수를 덧붙여 총 25수의 구성을 지님 • 고사(故事)와 한자숙어가 많이 쓰여 교술성이 강함 • 박인로 이외에도 「오륜가」는 주세붕, 송순 등 많은 사람들이 창작하였음

③ 윤선도(1587~1671)의 「오우가」

> 내 버디 몃치나 ᄒ니 水石(수석)과 松竹(송죽)이라
> 東山(동산)의 돌 오르니 긔 더욱 반갑고야
> 두어라 이 다숫 밧긔 또 더ᄒ야 머엇ᄒ리 (제1수)

갈래	총 6수의 연시조
내용	물, 바위, 소나무, 대나무, 달의 덕을 기리는 내용
특징	• 다섯 가지 자연물의 속성에서 인간적인 미덕을 유추하여 예찬함 • 시가 문학의 최고 경지를 보여주는 고산 윤선도의 작품 중에서도 「어부사시사」와 더불어 대표적인 작품

④ 작자 미상의 사설시조 중요

> 바람도 쉬어 넘는 고개 구름이라도 쉬어 넘는 고개
> 山陣(산진)이 水陳(수진)이 海東靑(해동청) 보라매라도 다 쉬어 넘는 高峯長城嶺(고봉장성령) 고개
> 그 너머 임 왔다 하면 나는 아니 한 번도 쉬어 넘어 가리라

갈래	사설시조
내용	아무리 높은 고개라도 임이 있다면 한 번도 쉬지 않고 넘어 가겠다는 연모의 마음
특징	일상의 언어로 사랑의 감정을 솔직하게 드러냄

> 窓(창) 내고쟈 窓(창)을 내고쟈 이내 가슴에 窓(창) 내고쟈
> 고모장지 셰살장지 들장지 열장지 암돌져귀 수돌져귀 비목걸새 크나큰 쟝도리로 쑹닥 바가 이내 가슴에 窓(창) 내고쟈
> 잇다감 하 답답홀 제면 여다져 볼가 ᄒ노라

갈래	사설시조
내용	답답한 마음을 풀기 위해 가슴에 창을 달아 풀고 싶다고 하소연하는 내용
특징	기발한 착상을 통해 말하고자 하는 바를 효과적으로 전달

> 두터비 ᄑ리를 물고 두험 우희 치ᄃ라 안자
> 것넌 山(산) ᄇ라보니 白松骨(백송골)이 써잇거늘 가슴이 금즉ᄒ여 풀덕 쒸여 내닷다가 두험 아래 잣바지거고
> 모쳐라 놀낸 낼식만정 에헐질 번ᄒ괘라

갈래	사설시조
내용	의인화된 동물을 이용하여 인간사회의 권력관계를 풍자하는 내용
특징	가렴주구를 일삼는 관리들을 풍자함

더 알아두기

'시조'라는 명칭이 음악양식으로 사용된 기록

- 영조 때, 신광수의 문집 『석북집(石北集)』「관서악부(關西樂府)」15

원문	현대어 풀이
一般時調排長短 (일반시조배장단) 來自長安李世春 (내자장안이세춘)	① 일반적으로 시조의 장단을 배열한 것은 장안에서 온 이세춘이더라(이세춘이 시조를 불렀다). ② 일반적으로 시조는 장단을 베풀어 부르는 것인데, 장안에 사는 이세춘으로부터 나온 것이다(이세춘이 가곡창으로 불리던 것을 시조창으로 고안해 불렀다).

- 정조 때, 이학규가 쓴 시 「감사(感事)」의 주석

원문	현대어 풀이
誰憐花月夜 時調正悽懷 (수련화월야 시조정처회) (註) 時調亦名時節歌 皆間俚語 曼聲歌之 (시조역명시절가 개간리어만성가지)	그 누가 꽃피는 달밤을 애달프다 하는고. 시조가 바로 슬픈 회포를 불러주네. [주석] 시조란 또한 시절가라고도 부르며 대개 항간의 우리말로 긴 소리로 이를 노래한다.

시조의 종장 첫 3자가 갖는 의미
- 김동준 : 조선시대의 여러 가지 정신적 특수 상황과 전통적 사상의 영향으로 형성된 그들의 복합적 의식 구조가 특성 있게 반영된 것
- 조동일 : 10구체 향가의 9행 초구의 감탄사와 비슷한 역할 담당. 즉 이전까지 전개되어 온 시상을 비약시키는 기능을 담당함

제 6 편 실전예상문제

01 '장가'는 속악가사의 또 다른 명칭이다. 시조에 비해 속악가사가 상대적으로 한 연의 길이가 길기 때문에 장가(長歌)라고 불린다.

01 다음 중 '시조'의 또 다른 이름이 아닌 것은 무엇인가?
① 단가
② 시절가조
③ 신성
④ 장가

02 시조가 문학 갈래로 자리 잡은 것은 1920년대 후반 최남선이 시조부흥운동을 펼치면서부터였다.

02 시조가 음악 곡조가 아니라 문학의 한 갈래로 자리 잡게 된 것은 어느 시대부터인가?
① 시조가 형성되던 고려 말기
② 조선 중기
③ 일제강점기
④ 개화기

03 시조는 형식이 비교적 엄격하게 정해진 정형시이다.

03 다음 중 시조에 대한 설명으로 틀린 것은 무엇인가?
① 시조는 조선시대에 들어 주로 짓기 시작했다.
② 시조는 자유분방한 서민의식이 형식적으로 반영된 자유시이다.
③ 시조는 우리 시가 문학 갈래 중에서 가장 짧은 형태이다.
④ 시조는 양적인 면과 질적인 면에서 한국시가를 대표하는 장르이다.

정답 01 ④ 02 ③ 03 ②

04 다음 중 시조의 기원에 대한 설명으로 틀린 것은?

① 시조의 기원에 관해서는 외래 기원설이 유력하다.
② 시조 형식의 정립은 철종 대에 이루어졌다.
③ 시조의 발생 시기는 14세기 고려 말로 추정된다.
④ 무가, 고대민요, 향가, 속악가사는 시조와 맥을 같이 하는 문학 양식이다.

04 외래 기원설은 시조가 불가 혹은 절구시에서 유래했다는 것인데 오늘날에는 이보다는 재래 기원설이 설득력 있는 것으로 여겨진다. 재래 기원설은 시조의 기원이 우리의 전통시가에 있다고 보는 입장이다. 한편 시조 형식은 철종 때 3장 창법으로 정립되어 성행하게 되었다.

05 다음 중 시조 형식에 대한 설명으로 옳은 것은 무엇인가?

① 초·중·종장이라는 3연이 한 편의 시조를 이룬다.
② 2음보의 율격을 지녀 한 편의 시조는 6구의 형식을 갖고 있다.
③ 종장의 첫 3자는 고정된다.
④ 5글자를 기본으로 한다.

05 시조 형식은 부분적으로 변형되는 경우가 많으나 어떠한 경우라도 종장의 첫 3자는 엄격하게 지킨다.

06 다음 설명에 해당하는 시조의 종류는 무엇인가?

- 시조의 가장 기본형이다.
- 또 다른 명칭으로는 '단형시조'가 있다.
- 종장에서 시상을 비약시키며 주제를 드러낸다.
- 절제와 비약이 중화되어 나타나므로 우아한 품격을 지닌다.

① 연시조
② 사설시조
③ 엇시조
④ 평시조

06 시조의 가장 기본이 된다는 의미에서 '평'이라는 말을 붙였다. 엇시조나 사설시조는 평시조의 한 행 혹은 두 행을 변형시킨 형태이며, 연시조는 평시조 여러 개가 모여 한 편을 이룬 것으로 1수만으로 이루어진 단시조와 대비되는 개념이다.

정답 04 ① 05 ③ 06 ④

07 조선 초만 해도 시조의 주된 향유층은 사대부였으나 황진이, 홍랑 같은 기녀들이 시조를 창작하며 향유층이 확대되었고, 두 차례의 전쟁 이후 향유층이 평민층으로까지 확대되면서 내용과 형식의 변화가 이루어졌다.

08 엇시조와 사설시조는 평시조의 정형성에서 벗어났다는 점에서 같으나 사설시조가 엇시조에 비해 긴 편이고, 더 파격적인 형태를 보여준다는 점에서 구별된다.

09 속악가사 기원설은 고려 말에 속악가사가 단형화되면서 시조의 형식이 만들어졌다고 보는 이론으로 가장 유력한 이론이라 할 수 있다.

07 다음 중 시조에 대한 설명으로 틀린 것은 무엇인가?

① 시조는 사대부들의 전유물이었다.
② 평시조, 엇시조, 사설시조 중 작품 수가 가장 많은 것은 평시조이다.
③ 사설시조는 조선 후기에 평민의식의 성장과 더불어 발전하였다.
④ 가장 파격적인 형식을 보여주는 것은 사설시조이다.

08 다음 중 사설시조에 대한 설명으로 옳은 것은 무엇인가?

① 평시조와 엇시조의 중간적 성격을 지닌다.
② 서민과 몰락한 양반이 주된 향유층이다.
③ '사설지름시조'라고도 한다.
④ 대체로 평시조의 기본 형식에서 종장이 길어진 형태이다.

09 다음 중 시조의 기원에 관해 가장 유력한 이론은?

① 고려 속악가사 기원설
② 10구체 향가 기원설
③ 무가 기원설
④ 한시 현토체 기원설

정답 07 ① 08 ② 09 ①

10 다음 중 시조 시인과 그 시인이 주로 활동한 시기가 연결된 것으로 가장 적절하지 <u>않은</u> 것은?

① 우탁 – 고려 말
② 송순 – 조선 전기
③ 황진이 – 조선 중기
④ 김수장 – 조선 전기

10 김수장은 조선 후기 3대 시조집 중 하나인 『해동가요』를 편찬한 시인으로, 숙종 때 태어났기 때문에 조선 후기 시인에 해당한다.

11 시조의 역사적 전개에 대한 설명으로 옳지 <u>않은</u> 것은?

① 조선 후기에 사설시조가 등장하였다.
② 조선 후기에 들어 시조는 점차 쇠퇴하였다.
③ 조선 전기에는 사대부들에 의해 강호한정가가 지어졌다.
④ 지역별 가단이 형성되기도 했다.

11 조선 후기에 들어 시조에 여러 변화가 일어나기는 했으나 쇠퇴했다고 할 수는 없다. 시조는 고려 말부터 현대에 이르기까지 꾸준히 창작됨으로써 국민문학이라 할 만한 지위를 갖게 되었다.

12 다음 시조에 대한 설명으로 옳은 것은 무엇인가?

> 흔 손에 막딕 잡고 또 흔 손에 가싀 쥐고
> 늙는 길 가싀로 막고 오는 白髮(백발) 막딕로 치려터니
> 白髮(백발)이 제 몬져 알고 즈름길로 오더라

① 조선 후기에 쓰인 작품이다.
② 가난한 살림을 한탄하는 내용이다.
③ 현전하는 시조들 중 가장 오래된 것으로 여겨지는 작품이다.
④ 이색의 작품이다.

12 제시된 시조는 고려 말 문신이었던 우탁의 탄로가로, 현전하는 시조 중 가장 오래된 작품으로 알려져 있다. 인간의 늙음은 어찌할 수 없는 것이라는 점을 해학적으로 읊었다.

정답 10 ④ 11 ② 12 ③

13 제시된 시는 고려 말 이색의 시조로 기울어 가는 고려의 운명을 안타까워하는 심정을 읊었다. '백설'은 고려의 신하, '매화'는 고려에 대한 충심을 상징하며 '구름'은 신흥세력을 상징하는 시어이다. 이색은 고려의 충신으로 조선 건국에 반대하는 입장이었으므로 고려를 무너뜨리고 새 나라를 건국하려고 하는 신흥세력에 대해 부정적인 입장이었다고 할 수 있다. '골'은 부정적 의미가 있다고 볼 수 없다.

13 다음 시조에서 상징적인 의미가 부정적인 시어는?

> 白雪(백설)이 ᄌ자진 골에 구룸이 머흐레라
> 반가온 梅花(매화)는 어늬 곳에 퓌엿는고
> 夕陽(석양)에 호을노 셔셔 갈 곳 몰라 ᄒ노라

① 백설
② 골
③ 매화
④ 구름

14 이방원의 「하여가」는 '이런들 어떠하며 저런들 어떠하리 / 만수산 츩넝쿨이 얽혀진들 그 어떠하리 / 우리도 이같이 얽혀 한평생을 누리니'라는 내용의 평시조로 정몽주의 진심을 떠보고 그를 회유하기 위해 읊은 시조이다. 정몽주는 이에 대해 고려에 대한 변함없는 충정과 절개의 중요성을 강조하는 「단심가」를 지어 답했다.

14 다음 중 이방원의 「하여가」에 대한 설명으로 틀린 것은?

① 정몽주를 설득하려는 의도로 불리었다.
② 정몽주는 「단심가」를 지어 답했다.
③ 고려 말에 지어졌다.
④ 변함없는 충정과 절개의 중요성을 강조하는 내용이다.

15 가단은 특정 지역을 중심으로 신분이 같은 일정한 구성원들이 서로 영향을 주고받으며 시가 활동을 한 집단이다. 영남가단에는 이황을 비롯하여 이현보, 조식, 김우굉, 강익, 채헌, 주세붕 등이 있고, 호남가단에는 송순, 정철, 김성원, 고경명, 임제 등이 속한다.

15 다음 중 가단이 다른 사람은 누구인가?

① 이황
② 송순
③ 정철
④ 임제

정답 13 ④ 14 ④ 15 ①

16 다음 시조에 대한 설명으로 틀린 것은 무엇인가?

> 동지(冬至)ㅅ 둘 기나긴 밤을 한 허리를 버혀 내어
> 춘풍 니불 아리 서리서리 너헛다가
> 어론 님 오신 날 밤이여든 구뷔구뷔 펴리라.

① 16세기 기생 황진이가 지은 시조이다.
② 임에 대한 사랑과 그리움을 추상적 한자어를 통해 우의적으로 표현했다.
③ 추상적인 시간을 사물로 구체화하여 표현했다는 점에서 과감한 상상력이 엿보인다.
④ 평시조이다.

16 이 시조는 한자어는 거의 사용하지 않고 '서리서리', '구뷔구뷔'와 같은 음성 상징어를 사용함으로써 우리말의 묘미를 잘 살렸다는 평가를 받는다.

17 다음 시조에 대한 설명으로 옳지 않은 것은?

> 두터비 ᄑ리를 물고 두험 우희 치ᄃ라 안자
> 것넌 산(山) ᄇ라보니 백송골(白松骨)이 떠잇거늘 가슴이
> 금즉ᄒ여 풀덕 뛰여 내ᄃᆺ다가 두험 아래 잣바지거고
> 모쳐라 놀낸 낼식만정 에헐질 번ᄒ괘라

① 작자 미상의 사설시조이다.
② 의인화된 동물들을 통해 인간사회를 풍자하고 있다.
③ 어떤 상황에서도 위엄을 잃지 않는 양반의 참된 자세를 본받고자 하는 평민들의 염원이 담겨 있다.
④ 조선 후기 평민의식의 성장과 더불어 창작되었다.

17 이 작품은 자신보다 강한 자 앞에서는 꼼짝도 못하면서 자신보다 약한 자 앞에서는 허세를 부리고 가렴주구를 일삼는 지배 계층의 모습을 풍자하는 작품이다.

정답 16 ② 17 ③

18 종장의 첫 3글자는 평시조뿐만 아니라 엇시조나 사설시조에서도 엄격하게 지켜졌다.

18 시조 종장의 첫 3글자에 대한 설명으로 틀린 것은?
① 10구체 향가의 9행 초구의 감탄사와 비슷한 역할을 담당한다.
② 사설시조에서는 지켜지지 않았다.
③ 초장과 중장에서 전개된 시상을 비약시키는 기능을 담당한다.
④ 첫 3자가 반드시 하나의 단어로 제시되는 것은 아니다.

19 이색은 고려 말에 활동한 작자인 반면, 정철, 이황, 송시열은 조선시대에 활동한 작자이다. 이 중 정철과 이황은 조선 중기에 활동하였고, 송시열은 조선 후기에 활동하였다.

19 다음 중 활동 시기가 다른 작자는 누구인가?
① 정철
② 이황
③ 송시열
④ 이색

20 나머지 세 작품은 모두 연시조인 반면 「농암가」는 평시조이다. 평시조 여러 수를 하나의 제목 아래 모아 쓴 시를 연시조라 한다.

20 다음 중 시조의 종류가 다른 하나는 무엇인가?
① 이황, 「도산십이곡」
② 정철, 「훈민가」
③ 윤선도, 「오우가」
④ 이현보, 「농암가」

정답   18 ② 19 ④ 20 ④

21 다음 중 영남가단에 대한 설명으로 옳지 <u>않은</u> 것은?

① 강호가도를 추구하였다.
② 도학적 기풍을 보여주는 작품들을 많이 창작하였다.
③ 대표적인 문인으로는 이현보, 주세붕, 이황 등이 있다.
④ 전문 가객 집단이었다.

21 '가단'이라는 말은 원래 직업적인 전문 가객을 뜻한다. 그러나 영남가단, 호남가단이라고 했을 때의 가단은 직업적 가객이 아니라 정치와 밀접한 관련을 맺고 있는 문인들이었다.

22 이황의 「도산십이곡」에 대한 설명으로 옳지 <u>않은</u> 것은?

① 총 12수로 이루어진 연시조이다.
② 전6곡, 후6곡으로 나눈 후 전자를 '언지(言志)', 후자를 '언학(言學)'이라고 규정했다.
③ 예(禮)와 악(樂)으로 백성을 교화하고 이끌어 간다는 예악사상을 바탕으로 한다.
④ 이황이 서울에 머물며 명종 밑에서 일하던 시기에 지은 작품이다.

22 이 작품은 이황이 벼슬을 사직하고 고향인 안동에 머물며 지은 작품이다.

23 다음 중 조선 전기의 시조가 <u>아닌</u> 것은 무엇인가?

① 「강호(江湖)에 봄이 드니」
② 「興亡(흥망)이 有數(유수)ᄒ니」
③ 「이 몸이 주거 가서」
④ 「ᄒᆞᆫ 손에 막뒤 잡고」

23 「ᄒᆞᆫ 손에 막뒤 잡고」는 고려 말 문신이자 학자였던 우탁의 시조이다.

정답 21 ④ 22 ④ 23 ④

| 24 | 16~17세기의 임진왜란과 병자호란을 기점으로 조선 사회는 여러 변화를 겪게 된다. 여러 사회적 모순이 드러나면서 신분제가 흔들리고, 상업자본의 발달로 평민들도 문화를 누릴 여유를 가졌다. 이런 경향은 문학에도 전해졌는데, 사대부들뿐만 아니라 평민들도 문학의 창작에 참여하게 되면서 시조가 지닌 정형률을 깬 사설시조 작품들이 창작되기도 하였다. |

24 다음 중 조선 후기 시조의 경향에 대한 설명으로 옳은 것은?

① 정계에서 물러난 양반들이 아름다운 자연 속에서 학문에 정진하며 지은 작품들이 많다.
② 신분제가 흔들리며 평민들이 문화의 이용과 창조에 참여했다.
③ 안정된 사회적 배경을 바탕으로 여유로운 생활을 나타내는 작품들이 지어졌다.
④ 지역적 차이가 생겨나기 시작했다.

| 25 | 기녀시조는 형식은 그대로인 채 내용만 변화한 것이다. 내용과 형식 모두에서 변화가 나타난 것은 조선 후기 사설시조에 대한 설명이다. |

25 다음 중 기녀시조에 대한 설명으로 옳지 <u>않은</u> 것은 무엇인가?

① 기녀 시인으로는 황진이, 소춘풍, 홍장 등이 유명하다.
② 단아하고 우아한 양반적 표현이 나타남과 동시에 직설적이고 순수한 내용을 담고 있다.
③ 내용과 형식 모두에서 파격이 이루어졌다.
④ 세련된 표현기교와 순수국어의 구사에 뛰어났다.

| 26 | 영남가단을 시작한 것으로 여겨지는 사람은 이현보이다. 영천 출신이며 호는 '농암'이다. 중종 때 문신이었던 그는 벼슬을 그만두고 고향으로 돌아와 시를 지으며 한가롭게 보냈다. 조선시대에 자연을 노래한 대표적인 문인으로 평가받고 있으며 문학사에서 강호시조의 작가로도 중요한 자리를 차지한다. 그의 작품집으로는 『농암집』이 있다. |

26 다음 중 영남가단의 시작을 주도했다고 평가받는 사람은?

① 이현보
② 이이
③ 송순
④ 이황

정답 24 ② 25 ③ 26 ①

27 다음 중 윤선도의 「오우가」에서 언급된 5개의 벗에 해당하지 않는 것은?

① 물
② 소나무
③ 달
④ 매화

27 윤선도가 지은 「오우가」에서는 물, 바위, 소나무, 대나무, 달을 벗으로 여기며 이들의 덕을 기리고 있다.

28 다음 중 사설시조의 성격에 대한 설명으로 옳지 않은 것은 무엇인가?

① 남녀 간의 애정을 주제로 한 것이 많다.
② 서민들의 생활을 소재로 삼아 소박하고 해학적으로 나타내었다.
③ 자연에서 즐기는 한가로운 생활을 노래한 작품이 많다.
④ 무능한 양반들에 대한 비판의 내용을 담았다.

28 자연에서 한가한 생활을 하며 자아와 자연의 조화를 노래한 시들을 강호한정가라 부른다. 주로 조선의 사대부가 전원으로 물러나 창작한 것으로, 맹사성의 「강호사시가」와 같은 작품들이 여기에 해당한다.

29 다음 중 윤선도에 대한 설명으로 옳지 않은 것은?

① 자연을 노래한 시인으로 유명하다.
② 그가 지은 「오우가」에서는 물, 돌, 소나무, 대나무, 달을 벗으로 삼아 노래했다.
③ 그의 시조들은 정철의 가사 작품들과 더불어 조선 시가 문학의 쌍벽을 이룬다.
④ 대표적인 영남가단 시인이다.

29 윤선도는 해남 출신 시인이므로 영남가단이라 할 수 없다. 그는 여러 지역에서 유배생활을 했으나 주된 거처는 해남과 보길도였다. 영남가단으로 활동한 시인에는 이황을 비롯하여 이현보, 조식, 김우굉, 강익, 채헌, 주세붕 등이 있고, 호남가단에는 송순, 김성원, 기대승, 고경명, 정철, 임제 등이 있다. 자연과 벗하는 풍류생활을 노래한다는 점에서 윤선도 역시 호남가단과 맥이 통하지만 가단 활동에 적극적으로 참여하지는 않은 듯하다.

정답 27 ④ 28 ③ 29 ④

교육이란 사람이 학교에서 배운 것을 잊어버린 후에 남은 것을 말한다.

– 알버트 아인슈타인 –

제 7 편

악장

제1장	악장의 개념과 특징
제2장	악장의 작품 세계
실전예상문제	

| 단원 개요 |

악장은 궁중의 여러 의식과 행사 및 연례(宴禮)에 쓰인 노래의 가사를 말하는데, 일반적으로 조선 초기의 송축가를 뜻한다. 다양한 형식의 악장들이 지어졌으나 초기에는 중국 고체시를 본받았고 훈민정음이 창제되면서 현토체를 거쳐 어느 정도 정형성을 띤 형식으로 변화해 갔다. 따라서 악장을 통해 조선 초기 우리나라 시의 형태를 짐작해 보는 게 가능하다. 악장은 여러 작품이 있으나 그 중에서도 「용비어천가」는 악장의 결정판이라고 할 정도로 중요한 작품이라 할 수 있다.

| 출제 경향 및 수험 대책 |

악장의 특징을 잘 알아두는 것이 필요하며 악장의 제목과 내용을 관련 지어 기억해 두어야 한다. 또한 악장문학의 대표작이라 할 수 있는 「용비어천가」에 대해서는 특별히 자세한 학습이 요구된다.

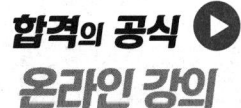 

보다 깊이 있는 학습을 원하는 수험생들을 위한
시대에듀의 동영상 강의가 준비되어 있습니다.
www.sdedu.co.kr ➜ 회원가입(로그인) ➜ 강의 살펴보기

제 1 장 │ 악장의 개념과 특징

1 악장의 개념

악장이란 조선시대에 궁중에서 공식적인 행사 때 사용된 음악의 가사로, 원래 조선시대뿐만 아니라 어느 시대에나 존재하는 것이다. 하지만 조선시대에 들어 동양적 통치 관례에 따라 예악(禮樂)을 정비하면서 새로 지은 노래들을 구분할 필요가 대두됨에 따라 '악장'이라 하면 조선 초의 악장을 가리키는 것으로 의미가 좁혀졌다.

2 악장의 특징 중요

(1) 형식보다는 내용의 공통성이 강하다. 작품에 따라 속악가사·경기체가·시경(詩經)·초사체(楚辭體) 등 형식이 통일되지 못하고 다양한 형태를 보이며, 「용비어천가」나 「월인천강지곡」처럼 이전의 어느 장르와도 다른 독특한 형태를 지닌 것도 있다.

(2) 표기방식에 따라 한문악장, 국문악장, 현토악장(懸吐樂章)의 세 가지 유형이 있는데, 이 중 가장 많은 작품이 있는 것은 한문악장이다. 그중에는 한시에 '위(偉)~'라는 말로 시작하는 후렴구를 붙인 작품들이 있다. 국문악장은 한문악장에 비해 작품 수가 훨씬 적지만 속악가사의 형식을 수용하면서 새로운 세계관을 드러내었다는 점에서 주목할 만하다. 한편 현토악장은 기존의 한시 작품에 우리말 토를 달아 지은 것이다.

(3) 노래로 불리었다.

(4) 대부분 연장형식과 분절형식으로 되어 있다.

(5) 교술적 어조를 지닌다.

(6) 신흥사대부 가운데 핵심 관료층이 주로 담당했다.

(7) 유교적 이상사회에 대한 찬양이 주된 내용이다.

(8) 문어체를 쓴다.

(9) 장중함과 외경스러움이 잘 드러나는 내용이 담겼다.

제 2 장 악장의 작품 세계

1 대표적인 작가와 작품

(1) 정도전 〔중요〕

　① 「무공곡(武功曲)」 : 이성계의 무공을 찬양
　② 「문덕곡(文德曲)」 : 임금의 치덕을 예찬
　③ 「납씨가(納氏歌)」 : 태조가 원나라 잔당 납합출(나하추)의 침공을 물리친 공적을 예찬
　④ 「정동방곡(靖東方曲)」 : 태조의 영웅적인 위화도 회군을 찬양
　⑤ 「신도가(新都歌)」 : 개경에서 새 도읍을 한양으로 옮긴 사실을 찬양

(2) 하륜 〔중요〕

　① 「근천정(覲天庭)」 : 태종이 명나라에 가서 황제의 오해를 풀어 온 것을 백성이 기뻐한다는 내용
　② 「수명명(受明命)」 : 태종이 명나라로부터 왕의 인준을 받은 사실을 내용으로 함

(3) 윤회, 「봉황음(鳳凰吟)」 : 나라와 왕가에 대한 송축

(4) 작자 미상 또는 불확실

　① 「성덕가(聖德歌)」 : 조선의 건국과 그것을 도운 중국 명나라의 공덕을 칭송
　② 「연형제곡(宴兄弟曲)」 : 형제간의 우애를 읊는 한편, 조선왕조의 문화를 찬양

(5) 변계량, 「화산별곡(華山別曲)」 : 서울을 찬양

(6) 상진(혹은 작자 미상), 「감군은(感君恩)」 : 임금의 덕을 바다의 깊이와 비교하여 찬양하고 만수무강을 기원하는 내용

(7) 세종(혹은 김수온), 「월인천강지곡(月印千江之曲)」 : 석가의 생애와 공덕을 찬양 〔중요〕

2 「용비어천가」

(1) 특징 종요

① 훈민정음을 이용해 최초로 만든 노래로 조선 초 악장의 결정판이라 할 만하다.
② 창제된 훈민정음을 시험해 보고 훈민정음을 국가의 글자로서 권위를 부여하려는 의도에 따라 만들어졌다.
③ 조선 건국의 정당성과 조선의 무궁한 발전을 기원하는 **송축가**이다.
④ **전체가 125장으로 되어 있고, 각 장은 2절 4구의 대구 형식이다.**
⑤ 1·2·3·4·125장 등 5장에는 곡을 지어서 「치화평」, 「취풍형」, 「봉래의」, 「여민락」 등의 악보를 만들고 조정의 연례악(宴體樂)으로 사용하였다.
⑥ 정인지를 비롯한 여러 학자들이 공동 제작했다.
⑦ 인물의 탄생을 신화적으로 표현하지 않고 선조들로부터 이어져 온 것으로 표현함으로써 고대의 신화적 세계관이 아닌 중세적 세계관이 바탕이 되어 있다는 것을 알 수 있다. 그러나 이성계에게 하늘이 금척을 내렸다고 하는 등 여전히 영웅서사시적인 내용이 남아 있다.

(2) 원문 일부 보기

① 제1장

1장 원문	현대어 풀이
海東六龍·이ᄂᆞᆯ·샤° :일 :마다天福·이시·니。 古聖·이°同符·ᄒᆞ시·니	우리나라의 여섯 성군이 나시어 하시는 일마다 하늘의 복을 받으시니 중국 옛 성왕들이 하신 일과 들어맞으시니

'여섯 성군'은 세종의 6대조까지를 의미하는 것으로 목조, 익조, 도조, 환조, 태조, 태종을 뜻한다. 이들은 조선을 일으키고 하늘의 복을 받아 조선을 이끌었으며, 이들의 행적은 옛 성인들의 행적과 부합한다는 것을 밝힘으로써 조선 왕조는 위대한 인물들에 의해 세워진 정당성 있고 위대한 국가라는 점을 강조한다.

② 제2장

2장 원문	현대어 풀이
불·휘기·픈남·ᄀᆞᆫ° ᄇᆞᄅᆞ·매아·니 :뮐·씨。곶:됴·코° 여·름·하ᄂᆞ·니 :시·미기·픈·므·른° ·ᄀᆞᄆᆞ·래아·니그츨·씨。:내·히이·러°바·ᄅᆞ·래가ᄂᆞ·니	뿌리가 깊은 나무는 바람에 흔들리지 아니하므로 꽃이 좋고 열매가 많이 열리니 샘이 깊은 물은 가뭄에 그치지 아니하므로, 내가 이루어져 바다에 가나니

뿌리가 깊게 뻗은 나무나 깊은 샘이 외부 위협에 상관없이 생명력을 오랫동안 유지하듯, 조선 왕조도 오랜 역사와 전통을 바탕으로 문화를 발전시키며 오래오래 번영할 것이라는 의미를 지닌다.

제7편 실전예상문제

01 다음 중 악장에 대한 설명으로 적절한 것은?
① 악장은 고유의 형태를 지니고 있다.
② 악장은 조선 고유의 시가 형식이다.
③ 일반적으로 조선 전기에 궁중의 공식적인 행사에서 사용했던 음악의 가사를 말한다.
④ 악장은 모두 한글로만 지었다.

01 악장은 원래 고려와 조선의 궁중음악으로 불린 노래 가사를 모두 포괄하지만, 일반적으로 '악장'이라고 할 때는 조선시대 초기(15세기)에 지어진 시가에 붙이는 명칭이다. 그런데 악장으로 분류되는 작품들은 일관된 형식을 갖고 있지는 않아서 악장을 별개의 장르로 볼 것인가에 대한 논란이 있기도 하다. 한편 악장은 표기방식에 따라 한문악장, 국문악장, 현토악장으로 나뉜다.

02 악장의 특징에 대한 설명으로 옳지 <u>않은</u> 것은?
① 악장은 창업주나 왕업을 찬양하고 기리는 내용이 대부분이다.
② 양적으로 가장 많은 것은 한문으로 쓰인 악장이다.
③ 현토악장은 한시가 국문시가로 변하는 과정을 보여준다는 점에서 의미가 있다.
④ 악장은 궁중에서 일하는 궁녀들에 의해 주로 창작되었다.

02 악장은 신흥사대부 가운데 핵심 관료층이 주로 담당했다. 이에 따라 내용도 유교적 이상사회에 대한 찬양이 주를 이룬다.

03 다음 악장에서 정도전의 작품이 <u>아닌</u> 것은?
① 「무공곡」
② 「문덕곡」
③ 「납씨가」
④ 「수명명」

03 「수명명」은 하륜의 작품이다. 정도전의 작품에는 이 외에도 「정동방곡」, 「신도가」 등이 있다.

정답 01 ③ 02 ④ 03 ④

04 「근천정」은 하륜의 작품이다. 「감군은」의 경우 조선 명종 때 상진이 지었다고 보기도 하지만 확실하지 않아서 작자 미상의 작품으로 보기도 한다.

04 다음 중 작자를 알 수 없거나 확실하지 않은 악장이 <u>아닌</u> 것은?

① 「성덕가」
② 「연형제곡」
③ 「근천정」
④ 「감군은」

05 「성덕가」는 조선의 건국과 그것을 도운 명나라의 공덕을 칭송하는 노래이고, 「수명명」은 하륜이 지은 것으로 태종이 명나라로부터 왕의 인준을 받은 것을 노래한 것이고, 「신도가」는 정도전의 작품으로 개경에서 한양으로 도읍을 옮긴 사실을 찬양하는 내용이다.

05 다음 설명에 해당하는 악장의 제목은?

- 석가의 생애와 공덕을 찬양하기 위해 지은 노래이다.
- 세종 혹은 김수온이 지은 것이라고 알려져 있다.
- '부처가 나서 교화한 자취를 칭송한 노래'라는 뜻이다.
- 훈민정음으로 표기했다.

① 「성덕가」
② 「월인천강지곡」
③ 「수명명」
④ 「신도가」

06 「용비어천가」는 창제된 훈민정음을 시험해 보고 국가의 글자로서의 권위를 부여하려는 의도로 만들어진 여러 학자들의 공동 작품이다.

06 다음 설명에 해당하는 작품은 무엇인가?

- 훈민정음을 이용해 최초로 만든 노래이다.
- 전체가 125장으로 되어 있고 각 장은 2절씩이다.

① 「석보상절」
② 「월인천강지곡」
③ 「용비어천가」
④ 「신도가」

정답 04 ③ 05 ② 06 ③

07 다음 중 작가와 작품의 연결이 잘못된 것은?

① 「신도가」 - 정도전
② 「근천정」 - 하륜
③ 「납씨가」 - 정도전
④ 「봉황음」 - 하륜

07 「봉황음」은 윤회의 작품이다.

08 다음 중 임금의 공덕과 태평한 시대를 노래한 악장에 해당하지 않는 것은?

① 「정동방곡」
② 「문덕곡」
③ 「감군은」
④ 「성덕가」

08 「정동방곡」은 태조의 위화도 회군을 찬양하는 내용이다.

09 다음 중 조선 초 악장 문학의 결정판이라 할 수 있는 작품으로 공동 제작되었으며, 「여민락」과 함께 궁중의 연향에 쓰인 것은?

① 「석보상절」
② 「용비어천가」
③ 「감군은」
④ 「화산별곡」

09 「용비어천가」는 정인지를 비롯한 여러 학자들에 의해 공동 제작되었으며, 「여민락」이라는 곡과 함께 연주되었다.

정답 07 ④ 08 ① 09 ②

10 「용비어천가」의 첫 장은 '海東六龍 ·이ᄂᆞᄅ·샤°ː일 ːm다天福·이 시·니。'로 시작한다.

10 다음 중 「용비어천가」에 대한 설명으로 옳지 <u>않은</u> 것은?

① 송축가이다.
② 전체가 125장으로 되어 있고 각 장은 2절 4구의 대구 형식이다.
③ 훈민정음으로 만든 최초의 노래이다.
④ '불·휘기·픈남·ᄀᆫ° ᄇᄅ·매아·니 ːᄆᆔ·ᄊᆡ。'로 시작한다.

11 「납씨가」는 나하추(납합출)를 물리친 태조의 무공을 찬양한 것으로, 「청산별곡」의 악보 가락에 얹어 불렀다고 『시용향악보』에 나와 있다.

11 다음 중 태조가 동북면에 침입한 원나라의 잔당 나하추를 물리친 무공을 찬양하는 내용을 지닌 악장은?

① 「무공곡」
② 「납씨가」
③ 「정동방곡」
④ 「신도가」

12 「감군은」은 『악장가사』와 『고금가곡』에 실려 전해지고 있다. '사해 바다의 깊이는 닻줄로 잴 수 있겠지만 임금님의 은덕은 어떤 줄로 잴 수 있겠습니까?'라는 말로 시작하며 총 4절로 되어 있고 각 절은 5행으로 이루어져 있다.

12 다음 중 '바다 깊이는 닻줄로 잴 수 있지만 임금의 덕은 너무 깊어서 잴 수 없다'는 내용을 지닌 악장은?

① 「감군은」
② 「성덕가」
③ 「신도가」
④ 「화산별곡」

정답 10 ④ 11 ② 12 ①

13 「용비어천가」가 이루어진 뒤 관현에서 조음하여 악보를 만들어 연향을 할 때 사용하였는데, 이와 관계가 <u>없는</u> 것은 무엇인가?

① 「치화평」
② 「취풍형」
③ 「여민락」
④ 「향발무」

13 세종은 태조의 창업을 기리며 「봉래의」라는 악무를 지었는데 이는 「전인자」, 「여민락」, 「치화평」, 「취풍형」, 「후인자」로 이루어져 있다. 이 중 「치화평」이나 「취풍형」은 국문과 한문으로 된 「용비어천가」를 노래하였고, 「여민락」은 한문가사의 「용비어천가」를 노래하였다.

14 조선시대 악장에 대한 설명으로 옳지 <u>않은</u> 것은?

① 악장은 하층민 사이에서 널리 불렸다.
② 악장 중에서 「용비어천가」는 최초로 훈민정음으로 지어졌다.
③ 악장은 '한문악장 – 현토악장 – 국문악장' 순으로 지어졌다.
④ 정도전이 지은 악장으로는 「무공곡」, 「납씨가」 등이 있다.

14 악장은 궁중 의례악의 가사로 쓰였다. 조선의 공식 문자가 한문이었으므로 한문악장이 지어지다가 세종의 훈민정음 창제 이후 한문악장을 읽기 위해 토를 달아 읽던 것에서 발전하여 아예 처음부터 토를 이용한 현토악장이 지어진다. 이후에는 국문으로만 이루어진 악장을 짓게 된다.

15 다음 중 「용비어천가」에 대한 설명으로 옳지 <u>않은</u> 것은?

① 이성계의 4대 선조들로부터 이야기가 시작되는데 이는 더 이상 영웅서사시가 통하지 않는 중세적 가치관을 반영한다.
② 이성계에게 하늘이 금척을 내렸다고 하는 부분에서 여전히 영웅서사시적인 면이 남아있다.
③ 1장에서 용이 날아오르는 것은 이성계가 탄생했다는 의미이다.
④ 2장에서는 나라가 번창할 것이라는 것을 비유적 표현을 사용해 나타내었다.

15 용이 날아오르는 것은 왕조를 창업했다는 의미이다.

정답 13 ④ 14 ① 15 ③

합격의 공식
시대에듀

우리 인생의 가장 큰 영광은 결코 넘어지지 않는 데 있는 것이 아니라
넘어질 때마다 일어서는 데 있다.

– 넬슨 만델라 –

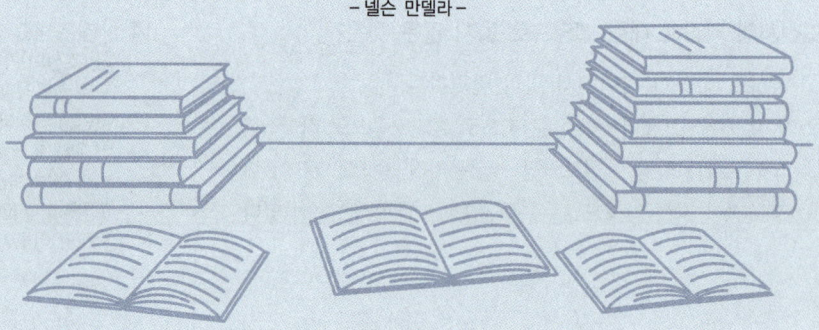

제 8 편

가사

제1장	가사의 개념과 특징
제2장	가사의 문학사적 전개
제3장	가사의 주요 작가와 작품
실전예상문제	

| 단원 개요 |

가사는 시조와 더불어 조선시대를 대표하는 시가 양식이다. 시조와 비슷한 시기에 형성되었으나 정형성을 지닌 시조와 달리 형식이 보다 유연하여 다양한 작자층의 참여가 가능했고, 그 내용도 보다 다채롭다. 이 단원에서는 그러한 가사와 관련된 내용들을 살펴봄으로써 가사문학 전반에 관한 이해를 돕도록 구성하였다. 시조가 현대시조로까지 이어지면서 여전히 창작되고 있는 데 반해 가사는 개화가사 단계에서 맥이 끊어지고 말았지만 우리말의 보고로서, 또한 다양한 내용을 통해 당시 사람들의 사상과 감정을 이해하는 데 매우 중요한 장르라 할 수 있다.

| 출제 경향 및 수험 대책 |

가사와 관련해서는 가사의 장르적 성격, 가사의 형식, 가사의 내용에 따른 분류와 주요 작품 관련 사항들이 출제될 수 있다. 특히 주제별 대표 작품들에 대해서는 꼼꼼히 확인해 두는 것이 좋다.

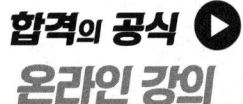

보다 깊이 있는 학습을 원하는 수험생들을 위한
시대에듀의 동영상 강의가 준비되어 있습니다.
www.sdedu.co.kr ➔ 회원가입(로그인) ➔ 강의 살펴보기

제 1 장 | 가사의 개념과 특징

1 가사의 개념

가사는 고려 말에 발생하고 조선시대를 관통하며 이어져 내려와 조선시대를 대표하는 시가 장르이다. 비교적 짧은 형태의 시조와 달리 긴 것이 특징이다.

가사의 명칭은 장가(長歌), 가사(歌詞), 가사(歌辭), ㄱㅅ, 가ㅅ, 가사 등 여러 가지가 있다. '장가'라는 명칭은 경기체가, 속악가사, 악장, 가사, 장시조 등 긴 노래 모두에 해당하는 것이어서 타당하지 않고, '가사(歌詞)'는 어떤 악곡에 얹어 부르는 노랫말을 일컫는 용어로 주로 쓰이기 때문에 일반적으로 시가문학 장르의 용어로는 '가사(歌辭)'를 사용한다.

2 가사의 형식 중요

(1) 대개 4음보가 한 행을 이루고, 이러한 행이 연속적으로 이어지는 구조이다.

(2) 대개 비연시(非聯詩)이다. 비연시란 연 구분을 하지 않고 1연으로만 이루어진 시를 말한다.

(3) 2음보씩 짝을 지어 의미가 구분되는 경우가 많다.

(4) 사대부가 쓴 가사는 3·4조가 많고, 서민가사와 내방가사는 4·4조가 많다. 사대부가사는 조선 전기에 주로 쓰였는데 이때는 한자 어구를 많이 썼기 때문에 글자 수가 적었고, 가창되는 경우가 많아서 굳이 안정된 음수율이 필요하지 않았다. 그러나 조선 후기 가사들인 서민가사와 내방가사는 한자어보다는 우리말을 많이 썼고, 가사를 읊는 경우가 많았기 때문에 안정적인 음수율이 필요했다.

(5) 사대부가사는 시조 종장과 같은 결구, 즉 마지막 행의 첫 음보가 3글자로 시작하는 게 많다. 이와 같은 결사 형식을 가진 가사를 **정격가사**, 그렇지 않은 것은 **변격가사**로 구분하기도 한다.

제2장 가사의 문학사적 전개

1 가사의 기원

가사의 기원에 대해서는 다음과 같은 이론들이 존재한다.

(1) 경기체가에서의 발생설
① 근거
- ㉠ 경기체가 소멸 시기와 가사의 발생 시기가 근접하다.
- ㉡ 두 장르 모두 사물이나 생활을 나열, 서술한다.
- ㉢ 두 장르 모두 작자층이 사대부이다.

② 문제점
- ㉠ 이들은 정극인의 「상춘곡」이 가사의 효시라고 보는데, 현재는 고려 말 나옹화상의 가사 작품을 효시라고 본다.
- ㉡ 조선 초는 경기체가 발전기이므로 갑자기 경기체가가 소멸하고 우수한 형태의 가사가 생겼다고 보기 어렵다.
- ㉢ 경기체가는 3음보의 연장체인 반면 가사는 4음보 연속체이다.

(2) 시조에서의 발생설
① 근거
- ㉠ 가사의 율격이 4음보격으로 시조의 율격과 같다.
- ㉡ 마지막 행은 시조의 종장 형식과 같으니 시조의 초, 중장이 연속되어 가사가 형성되었다.

② 문제점
- ㉠ 가사의 효시가 고려 말 나옹화상의 작품이라고 본다면 시조가 가사보다 먼저 형성되었다고 보기 힘들다.
- ㉡ 시조의 늘인 형태로 엇시조와 사설시조가 따로 존재한다. 또한 엇시조와 사설시조는 가사보다 나중에 발생되었다.
- ㉢ 4음보 3행의 정형시인 시조가 형성되자마자 무제한 연속체인 가사로 변형된 원인이 불분명하다.

(3) 악장체에서의 발생설
① 근거
- ㉠ 악장체의 분장형식이 파괴되면서 사설형식의 가사가 발생했다.
- ㉡ 악장체, 가사 모두 향유층이 신흥사대부와 양반 계층이다.

② 문제점
　　㉠ 악장은 연장체인데 가사는 비연시이다.
　　㉡ 이들이 주목하는 「용비어천가」, 「월인천강지곡」의 형태가 유행하지도 못한 상태에서 가사로 발전했다고 보기 어렵다.
　　㉢ 가사의 발생 시기가 고려 말일 수 있다.

(4) 한시 현토체에서의 발생설

① 근거
　　나옹화상이 지은 「서왕가」의 형태는 한문 어구에 우리말 토를 단 것에 불과하다.
② 문제점
　　㉠ 7언한시에 토를 달면 4음보격이 이루어질 수 있으나 5언한시의 경우에는 거의 3음보가 되므로 4음보의 가사가 될 수 없다.
　　㉡ 한시와 가사는 서술방식에 큰 차이가 있다.

(5) 교술민요에서의 발생설

① 근거
　　조동일은 모든 문학의 모체를 민요로 보았다. 서정민요에서 향가와 속악가사가, 서사민요와 설화에서 판소리와 소설이, 그리고 교술민요에서 가사가 나왔다.
② 문제점
　　㉠ 조선 초 교술민요가 사대부들의 이념적 요청에 의해 기록문학으로 발전했다고 보기 어렵다.
　　㉡ 가사의 효시를 「상춘곡」으로 보았을 때 가능한 이론이지만 가사의 효시를 고려 말 나옹화상의 작품으로 볼 수도 있다.

이 외에도 신라가요 발생설, 불교계 가요에서의 발생설 등 다양한 학설이 있다. 또한 발생 시기에 대해서도 신라 말엽 발생설, 고려 말엽 발생설, 조선 초기 발생설, 조선 중기 발생설 등이 있다.
이러한 연구들을 종합해 보면 가사는 **고려 무신란 이후** 강호에서 지내던 사대부들이 그들의 기호에 맞게 4음보격 리듬을 바탕으로 감정을 토로하던 것이 기원이 되었다고 본다. 그리고 그러한 원시적인 가사형태가 **승려들에게 수용**되어 고려 말엽 나옹화상의 불교 포교용 가사 「승원가」, 「서왕가」 같은 작품이 나오게 된 것이라 할 수 있다. 이처럼 승려 계층에 의해 발생된 가사가 **몇몇 사대부 관료에 의해 수용**되고, 차츰 그들의 기호에 맞는 형식으로 자리 잡아 조선 초기에 **정극인의 「상춘곡」**과 같이 세련된 작품으로 나타났다고 할 수 있다.

2 가사의 문학사적 전개

(1) 조선 전기

가사의 기원에 대해서는 다양한 견해가 있으나, 대체적으로 고려 말 나옹화상의 불교 포교용 가사들이 나온 후 사대부들에게 수용되어 조선 전기부터 본격적으로 창작되었다는 의견이 우세하다.

조선 전기의 가사는 주로 양반층에 의해 창작되었다. 한시나 시조에 비해 가사는 형식적으로 자유로워서 4음보의 율격만 갖추면 되었기 때문에 양반층에서 가사를 통해 여러 가지 생활 체험과 흥취, 신념 등을 표현하였다. 따라서 이 시기의 가사는 서정성이 풍부한 것이 특징이라 할 수 있다.

이 시기의 가사는 강호가도를 노래하는 것들로 강호한정가라고 한다. 내용은 대체로 세속에서 벗어나 자연을 벗삼아 유유자적하는 감흥을 노래하거나 임금의 은혜와 임금에 대한 충성심을 여성 화자의 목소리로 노래하는 것들이다.

이 시기의 가사를 쓴 사람들 중 정극인(1401~1481), 송순(1493~1583), 정철(1536~1593)은 호남가단에 속하는 작가들로, 정극인의 「상춘곡」은 자연에 묻혀 사는 즐거움을 노래하는 은일가사의 효시에 해당하는 작품이라 할 수 있다. 다만, 가사문학의 효시에 대해서는 정극인의 「상춘곡」인지, 고려 말 승려 나옹화상의 「서왕가」인지를 두고 논란이 있다.

또한 송순의 「면앙정가」, 정철의 「관동별곡」, 「성산별곡」 「사미인곡」, 「속미인곡」 등도 조선 전기 가사에 속한다.

한편 조위의 「만분가」는 작가가 무오사화로 인해 유배를 가서 쓴 가사로, 유배가사의 효시로 여겨지며, 선조 때의 여성 작가였던 허난설헌이 쓴 「규원가」는 규방가사의 효시로 평가된다.

(2) 조선 후기

두 차례의 큰 전란을 겪은 후인 조선 후기에 들어 가사의 작자층은 양반층에만 머물지 않고 다양화되었으며 가사의 내용 또한 조선 전기의 서정성은 줄어든 반면 일상적·현실적인 체험을 사실적으로 다루는 내용이 많아졌다.

이러한 내용들이 전쟁가사, 기행가사, 유배가사, 평민가사, 규방가사, 풍물가사, 종교가사 등으로 창작되었다. 또한 가사의 길이도 장형화되어 산문화 경향이 뚜렷해졌다.

이 시기의 대표적인 작가로는 무신이자 시인이었던 박인로가 있는데, 그는 전쟁 당시 종군활동을 하며 가사를 쓰거나 전쟁 후 고향에 돌아와 생활하며 쓴 작품들을 남겼다. 그의 작품으로는 「태평사」, 「선상탄」, 「누항사」 등이 있다.

김인겸의 「일동장유가」와 홍순학의 「연행가」는 조선 후기 기행가사의 대표라 할 만하며, 안조환의 「만언사」와 김진형의 「북천가」는 귀양살이의 억울함에 대해 하소연하는 유배가사의 대표라 할 만하다. 이 중 안조환은 김진형과 달리 중인 출신이었기 때문에 보다 서민적이고 사실적인 작품들을 남겼다.

한편 평민들이 쓴 가사작품들도 나왔는데 평민가사는 작자 미상으로 전해지며 「갑민가」, 「거창가」, 「우부가」, 「용부가」, 「노처녀가」, 「거사가」 등이 있다.

이 외에도 양반이면서도 농민에 대해 친근한 태도를 잘 보여준 정학유의 「농가월령가」, 작자 미상의 규방가사로 「화전가」, 「상사별곡」, 풍물가사인 「한양가」 등이 조선 후기에 지어지며 가사문학의 다양화를 이끌었다.

(3) 개화기

조선 말 개화기부터 1920년대까지에도 가사는 규방가사 및 애국의병가사, 개화가사 등으로 나타났다. 하지만 점차 신문학에 자리를 내어주고 가사는 쇠퇴하게 된다.

제 3 장 | 가사의 주요 작가와 작품

1 가사의 내용 중요

가사는 긴 시간 다양한 작자층의 참여로 인해 다양한 세계관과 다층적인 삶의 모습이 담겨 있으며 작품 수 또한 6천여 편이 넘을 정도로 압도적으로 많다. 이러한 작품들을 작자층에 따른 내용별 유형에 따라 살펴보면 다음과 같다.

(1) 사대부가사

① 강호생활
  ㉠ 주된 내용 및 주제 : 주로 조선 전기에 유교적 세계관이 자리 잡고 사회가 안정되었던 시기에 쓰였다. 사대부의 이념을 바탕으로 유유자적하며 자연을 관조하거나 자연과의 합일을 내세우며 **강호한정과 안빈낙도**를 주제로 하였다.
  ㉡ 주요 작품 : 정극인의 「상춘곡」(강호한정가사의 효시), 송순의 「면앙정가」, 정철의 「성산별곡」, 허강의 「서호별곡」 등

② 연군과 유배
  ㉠ 주된 내용 및 주제 : 정치적 패배로 인해 유배를 가거나 고향에 머물며 쓴 작품들이다. 자신의 결백을 주장하고, 유배지에서 겪는 고난의 생활상을 기술하며, 임금을 사랑하는 임에 빗대어 임금에 대한 그리움과 사랑을 토로하는 **우국지정**을 주제로 했다.
  ㉡ 주요 작품 : 조위의 「만분가」(유배가사의 효시), 정철의 「사미인곡」, 「속미인곡」, 이긍익의 「죽창곡」, 조우인의 「자도사」 등

③ 유교 이념과 교훈
  ㉠ 주된 내용 및 주제 : 봉건 사회의 질서가 흔들리던 조선 중기 이후에 지배질서의 유지나 이념 강화를 목적으로 많이 지어졌다. 유교적 실천 윤리를 규범적으로 제시하거나 경세적 교훈을 주제로 했다.
  ㉡ 주요 작품 : 이이의 「낙지가」, 이원익의 「고공답주인가」, 작자 미상의 「오륜가」, 허전의 「고공가」 등

④ 기행(紀行)
  ㉠ 주된 내용 및 주제 : 명승지나 사행지(使行地)를 기행하고 여정을 중심으로 견문과 감회를 읊은 가사들로, 주로 관료들이 부임지에 이르는 과정을 기록하거나 부임지 주변의 명승지를 유람하면서 경관을 읊은 것들이다. 또한 중국이나 일본에 사행을 다녀와서 적은 것들도 있는데 이러한 작품들은 견문의 기록성이 높다.
  ㉡ 주요 작품 : 백광홍의 「관서별곡」(기행가사의 효시), 정철의 「관동별곡」, 작자 미상의 「금강산유람록」, 김인겸의 「일동장유가」(일본), 유인목의 「북행가」(청나라), 홍순학의 「연행가」(북경) 등

⑤ 전란의 현실과 비분강개
  ㉠ 주된 내용 및 주제 : 전쟁의 피해와 처참한 모습에서 오는 비애와 의분 그리고 전후의 곤궁한 현실을 주제로 했다.
  ㉡ 주요 작품 : 양사준의 「남정가」, 박인로의 「태평사」, 「선상탄」, 「누항사」, 정훈의 「우활가」, 「탄궁가」 등
⑥ 영사(詠史)·풍속(風俗)·세덕(世德)
  ㉠ 주된 내용 및 주제 : 영사란 역사적인 사실이나 가문의 전통, 중국의 역사나 고사(故事)를 주제로 하여 쓴 작품들을 말한다. 또한 풍속과 세덕은 여러 가지 신변을 주제로 했다.
  ㉡ 주요 작품 : 신득청의 「역대전리가」, 박리화의 「만고가」, 윤우병의 「농부가」, 김충선의 「모하당술회가」, 정학유의 「농가월령가」 등

(2) 규방가사
부녀자들 사이에서 향유된 가사로 '내방가사(內房歌辭)'라고도 한다. 작자 미상이거나 작자의 성씨 정도만 알려졌다.
① 교훈가사
  ㉠ 계녀가류
    ⓐ 주된 내용 및 주제 : 나이 찬 딸의 출가를 앞두고 여자의 규범이 될 만한 고사를 어머니가 자신의 시집살이 경험과 결부시켜 양가의 부녀다운 예절을 갖추도록 일깨운다.
    ⓑ 주요 작품 : 이씨 부인의 「복선화음가」, 김씨 부인의 「김씨계녀사」 외에도 「계녀가」라는 이름으로 여러 지역에서 700여 편의 작품이 전함
  ㉡ 도덕가류
    ⓐ 주된 내용 및 주제 : 일반 부녀자들이 지켜야 할 도리를 서술했다.
    ⓑ 주요 작품 : 「도덕가」, 「오륜가」, 「나부가」 등
② 생활 체험가사
  ㉠ 탄식류
    ⓐ 주된 내용 및 주제 : 시집살이의 어려움을 토로하거나 인생의 무상감을 읊은 것과 남편과의 사별, 노처녀의 한을 주제로 한 것들이 있다.
    ⓑ 주요 작품 : 「사친가」, 「여자자탄가」, 「한별곡」, 「원별가」, 「노처녀가」 등
  ㉡ 송축류
    ⓐ 주된 내용 및 주제 : 자녀의 장래를 축복하거나 부모님의 회갑이나 회혼을 맞아 장수를 축원하는 내용이다.
    ⓑ 주요 작품 : 「귀녀가」, 「재롱가」, 「수연가」, 「헌수가」, 「회혼참경가」 등
  ㉢ 풍류류
    ⓐ 주된 내용 및 주제 : 여행의 즐거움을 주제로 한다.
    ⓑ 주요 작품 : 「화전가」, 「관동팔경유람기」, 「경주관람기」, 「부여노정기」 등

(3) 서민가사

서민에 의해 지어졌거나 서민의식이 투영된 가사를 말하는데, 대부분 작자 미상의 작품이 많다. 여기서 서민은 향촌의 몰락 사족층까지도 포괄하는 개념으로 보는 것이 적절하다. 서민가사는 대개 **조선 후기 신분제가 심하게 동요되던 시기에 나온 작품들**로 보이는데, 이 시기는 양반계급의 숫자가 증가한 반면, 실질적인 권리는 상대적으로 약해져 양반층 내부에서도 체제 비판이나 현실 비판의 목소리가 커지고 있음을 반영한 것이다.

① **현실 비판**
- ㉠ 주된 내용 및 주제 : 봉건 지배 질서에 순응하지 않고 현실적 모순을 폭로하고 비판하는 내용을 담고 있다.
- ㉡ 주요 작품 : 「갑민가」, 「거창가」, 「민원가」, 「합강정가」 등

② **개방적 세계관**
- ㉠ 주된 내용 및 주제 : 기존 관념에 대한 도전과 인간 본능의 표출
- ㉡ 주요 작품 : 「청춘과부곡」, 「규수상사곡」, 「성사회답곡」, 「양신회답가」 등

이 외에도 작자층을 기준으로 한 분류는 아니나, 다음과 같이 종교가사, 개화가사를 별도의 유형으로 볼 수 있다.

(4) 종교가사

종교의 교리를 세상에 널리 펴는 것을 주제로 한 가사로 경전 교리를 가사체로 서술한 것, 신앙정신에 입각하여 창작한 것, 전도를 목적으로 지은 것 등이 모두 포함된다. 종교가사에는 불교가사, 천주교가사, 동학가사, 유교가사 등이 있는데, 근대로 넘어가는 시기에는 종래의 유교 관념과 대립하여 가사를 매체로 이념 논쟁이 벌어졌다.

① **불교가사 대표작**
나옹화상의 「서왕가」, 「승원가」, 휴정의 「회심곡」, 침굉의 「귀산곡」, 「태평곡」 등이 있다.

② **천주교가사 대표작**
정약전 외 2인의 「십계명가」, 이벽의 「천주공경가」, 최양업의 「사향가」, 「삼세대의」 등이 있다.

③ **동학가사(또는 천도교가사) 대표작**
최제우의 「용담유사」 등이 있으며, 동학가사는 민중의 힘을 결집시킨 구국과 개혁의 사회적 이념이 자생적 근대 지향을 보인다는 점에서 그 의의가 크다.

④ **유교가사 대표작**
이태일의 「오도가」 등이 있다.

(5) 개화가사

개화기에 창작된 분연체의 가사로 한국 시가 사상 최초로 형성된 근대적 양식이라 할 수 있다. 그러나 어투가 지나치게 직설적이고, 작자가 비전문가이며 이름이 전하지 않는 경우가 많다는 점에서 과도기적 성격을 지닌다. 또한 대개 발표매체가 일간지였기 때문에 시사성을 띠는 작품이 많다. 개화가사는 1890년대 중반 경 창가가 나타나자 결국 맥이 끊어지게 되었다.

① **계몽적 개화사상**
   ㉠ 주된 내용 및 주제 : 서구와 일본을 문명개화의 모범으로 삼고 위로부터의 개혁을 주장했다.
   ㉡ 주요 작품 : 「애국가」, 「동심가」, 「성몽가」 등
② **신문화 수용 비판**
   ㉠ 주된 내용 및 주제 : 제국주의에 반대하며 밑으로부터의 개혁을 주장했다.
   ㉡ 주요 작품 : 「문일지십」, 「일망타진」, 「육축쟁공」 등

2 가사의 주요 작가와 작품

(1) 정극인의 「상춘곡」

> 紅塵(홍진)에 뭇친 분네, 이내 生涯(생애) 엇더ᄒᆞ고.
> 녯 사ᄅᆞᆷ 風流(풍류)ᄅᆞᆯ 미ᄎᆞᆯ가, 못 미ᄎᆞᆯ가.
> 天地間(천지간) 男子(남자) 몸이 날만ᄒᆞᆫ 이 하건마는,
> 山林(산림)에 뭇쳐 이셔 至樂(지락)을 ᄆᆞᄅᆞᆯ 것가.
> 數間茅屋(수간모옥)을 碧溪水(벽계수) 앎픠 두고,
> 松竹(송죽) 鬱鬱裏(울울리)예 風月主人(풍월주인) 되어셔라.
> 엇그제 겨을 지나 새봄이 도라오니,
> 桃花杏花(도화행화)는 夕陽裏(석양리)예 퓌여 잇고,
> 綠楊芳草(녹양방초)는 細雨中(세우중)에 프르도다.
> 칼로 몰아 낸가, 붓으로 그려 낸가.
> 造化神功(조화신공)이 物物(물물)마다 헌ᄉᆞ롭다.
> 수풀에 우는 새는 春氣(춘기)ᄅᆞᆯ ᄆᆞᆺ내 계워 소리마다 嬌態(교태)로다.
> 物我一體(물아일체)어니 興(흥)이이 다롤소냐.
> 柴扉(시비)예 거러 보고 亭子(정자)애 안자 보니,
> 逍遙吟詠(소요음영)ᄒᆞ야 山日(산일)이 寂寂(적적)ᄒᆞᄃᆡ,
> 閑中眞味(한중진미)ᄅᆞᆯ 알 니 업시 호재로다.
> 이바 니웃드라 山水(산수) 구경 가쟈스라.
> 踏靑(답청)으란 오ᄂᆞᆯ ᄒᆞ고 浴沂(욕기)란 來日(내일) ᄒᆞ새.
> 아ᄎᆞᆷ에 採山(채산)ᄒᆞ고 나조ᄒᆡ 釣水(조수)ᄒᆞ새.
> ᄀᆞᆺ 괴여 닉은 술을 葛巾(갈건)으로 밧타 노코,
> 곳나모 가지 것거 수 노코 먹으리라.
> 和風(화풍)이 건둣부러 綠水(녹수)ᄅᆞᆯ 건너오니,
> 淸香(청향)은 잔에 지고 落紅(낙홍)은 옷새 진다.
> 樽中(준중)이 뷔엿거ᄃᆞᆫ 날ᄃᆞ려 알외여라.

> 小童(소동) 아히ᄃ려 酒家(주가)에 술을 믈어,
> 얼운은 막대 집고 아히ᄂ 술을 메고
> 微吟緩步(미음완보)ᄒ야 시냇ᄀ의 호자 안자,
> 明沙(명사) 조흔 믈에 잔 시어 부어 들고,
> 淸流(청류)룰 굽어보니 ᄯ오ᄂ니 桃花(도화)ㅣ로다.
> 武陵(무릉)이 갓갑도다. 져 ᄆ이 긘 거이고.
> 松間(송간) 細路(세로)에 杜鵑花(두견화)룰 부치 들고,
> 峰頭(봉두)에 급피 올나 구름 소긔 안자 보니,
> 千村萬落(천촌만락)이 곳곳이 버러 잇ᄂ.
> 煙霞日輝(연하일휘)ᄂ 錦繡(금수)룰 재펏ᄂ 닷,
> 엇그제 검은 들이 봄빗도 有餘(유여)ᄒ샤.
> 功名(공명)도 날 씌우고 富貴(부귀)도 날 씌우니,
> 淸風明月(청풍명월) 外(외)예 엇던 벗이 잇ᄉ올고.
> 簞瓢陋巷(단표누항)에 훗튼 혜음 아니 ᄒᄂ.
> 아모타 百年行樂(백년행락)이 이만ᄒᆫ둘 엇지ᄒ리.

① 조선 전기의 문신이었던 정극인의 문집 『불우헌곡』에 실린 가사로 봄 경치를 즐기는 즐거움과 자연에 묻혀 살며 안빈낙도하겠다는 결심을 나타낸 작품이다.
② 나옹화상의 「서왕가」와 이 작품 중 무엇을 가사문학의 효시로 볼 것인가에 대한 논란이 있다.
③ 이 작품은 자연에 묻혀 사는 즐거움을 노래하는 은일가사의 첫 작품으로 여겨진다.

(2) 정철의 「사미인곡」[1]

> 이 몸 삼기실 제 님을 조차 삼기시니,
> ᄒᆞᆼ싱 緣分(연분)이며 하ᄂᆞᆯ 모롤 일이런가.
> 나 ᄒ나 졈어 잇고 님 ᄒ나 날 괴시니,
> 이 ᄆᆞ음 이 ᄉᆞ랑 견졸 ᄃᆡ 노여 업다.
> 平生(평생)애 願(원)ᄒ요ᄃᆡ ᄒᆞᄃᆡ 녜쟈 ᄒ얏더니,
> 늙거야 므ᄉ 일로 외오 두고 글이ᄂ고.
> 엇그제 님을 뫼셔 廣寒殿(광한전)의 올낫더니,
> 그더듸 엇디ᄒ야 下界(하계)예 ᄂ려오니,
> 올 적의 비슨 머리 얼키연디 三年(삼년)이라.
> 臙脂粉(연지분) 잇ᄂ마는 눌 위ᄒ야 고이 홀고.
> ᄆᆞ음의 미친 설음 疊疊(텹텹)이 ᄡᅡ여 이셔,
> 짓ᄂ니 한숨이오 디나니 눈믈이라.
> 人生(인생)은 有限(유한)ᄒᆞᄃᆡ 시롬도 그지업다.
> 無心(무심)ᄒᆞᆫ 歲月(셰월)은 믈 흐르듯 ᄒᆞᄂ고야.

---

[1] [네이버 지식백과] 사미인곡 (배규범·주옥파, 외국인을 위한 한국고전문학사, 도서출판 하우, 2010. 1. 29.)

炎凉(염냥)이 째를 아라 가는 둣 고텨 오니,
듯거니 보거니 늣길 일도 하도 할샤.

(중략)

ᄒᆞᄅᆞ도 열두째 ᄒᆞᆫ둘도 셜흔날
져근덧 싱각마라 이시롬 닛쟈ᄒᆞ니
ᄆᆞ음의 미쳐이셔 骨髓(골수)의 쎄터시니
扁鵲(편작)이 열히오다 이 병을 엇디ᄒᆞ리
어와 내병이야 이 님의 타시로다
ᄎᆞ하리 싀어지여 범나븨 되오리라.
곳나모 가지마다 간ᄃᆡ 죡죡 안니다가
향므틴 놀애로 님므이 오시올므리라
님이야 날인줄 모ᄅᆞ셔도
내 님 죠ᄎᆞ려 ᄒᆞ노라

① 정철이 50세에 조정에서 물러나 고향인 전남 창평에서 은거하며(1585~1589년) 지은 가사 작품이다.
② 전 63행 126구로 지었으며 임과 이별한 여인이 임을 그리워하는 내용에 빗대어 임금을 사랑하는 마음을 담아내었다.
③ 서사, 본사, 결사의 3단 구성이며 본사는 계절의 흐름에 따라 서술되어 있다.
④ 충신연군지사의 대표적인 작품으로 여겨진다.

(3) 박인로의 「누항사」

어리고 迂闊(우활)ᄒᆞ산 이 닉 우희 더니 업다.
吉凶禍福(길흉화복)을 하날긔 부쳐 두고
陋巷(누항) 깁푼 곳의 草幕(초막)을 지어 두고
風朝雨夕(풍조우석)에 석은 딥히 섭히 되야
셔 홉 밥 닷 홉 粥(죽)에 煙氣(연기)도 하도 할샤.
설데인 熟冷(숙냉)애 뷘 ᄇᆡ 쇡일 ᄲᅮᆫ이로다
生涯(생애) 이러ᄒᆞ다 丈夫(장부) ᄯᅳᆺ을 옴길년가
安貧(안빈) 一念(일념)을 적을망졍 품고이셔
隨宜(수의)로 살려ᄒᆞ니 날로조차 齟齬(저어)ᄒᆞ다

(중략)

無狀(무상)ᄒᆞᆫ 이 몸애 무슨 志趣(지취) 이스리마는
두세 이렁 밧논을 다 무겨 더뎌 두고

> 이시면 粥(죽)이오 업시면 굴물망졍
> 남의 집 남의 거슨 젼혀 부러 말럇스라
> 닉 貧賤(빈쳔) 슬히 너겨 손을 헤다 물너가며
> 남의 富貴(부귀) 불리 너겨 손을 치다 나아오랴
> 人間(인간) 어닉 일이 命(명)밧긔 삼겨시리
> 貧而(빈이) 無怨(무원)을 어렵다 ᄒ건마ᄂᆞᆫ
> 닉 生涯(생애) 이러호되 셜온 ᄯᅳᆺ은 업노왜라
> 簞食瓢飮(단식표음)을 이도 足(족)히 너기로라
> 平生(평생) 호 ᄯᅳᆺ이 溫飽(온포)애ᄂᆞᆫ 업노왜라
> 太平(태평) 天下(천하)애 忠孝(충효)를 일을 삼아
> 和兄弟(화형제) 信朋友(신붕우) 외다ᄒ리 뉘이시리
> 그 밧긔 남은 일이야 삼긴디로 살렷노라

① 조선 선조 때의 문인이자 무인이었던 박인로가 지은 가사이다.
② 궁핍한 생활에도 불구하고 자연을 벗 삼아 안빈낙도하고자 하는 사대부의 이상을 노래했다.
③ 저자가 임진왜란이 끝난 후 고향에 내려가 살고 있을 때 친구인 이덕형이 찾아와 두메산골에서 사는 생활의 어려움을 물은 것에 대한 답으로 지은 것이라 한다.
④ 작품의 제목인 '누항'은 '더러운 거리'라는 뜻으로, 조선 전기 가사들이 노래한 강호가도와 달리 임진왜란 이후 현실적 삶의 힘겨움을 대화체를 사용하여 생생하고 진솔하게 드러냈다는 점에서 **조선 후기 가사의 새로운 주제와 방향을 제시했다**는 평가를 받는다.

(4) 허난설헌의 「규원가」

> 엇그제 져멋더니 ᄒᆞ마 어이 다 늙거니
> 少年行樂(소년행락) 싱각ᄒ니 닐너도 속졀업다
> 늙거야 셜운 말솜 ᄒ쟈 ᄒ니 목이 멘다
> 父生母育(부생모육) 辛苦(신고)ᄒ여 이 내 몸 길너 낼 제
> 公侯配匹(공후배필) 못 ᄇ라도 君子好逑(군자호구) 願(원)ᄒ더니
> 三生(삼생)의 怨業(원업)이오 月下(월하)의 緣分(연분)으로
> 長安遊俠(장안유협) 輕薄子(경박자)를 쑴ᄀᆞ치 만나 이셔
> 常時(상시)의 用心(용심)ᄒ기 살얼음 드듸ᄂᆞᆫ 듯
> 三五二八(삼오이팔) 겨유 지나 天然麗質(천연여질) 졀노 이니
> 이 얼골 이 ᄐᆡ도로 百年期約(백년기약) ᄒ엿더니
> 年光(연광)이 俶忽(숙홀)ᄒ고 造物(조물)이 多猜(다시)ᄒ여
> 봄ᄇᆞ람 가을 들이 뵈오리의 북 지나듯
> 雪鬢花顔(설빈화안) 어ᄃᆡ 가고 面目可憎(면목가증) 되거고나
> 내 얼골 내 보거니 어닉 님이 날 괼소냐
> 스스로 慙愧(참괴)ᄒ니 누구를 怨望(원망)ᄒ랴

(중략)

출하리 좀을 드러 쑴의나 보려 ᄒᆞ니
ᄇᆞ람의 지는 닙과 플 속의 우는 즘싱
므슴 일 怨讐(원수)로셔 좀조차 ᄭᅢ오는다
天上(천상)의 牽牛織女(견우직녀) 銀河水(은하수) 막혀셔도
七月七夕(칠월칠석) 一年一度(일년일도) 失期(실기)치 아니커든
우리 님 가신 後(후)는 므슴 弱水(약수) ᄀᆞ렷관ᄃᆡ
오거니 가거니 消息(소식)조차 그첫는고
欄干(난간)의 비겨 셔셔 님 가신 ᄃᆡ ᄇᆞ라보니
草露(초로)는 ᄆᆡ쳐 잇고 暮雲(모운)이 지나갈 제
竹林(죽림) 프른 곳의 새소리 더옥 셟다
世上(세상)의 셜운 사름 數(수) 업다 ᄒᆞ려니와
薄命(박명)ᄒᆞᆫ 紅顔(홍안)이야 날 ᄀᆞᄐᆞ니 또 이실가
아마도 이 임의 지위로 살동말동 ᄒᆞ여라

① 조선 중기의 여류 시인이었던 허난설헌(1563~1589년)의 작품이다.
② 봉건 사회 속에서 무책임한 가장으로 인해 고통받는 여성의 한과 삶을 나타낸 규방가사이다.
③ 현재까지 남아있는 규방가사 중 가장 오래된 작품이다.

제8편 | 실전예상문제

01 가사는 내용적으로는 느낌이나 생각, 체험 등을 서술한다는 점에서 산문의 성격을 지니고, 일정한 율격을 지니고 있다는 점에서는 운문의 성격을 지닌다.

01 다음 중 가사에 대한 설명으로 옳지 않은 것은?
① 가사는 고려 말에 발생하여 조선시대까지 이어져 왔다.
② 가사는 장가라고 부르기도 한다.
③ 가사는 운문과 산문의 성격을 모두 지녔다.
④ 가사는 내용적으로 운문, 형식적으로 산문의 성격을 지닌다.

02 가사의 기원에 관해서는 경기체가, 시조, 악장 기원설 이외에 한시 현토체, 교술민요, 신라가요, 불교계 가요 발생설이 있다.

02 가사의 기원에 대한 견해가 아닌 것은?
① 가사는 경기체가로부터 이어진 장르이다.
② 가사는 시조에서 확장된 형식이다.
③ 가사는 악장에서 발생하였다.
④ 가사는 무가에서 발생하였다.

03 향유층을 근거로 보는 것은 가사가 악장에서 발생했다고 보는 입장이다. 가사와 시조 모두 4음보라는 점을 근거로 시조 발생설이 제시되긴 했지만, 시조와 가사는 길이 및 다른 형식적인 면에서도 차이가 있다.

03 다음 중 가사가 시조에서 발생했다고 보는 근거로 적절한 것은?
① 가사의 율격과 시조의 율격은 모두 4음보로 같다.
② 가사의 향유층이 신흥사대부와 양반 계층이다.
③ 모든 문학은 시조에서 발생한 것이다.
④ 시조의 내용을 좀 더 늘린 것이 가사이다.

정답 01 ④ 02 ④ 03 ①

04 다음 중 가사가 시조에서 발생했다고 보았을 때 생기는 문제점이 아닌 것은?

① 가사의 효시가 고려 말 나옹화상의 작품이라고 본다면 시조와 가사의 발생 시기가 비슷하게 된다.
② 시조의 길이가 늘어난 형태로 사설시조가 있다.
③ 가사와 시조는 서로 음보가 다르다.
④ 정형시인 시조가 형성되자마자 가사의 형식으로 바뀌게 된 까닭이 설명되지 않는다.

04 시조와 가사는 모두 4음보의 율격을 지닌다.

05 가사의 효시와 관련하여 논란이 되는 작품 두 개는?

① 나옹화상의 「서왕가」와 정철의 「관동별곡」
② 정극인의 「상춘곡」과 송순의 「면앙정가」
③ 정철의 「사미인곡」과 조위의 「만분가」
④ 정극인의 「상춘곡」과 나옹화상의 「서왕가」

05 조선 성종 때 정극인의 「상춘곡」과 고려 말의 선승 나옹화상의 「서왕가」는 가사문학의 효시 자리를 놓고 논란이 있었다. 최근에는 나옹화상의 「서왕가」를 가사의 효시로 보는 쪽으로 정리되고 있다.

06 다음 중 가사의 형식에 대한 설명으로 잘못된 것은?

① 대개 4음보로 이루어져 있다.
② 비연시가 대부분이다.
③ 의미상 2음보씩 짝을 이루는 경우가 많다.
④ 정격가사와 변격가사로 구분하는 기준은 첫 시작 구절이 3글자인가 하는 점이다.

06 마지막 행이 첫 3글자로 시작하는 형식을 가졌으면 정격가사, 그렇지 않으면 변격가사로 구분한다.

정답 04 ③ 05 ④ 06 ④

07 조선 전기 사대부들은 한자를 사용하여 글자 수를 줄일 수 있었다. 그러나 서민가사, 내방가사는 우리말로 지어진 경우가 많았고, 가사를 읊는 경우가 많았기 때문에 보다 안정된 음수율이 필요했다.

07 다음 중 가사의 형식에 대한 설명으로 옳은 것은?
① 대개 3음보이다.
② 조선 전기 사대부가 쓴 가사들은 3·4조가 많고, 조선 후기에 들어 창작된 서민가사, 내방가사는 4·4조가 많다.
③ 한시의 형식과 유사한 점이 많다.
④ 대부분이 분연체이다.

08 가사의 길이는 다양하다. 한시의 절구(4줄), 율시(8줄)처럼 행의 수가 일정하다면 분량을 기준으로 나눌 수 있겠으나 가사의 경우 정해진 분량 없이 작품마다 다르다.

08 다음 중 가사를 분류하는 기준이 될 수 없는 것은?
① 작자층
② 작품에 담겨진 사상
③ 분량
④ 소재

09 주로 조선 전기에 안정된 사회를 바탕으로 사대부들이 자연 속에서 유유자적하며 자연을 관조하고 자연과의 합일을 주제로 쓴 작품들에는 제시된 보기뿐만 아니라 정철의 「성산별곡」, 허강의 「서호별곡」 등이 있다. 이원익이 쓴 「고공답주인가」는 허전의 「고공가」에 답하는 노래로, 한 국가의 살림살이를 농사짓는 주인과 종의 관계에 빗대어 제시한 것이다.

09 다음 중 강호에서의 유유자적한 삶을 노래한 가사 작품이 아닌 것은?
① 정극인, 「상춘곡」
② 송순, 「면앙정가」
③ 정철, 「성산별곡」
④ 이원익, 「고공답주인가」

10 사대부가사에서는 강호생활, 연군과 유배, 유교이념과 교훈, 기행, 전란의 현실과 비분강개 등의 내용을 찾아볼 수 있다. 그러나 장수축원은 규방가사에서 다루었던 내용이다.

10 다음 중 사대부들이 가사에서 다루었던 주제가 아닌 것은?
① 안빈낙도
② 장수축원
③ 우국지정
④ 연군지정

정답 07 ② 08 ③ 09 ④ 10 ②

11 다음 중 전란을 배경으로 한 가사가 아닌 것은?
① 「역대전리가」
② 「남정가」
③ 「태평사」
④ 「선상탄」

11 「역대전리가」는 신득청이 지은 것으로 중국의 역사를 통해 군주가 스스로 경계하도록 하기 위하여 지은 것이다. 양사준의 「남정가」는 을묘왜변 때 왜구와 싸워 이긴 것을 읊은 것이고, 「태평사」는 박인로가 왜적을 막고 있을 때 수군을 위로하기 위해 지은 것이다. 「선상탄」 역시 박인로가 전쟁의 비애와 평화를 추구하는 심정을 노래한 작품이다.

12 다음 중 작가가 일본을 기행하고 와서 지은 가사는?
① 정철, 「관동별곡」
② 유인목, 「북행가」
③ 김인겸, 「일동장유가」
④ 홍순학, 「연행가」

12 「일동장유가」는 김인겸이 조선 영조 때 일본 통신사를 수행하면서 지은 기행가사이다.

13 다음 중 규방가사 작품이 아닌 것은 무엇인가?
① 「모하당술회가」
② 「복선화음가」
③ 「계녀가」
④ 「한별곡」

13 규방가사는 부녀자들이 지은 것이다. 「모하당술회가」는 임진왜란 때 한국에 귀화한 일본인인 김충선이 지은 것으로 김충선은 비록 일본인이었으나 조선시대에 무신으로 활약했다.

14 다음 중 여행의 즐거움을 주제로 한 규방가사가 아닌 것은?
① 「관동팔경유람기」
② 「화전가」
③ 「수연가」
④ 「부여노정기」

14 「수연가」는 규방가사이기는 하지만 송축류에 해당하는 작품이다.

정답 11 ① 12 ③ 13 ① 14 ③

15 서민가사의 작자층은 서민뿐만 아니라 향촌의 몰락 사족층을 모두 포괄한다.

16 종교가사에는 불교가사, 천주교가사, 동학가사, 유교가사 등 다양한 종교의 가사가 전해진다.

17 개화가사는 주로 분연체로 되어 있다.

18 「애국가」, 「동심가」, 「성몽가」는 개화사상을 주제로 한 것인 반면, 「문일지십」은 신문화수용을 비판하는 내용을 담은 작품이다.

15 다음 중 서민가사에 대한 설명으로 적절하지 <u>않은</u> 것은?

① 일상 속에서 체험하고 느낀 것을 소재로 삼는 경우가 많다.
② 서민가사는 민요적인 성격을 띠며 작자를 알 수 없는 경우가 많다.
③ 현실을 비판하고 풍자하는 내용이 많다.
④ 서민들이 지은 것만 서민가사로 분류한다.

16 다음 중 종교가사에 대한 설명으로 <u>틀린</u> 것은?

① 불교가사의 대표작으로는 서산대사 휴정의 「회심곡」이 있다.
② 종교가사는 개화기에 새로 전파되기 시작한 천주교가사밖에 없었다.
③ 천주교가사의 경우 포교를 위한 교리 소개 정도에 머무는 한계를 보인다.
④ 최제우의 「용담유사」는 근대지향적인 내용을 보여준다.

17 개화가사에 대한 설명으로 적절하지 <u>않은</u> 것은?

① 개화가사는 주로 연 구분이 이루어져 있지 않다.
② 개화가사는 개화기의 변화된 사회상을 배경으로 개화와 관련된 문제를 담고 있다.
③ 개화가사는 발표매체의 영향으로 대부분 시사성을 띠었다.
④ 창가의 등장과 함께 맥이 끊기게 되었다.

18 다음 중 주제가 나머지 셋과 <u>다른</u> 개화가사는?

① 「애국가」
② 「동심가」
③ 「성몽가」
④ 「문일지십」

정답 15 ④ 16 ② 17 ① 18 ④

19 다음 설명에 해당하지 않는 가사는 무엇인가?

- 종교의 포교를 목적으로 종교의 교리를 주된 내용으로 지었다.
- 국문가사가 많이 지어졌다.

① 천주교가사
② 불교가사
③ 유교가사
④ 천도교가사

19 유교가사는 포교의 목적이 아니라 유학 이념을 드러내고 고취시키기 위한 것으로 학문적 성격을 띤다. 이러한 이유로 유교가사는 종교가사에 포함시키지 말아야 한다고 보는 견해도 있다.

20 다음 중 현실의 모순을 비판하는 내용의 가사 작품이 아닌 것은?

① 「갑민가」
② 「거창가」
③ 「민원가」
④ 「김씨계녀사」

20 서민가사는 비참한 현실의 모습을 묘사하고 비판하는 작품이 많다. 그러나 「김씨계녀사」는 규방가사로 사대부의 부녀자들에게 시집살이의 규범을 가르치는 내용을 담고 있다.

21 다음 중 유배가사에 대한 설명으로 적절하지 않은 것은?

① 연군가사와 주제가 겹치는 경우가 많다.
② 조위의 「만분가」, 이긍익의 「죽창곡」, 송주석의 「북관곡」 등이 있다.
③ 아름다운 자연경치에 대한 예찬의 내용은 찾아볼 수 없다.
④ 유배지에서 겪는 고난의 생활모습을 기술하는 내용도 있다.

21 유배가사에는 유배지로 가는 도중 혹은 유배지의 아름다운 경치를 찬미하는 내용이 나타나기도 한다.

정답 19 ③ 20 ④ 21 ③

22 백광홍은 관서지방을 둘러본 뒤 기행가사의 효시로 알려진 「관서별곡」을 지었다. 이후 정철이 「관동별곡」을 지었는데 두 작품은 표현, 구성, 리듬 등이 전반적으로 비슷하여 정철이 「관서별곡」의 영향을 받아 「관동별곡」을 지었을 것으로 추측한다.

22 다음 중 작가와 작품의 연결이 **잘못된** 것은?

① 정철 – 「사미인곡」
② 백광홍 – 「관동별곡」
③ 정극인 – 「상춘곡」
④ 송순 – 「면앙정가」

23 유배가사는 유배지에서 간신배에 둘러싸인 임금을 걱정하는 내용이 포함된 경우가 많아서 내용상 연군가사로도 볼 수 있는 경우가 많다.

23 다음 중 연군가사에 대한 설명으로 **잘못된** 것은?

① 연군가사의 대표적인 작품으로는 정철의 「사미인곡」이 있다.
② 임금을 사랑하는 임에 빗대어 임금에 대한 그리움과 사랑을 토로한다.
③ 연군의 내용은 가사뿐만 아니라 시조에서도 볼 수 있다.
④ 유배가사와 연군가사는 이질적인 내용을 담고 있다.

24 내방가사라고도 불리는 규방가사에 대한 설명이다. 작자는 미상이거나 성씨 정도만 알려졌으며, 「계녀가」라는 제목으로 여러 지역에서 지어진 700여 편의 작품이 남아있다.

24 다음 설명에 해당하는 가사는 무엇인가?

- 작자는 미상인 경우가 많다.
- 내용은 약간씩 다르지만 제목이 같은 작품이 여러 지역에서 수백 편 지어지기도 했다.
- 훈계, 탄식, 송축, 풍류 등 다양한 내용을 주제로 한다.

① 서민가사
② 규방가사
③ 종교가사
④ 개화가사

정답 22 ② 23 ④ 24 ②

제 9 편

민요

제1장	민요의 개념과 형식
제2장	민요의 기능과 갈래
제3장	민요의 작품 세계
실전예상문제	

| 단원 개요 |

민요는 음악적, 문학적, 민속적인 면을 모두 갖춘 장르이다. 따라서 민요에 대해 이해하려면 이러한 요소를 종합적으로 고찰하는 것이 필요하다. 이 단원에서는 민요의 가사가 지니는 문학적 측면에 초점을 맞춰 민요의 개념과 형식, 기능 등을 살펴봄으로써 민요의 전반적인 문학적 특질을 파악한다.

| 출제 경향 및 수험 대책 |

이 단원에서는 민요의 개념, 기능, 지역에 따른 형식상·내용상 특징 등이 출제될 수 있으므로 이에 대한 꼼꼼한 확인이 필요하다.

제 1 장 민요의 개념과 형식

1 민요의 개념

민요는 **민중의 노래**를 말한다. 여기서 민중은 근대 이전 사회에서는 백성, 평민, 서민 등의 피지배 계급에 해당하며, '민중'이라는 말은 현대적 개념이라 할 수 있다. 그러므로 민요는 전통 사회의 피지배 계급이 불러 온 노래를 말한다고 할 수 있다. 피지배 계급이라는 계급성을 바탕으로 하므로 민요는 궁중가요 및 상층 가요의 상대적 개념이 되는 하층 가요이다.

이 민중의 노래는 **구비 전승**된다는 점에서 무가, 판소리, 잡가와 동일하지만 부르는 사람이 전문 창자가 아니며, 일정한 곡조나 창법에 얽매이지 않고 **자유롭게 불린다**는 점에서는 차이점이 있다.

또한 민요는 민중이 부르기만 한 게 아니라 민중에 의해 창작되기도 했다. 한 개인이 창작했다 하더라도 삶의 현장에서 필요에 따라 불리면서 민중의 공감을 받아야만 살아남을 수 있었다. 민중에 의해 불리는 과정에서 작자의 개성이나 특수성은 소멸된다. 또한 수많은 사람이 **공동의 작자**로 참여하게 되면서 민요의 작자는 결국 민중이 된다. 즉 민요의 창작자는 한 개인이 아니라 민중이라는 집단 전체이다.

민요는 민중이 만들고 민중이 부른다. 누군가에게 보이기 위한 것도 아니고, 누군가를 위해 봉사하려고 부르는 것도 아니다. 민요는 기본적으로 스스로 즐기고 만족하기 위해서 혹은 함께 즐기기 위해 부른다. 혼자 부를 수도 있지만, 여럿이 부를 때조차 청자와 창자가 따로 있는 게 아니라 메기고 받는 과정을 통해 누구라도 청자가 되기도 하고 창자가 되기도 한다. 이처럼 민요는 민중의 **기층적 삶과 깊게 연결**되어 민족적 고유성이 가장 두드러지게 나타나는 장르이다.

2 민요의 형식

민요의 형식은 민요 사설의 운율적인 면만이 아니라 가창 방식도 함께 살펴야 한다.

(1) 민요 사설의 형식 중요

① **음보 및 글자 수** : 4·4조의 4음보가 많다. 그러나 3음보(예 「아리랑」, 「한강수타령」)로 된 것도 있고, 2음보로 된 경우도 있다(예 「보리타작 노래」). 원래 3음보로 된 것이 많다가 조선시대에 들어 4음보가 주종을 이루게 되었다.

② **길이** : 가장 짧은 것으로는 총 2행짜리가 있고(예 「모내기노래」), 100행 이상 되는 긴 것들도 있다 (예 「베틀노래」 중의 긴 것, 「이사원네 맏딸애기」).

③ **연의 구분** : 짧은 민요 혹은 특히 긴 민요는 연 구분을 하지 않으나, 후렴이 있는 민요는 후렴을 경계로 연이 나뉜다. 연들은 서로 내용상 관련을 가지기도 하고, 거의 독립적일 수도 있다.

④ **구조** : 병렬구조, 반복구조, 대응구조가 쓰인다.

(2) 가창방식(歌唱方式)

① **선후창**

한 사람이 사설을 부르면 이어서 나머지 사람들이 후렴을 부르는 방식이다. 흔히 메기고 받는 형식이라 한다. 선창자는 사설의 가사를 마음대로 바꿀 수 있으며 후창자들을 이끄는 역할을 한다(예「논매기 노래」, 「상여 소리」).

② **교환창**

선창자와 후창자의 두 패로 나누어 부르는 방식으로 후렴이 따로 없다.

㉠ 사설 분담식 교환창 : 하나의 사설을 양분하여 선창과 후창이 각 한 행씩 부른다. 선창에 따라 후창이 결정되므로 후창자는 선창을 고려하여 대구나 문답 관계에 있는 사설을 부를 수밖에 없다.

㉡ 사설 전담식 교환창 : 선창과 후창의 내용이 전혀 상관없이 서로 다른 사설을 번갈아 부른다. 사설 전체를 교환할 수도 있고 부분적으로만 교환할 수도 있다(예「모내기 노래」, 「놋다리 밟기」).

③ **제창**

여러 사람이 함께 부르는 방식이다. 사설이 임의로 변형될 수 없다.

④ **독창**

혼자 부르는 방식으로, 후렴이 있기도 하고 없기도 하다. 또한 독창으로 부르다가 선후창이나 제창으로 바뀌기도 한다(예「아리랑」, 「어랑타령」).

(3) 관용적 표현의 사용

거의 같거나 똑같은 구절(관용적 표현)이 한 민요에서 거듭되거나, 또는 여러 민요에서 두루 나타나는 경우가 있다. 이로써 민요의 전승과 즉흥적 창작이 쉬워진다.

(4) 자유로운 형식

전체 길이 및 음보 구성에 규칙성이 없고 비교적 자유로운 형식도 있다.

3 민요의 특질

(1) 형식상 특질 중요

① 4·4조의 4음보가 많이 쓰인다.
② 관용구 혹은 애용구가 사용된다.
③ 음의 반복을 통해 운율감을 높였다.
④ 정형성을 띠면서도 가변적이다.

(2) 내용상 특질 중요

① 부녀자들의 삶의 애환을 노래한 것이 많다.
② 농업이 기본이 된 사회이므로, 농업과 관련된 노래가 많다.
③ 노동의 고통, 현실생활의 여러 갈등들을 있는 그대로 표현하기보다 익살과 해학을 통해 우회적으로 표현하는 노래가 많다.
④ 지배층과 남성에 대한 순종적 태도를 보이는 노래가 많다.
⑤ 현실의 불합리함에 대해 문제의식을 갖고 직접적 혹은 풍자적으로 비판하는 노래가 많다.

제2장 민요의 기능과 갈래

1 민요의 기능

민요는 창작 분야의 비전문가인 민중이 삶의 필요에 따라 불러온 노래이기 때문에 **기능적인 면**이 두드러진다. 일을 할 때, 의식을 치를 때, 놀이를 할 때와 같이 생활과 직접적으로 맞물려 **생활에 필요한 바를 충족시키는 것**이 민요의 주된 기능이다. 민요의 기능은 좀 더 구체적으로 다음과 같이 4가지로 나눠 볼 수 있다.

(1) 노동적 기능 중요

민요의 발생이 노동요였다고 보는 학자가 있을 정도로 노동적 기능은 민요의 매우 중요한 기능이다. 집단 노동에서 불리는 민요는 일하는 순서와 절차에 따라 방법을 지시하고 질서를 바로잡기도 하며 일꾼들을 격려하고 소망을 기원하기도 한다.
예 「모심기 소리」, 「김매기 소리」, 「노 젓는 소리」, 「배치기 소리」 등

(2) 의식적 기능

세시민속, 통과의례, 신앙행위 등을 할 때 부른 민요로 주술적, 종교적 성격을 지니는 경우가 많다. 또한 어떤 의식을 진행하는 순서에 맞춰 사설을 구성함으로써 순서에 따른 의식을 돕는 경우도 있다. 노래가 의식을 수행하는 데 있어서 빠질 수 없는 중요한 부분이었다는 것을 짐작할 수 있다.
예 「영신가」, 「해가」, 「상여소리」, 「달구소리」, 「지신밟기」 등

(3) 유희적 기능

놀이는 노동으로 인해 지친 몸을 쉬게 함으로써 노동력을 재생산하는 과정으로서의 의미를 지닌다. 또한 놀이는 공동체 구성원 간의 화합을 도모하는 수단이 되기도 한다. 이러한 목적을 달성하기 위해 놀이를 할 때 노래를 부르는 것은 공동체 구성원 간의 갈등을 해소하고 화합을 다지는 데 크게 기여한다. 놀이는 어른만이 아니라 아이들도 즐기는 것이므로 유희요에는 동요도 있다.
예 「강강술래소리」 등

(4) 정치적 기능

정치현실에 직접적으로 참여할 기회를 가지기 어려웠던 민중들은 민요를 통해 의견제시를 하며, 지주와 양반들에 대한 반항심을 표현하고, 부당한 현실의 개선을 모색했으며, 잘못된 정치에 대한 비판의 소리를 냈다. 이러한 기능은 현대민요에서도 찾아볼 수 있다. 여기에 덧붙여 고대민요에는 예언, 여론 형성, 선전 선동의 기능도 있었다.
예 「목자요」, 「미나리요」 등

2 민요의 갈래

민요는 다양한 기준에 의해 여러 가지로 구별할 수 있는데, 일단 향토민요, 통속민요, 신민요로 대별할 수 있다.

이 중 향토민요는 전통 신분제 사회의 기층 민중이 부른 것으로, **일반적인 의미에서 민요는 향토민요를 가리킨다고 할 수 있다.**

통속민요는 19세기 말 신분 사회의 붕괴와 더불어 발생했다. 잡가를 부르던 전문 음악인들이 수요자들의 취향을 반영하여 민요풍의 노래를 만들거나 전승되던 민요를 다듬어 노래하면서 널리 향유하게 된 것이 통속민요이다. 경기도의 「창부타령」, 「방아타령」, 황해도의 「난봉가」와 「산염불」, 평안도의 「수심가」, 함경도의 「애원성」, 강원도의 「정선아리랑」, 경상도의 「쾌지나칭칭나네」, 「성주풀이」, 전라도의 「육자배기」, 「진도아리랑」, 제주도의 「오돌또기」, 「이야홍타령」과 같은 노래들이다.

한편 신민요는 일제강점기에 음반에 담아 판매할 목적으로 특정인에 의해 창작된 민요풍 노래를 말한다. 신민요는 일본식 음계를 사용하여 만들었다는 점에서 서양의 리듬을 사용하면서도 우리 노래의 특징을 살렸다는 점에서 의의가 있다.

이처럼 향토민요, 통속민요, 신민요는 발생 시기 및 창작의 주체 등에서 여러 차이가 있다. 이 중 민요의 분류는 대부분 향토민요를 대상으로 한 여러 시도가 있었는데, 그러한 시도들을 종합해 보면 다음과 같다.

(1) **기능별 분류** : 노동요, 의식요, 유희요

(2) **장르별 분류** : 서정민요, 서사민요, 희곡민요, 교술민요

(3) **시대별 분류** : 상고시대민요, 삼국시대민요, 고려시대민요, 조선시대민요, 근대민요, 현대민요

(4) **지역별 분류** : 각 도별 분류
   ① **경기민요** : 경기도와 충청도 일부 지역의 노래로, 맑고 부드러운 소리가 특징이며 세마치장단, 굿거리장단으로 경쾌한 느낌을 준다.
   ② **남도민요** : 계면조를 사용하여 비장한 느낌을 준다. 질적으로나 양적으로 수준이 높다.
   ③ **서도민요** : 황해도와 평안도 지역의 노래이다. 한스러운 느낌을 내기 위해 비통한 어조를 사용하는 등 다양한 창법을 구사한다.
   ④ **동부민요** : 경상도, 강원도, 함경도 지방의 노래이다. 경상도 민요는 빠른 장단을 사용하여 힘찬 느낌을 주는 한편, 강원도 민요는 메나리조라고 하는데 이는 염불듯 슬프게 이어지며 탄식하거나 애원하는 듯한 인상을 준다. 또한 함경도 민요는 대개 강원도 민요와 가락이 비슷하나 강원도 민요에 비해 빠르고 거세게 들린다.
   ⑤ **제주도 민요** : 한탄스러운 느낌을 푸념하듯 나타낸다.

(5) **창자별 분류** : 남요, 부요, 동요

(6) 율격별 분류 : 1음보격 민요, 2음보격 민요, 3음보격 민요, 4음보격 민요, 분연체 민요, 연속체 민요

(7) 가창방식별 분류 : 독창, 제창, 선후창, 교환창, 복창

(8) 창곡별 분류 : 가창민요, 음영민요

이 중 기능별 분류의 다양한 주제를 좀 더 자세히 나눠서 살펴보면 다음과 같다.

- 노동요 : 농업노동요, 수산업노동요, 임업노동요, 수공업노동요, 토건업노동요, 운반노동요, 가사노동요
- 의식요 : 세시의식요, 통과의식요, 신앙의식요
- 유희요 : 무용유희요, 경기유희요, 도구유희요, 언어유희요, 희롱유희요, 조형유희요

이 밖에 노동요를 집단이 부르느냐 개인이 부르느냐에 따라 분류하기도 하는데, 그중 개인노동요는 집 안에서 수공업으로 농사에 필요한 물건들을 만들거나 식생활에 관련된 일을 할 때 부르는 노래들이다. 이런 개인노동요는 흔히 여성들이 불렀다.

제 3 장 | 민요의 작품 세계

민요는 작품의 종류에 따라 다양한 내용을 지닌다. 민요의 종류를 구분하는 방식은 다양한데, 일정한 기능에 맞게 부르는 기능요와 단지 즐기기 위해 부르는 비기능요로 대별해 볼 수 있다. 이때 기능요는 노동요, 유희요, 의식요, 정치요로 다시 갈라진다. 각 종류의 특징을 보여주는 민요의 대표적인 예를 살펴보면 다음과 같다.

1 비기능요

(1) 특징
① 형식이 자유로운 편이다.
② 음악적·문학적인 면에서 기능요보다 정제되었다.
③ 주제는 주로 살면서 부딪치는 문제들과 관련된 소망, 괴로움, 슬픔, 기쁨 등이다.
④ 서정적 경향이 두드러진다.
⑤ 대표 작품으로는 「정선아리랑」, 「밀양아리랑」, 「진도아리랑」, 「시집살이 노래」 등이 있다.

(2) 작품 예시 : 「밀양아리랑」
① 가사[1]

> 1
> 날 좀 보소 날 좀 보소 날 좀 보소
> 동지 섣달 꽃 본 듯이 날 좀 보소
> (후렴) 아리 아리랑 쓰리 쓰리랑 아라리가 났네
> 아리랑 고개로 날 넘겨 주소
>
> 2
> 정든 님이 오셨는데 인사를 못 해
> 행주치마 입에 물고 입만 방긋
> (후렴) 아리 아리랑 쓰리 쓰리랑 아라리가 났네
> 아리랑 고개로 날 넘겨 주소
>
> 3
> 남천강 굽이쳐서 영남루를 감돌고
> 벽공에 걸린 달은 아랑각을 비추네
> (후렴) 아리 아리랑 쓰리 쓰리랑 아라리가 났네
> 아리랑 고개로 날 넘겨 주소

---
[1] [네이버 지식백과] 밀양아리랑 [한국민속문학사전(민요 편), 국립민속박물관]

> 4
> 영남루 명승을 찾아가니
> 아랑의 애화가 전해 있네
> (후렴) 아리 아리랑 쓰리 쓰리랑 아라리가 났네
> 아리랑 고개로 날 넘겨 주소

② 특징
　㉠ 「밀양아리랑」은 경상도의 대표적 민요 중 하나이지만 선율은 경기민요에 가깝다.
　㉡ 관련 설화가 전해오는데, 그 내용은 다음과 같다.2)

> 옛날 밀양 부사에게 아랑(阿娘)이라는 예쁜 딸이 있었는데 젊은 관노가 아랑을 사모해 아랑의 유모를 매수한 뒤 아랑을 영남루로 유인했다. 관노는 아랑에게 사랑을 호소했지만 아랑에게 거절당하자 그녀를 죽였다. 이에 밀양의 부녀자들은 아랑의 정절을 흠모하여 노래로써 찬미했다.

　㉢ 세마치 장단에 맞춰 부르는 흥겨운 노래로 전국적으로 사랑받았다.

2 기능요

(1) 노동요

① 특징
　㉠ 힘든 노동을 보다 즐겁게 함으로써 능률을 높이기 위해 부르는 노래이다.
　㉡ 일의 리듬에 따라 박자를 맞추어 행동을 통일함으로써 노동이 효과적으로 진행되게 하는 경우도 있고, 노동과 노래의 박자가 일치하지 않는 경우에는 함께 일하는 즐거움을 사설로 삼아 흥을 돋움으로써 지루함을 잊게 한다.
　㉢ 작업 중 노동요를 함께 부르며 공동체 의식을 다질 수 있었고 이는 결국 생산성 확대로 이어지는 효과를 낳았다.
　㉣ 기능요 중 가장 비중이 크며, 민요의 출발이 노동요라고 보는 견해가 일반적이다.
　㉤ 노동의 종류가 여러 사람의 동일한 작업을 요구하는 것인지 아닌지에 따라 사설은 없이 여음으로만 이루어진 「목도메기」와 경우도 있고, 사설과 여음이 함께 이루어진 경우도 있으며, 사설만으로 이루어진 경우도 있다. 또한 노동의 난이도에 따라 1·2음보의 간단한 형식인 경우도 있고, 완만한 동작일 경우 3·4음보로 이루어져 있다.
　㉥ 노동요는 노동에 종사하는 사람들의 자기표현 방식이라는 점에서 기층문화를 형성하였으며 이후 다른 민요 및 다른 시가를 산출하는 모체가 되었다.
　㉦ 대표적 작품 : 「보리타작」, 「모내기노래」, 「해녀노래」, 「베틀노래」 등

---

2) [네이버 지식백과] 밀양아리랑 (국악정보, 국립국악원)

② **작품 예시** : 「베틀노래」
  ㉠ 가사[3]

> 천상옥항에 노던 선녀 구름따라 내려가서
> 전후좌우를 둘러보니 옥 난간이 비었도다
> 잉에대는 삼 형제요 서침대는 형제로다
> 눌림대는 독신이요 세발개는 비개미는
> 양가에다 울을 두어 베대이라 놓인 양은
> 동수원에 수까치라 여기저기 놓여 있고
> 용두머리라 우는 양은 청천 하늘에 떼기러기
> 짝을 잃고 가는 길과 절기집이라 넘노는 양
>
> (중략)
>
> 우리 낭군 오시던가 오시기는 오시데만
> 안동판도 좋으련마는 칠성판에 누여 오데
> 뒷집이라 금성군네 우리 낭군 오시던가
> 오시기는 오시데만 안동판도 좋으련마는
> 칠성판에 뉘여 오네
>
> — 충북민요집

  ㉡ 특징
   ⓐ 베틀을 이용해 베를 짜며 부르는 여성 노동요로, 천상의 선녀가 지상에 내려와서 고통을 인내해 가며 정성껏 베를 짜 과거를 보러 서울 간 남편에게 도포를 지어 주고자 하지만 남편은 죽어서 집으로 돌아온다는 비극적 내용이다.
   ⓑ 베틀의 부분명칭이나 작업 과정 및 그 과정에서 이루어지는 소도구들의 움직임, 소리 등을 다른 것에 빗대어 표현한다.
   ⓒ 「베틀노래」의 사설은 전국에 비슷한 유형이 분포되어 있는데, 마지막 부분에 남편이 죽어서 돌아오는 내용을 담은 것은 평민 여성의 부정적인 세계관을 반영한 것이라고 할 수 있다.
   ⓓ 베틀 짜는 일은 오랜 시간을 요구하기 때문에 「베틀노래」는 길고, 그러다보니 서사적 요소가 많아 사설의 문학성이 두드러진다.

(2) **유희요**

① **특징**
  ㉠ 놀이에 박자를 맞추어 부르는 노래이다.
  ㉡ 유희요는 놀이를 질서 있게 진행시키고 놀이 자체를 흥겹게 하기 위해, 또는 승부에 이기기 위해 부른다.
  ㉢ 놀이의 종류, 방법 등 놀이의 성격이 다양하므로 이에 따라 유희요도 종류가 매우 많다.

---

[3] [네이버 지식백과] 베틀노래 [한국민속문학사전(민요 편), 국립민속박물관]

② 유희요는 크게 '세시유희요'와 '일상유희요'로 나눌 수 있고, '일상유희요'는 다시 놀이방식과 그 목적에 따라 '경기유희요', '조형유희요', '풍소유희요', '언어유희요', '가창유희요'로 나눌 수 있다.
③ 대표적 작품 : 「그네 뛰는 소리」, 「줄타기노래」, 「두꺼비집 짓는 소리」, 「처녀총각노래」, 「한글풀이노래」, 「창부타령」 등
② **작품 예시** : 「강강수월래」(또는 「강강술래」라고도 함)
㉠ 가사4)

> 술래술래 강강술래 강강술래
> 술래좋다 강강술래 강강술래
> 달떠온다 달떠온다 강강술래
> 동해동창 달떠온다 강강술래
> 팔월이라 한가위날 강강술래
> 술래술래 강강술래 강강술래
> 각시님네 놀음이라 강강술래
>
> (중략)
>
> 오동추야 달은밝고 강강술래
> 우리임생각 절로난다 강강술래
> 임아임아 노이나마라 강강술래
> 너줄라고 해온보신 강강술래
> 너안주고 누구를줄까 강강술래
>
> (중략)
>
> 술래술래 강강술래 강강술래
> 강강좋다 술래돈다 강강술래
> 앞에가는 군사들아 강강술래
> 발맞춰서 뛰어가세 강강술래
> 곁에사람 보기좋게 강강술래
> 먼데사람 듣기좋게 강강술래
> 억신억신 뛰어가세 강강술래
>
> (후략)

㉡ 특징
ⓐ 추석이나 정월 대보름 밤에 여자들이 손에 손을 잡고 원형을 만들어 돌면서 부르는 노래
ⓑ 주로 전라남도 해안 일대에서 불렸다.
ⓒ 한 명이 선창하면 나머지 무리가 '강강술래'라는 후렴구를 제창하는 형식인데, 느리게 노래를 부를 때는 '강강수월래'라고 발음된다. 처음에는 느리게 부르다가 점차 빠르게 부른다.

---
4) [네이버 지식백과] 강강술래 (한국학중앙연구원, 한국민족문화대백과)

ⓓ '강강수월래'를 한자로 쓰면 '强羌水越來'인데 이것은 '강한 오랑캐가 물을 건너온다.'는 뜻으로 해석된다. 이러한 해석은 이 노래의 기원과 관련된 것이다.
ⓔ 「강강수월래」의 기원에 대해서는 여러 가지 이야기가 전하는데 그 중 가장 대표적인 것은 다음과 같다.5)

> 임진왜란 때 이순신이 해남 우수영에 진을 치고 있을 때, 적군에 비하여 아군의 수가 매우 적었다. 그래서 이순신은 마을 부녀자들을 모아 남자 차림을 하게 하고, 옥매산(玉埋山) 허리를 빙빙 돌도록 했다. 바다에서 옥매산의 진영을 바라본 왜병은 이순신의 군사가 한없이 계속해서 행군하는 것으로 알고, 미리 겁을 먹고 달아났다고 한다.

ⓕ 이 밖에도 고대부터 내려온 달맞이 행사에서 기원한 것으로 보기도 한다.
ⓖ 선창자의 의도에 따라 노래를 부르며 노는 시간은 길 수도, 짧을 수도 있다.

(3) 의식요

① 특징
　㉠ 의식을 진행하는 과정에서 민중이 부르는 노래이다.
　㉡ 신을 섬기기 위한 여러 의식을 진행하는 과정에서 신을 위무하거나, 위협함으로써 인간의 안전을 확보하기 위해 불렀다.
　㉢ 의식의 진행 과정에서 필수적이다.
　㉣ 민요의 의식요에는 세시의식요와 장례의식요, 신앙의식요가 있다.
　㉤ 대표적 작품 : 「지신밟기노래」, 「상여소리」(「만가」), 「귀신 쫓는 소리」 등
② 작품 예시 : 「지신밟기노래」
　㉠ 가사6)

> 어허여루 지신아
> (풍물소리, 이하동일)
> 어허여루 성주님아 성주님본이 어데멘고
> 경상도 안동땅에 제비원이 본일레라
> 제비원에 솔씨받아 서말서되 받았더니
> 용문산 치치달라 아흔아홉골 던졌더니
> 그솔이 점점 자라나서 타박솔이 되었구나
> 타박솔이 자라나서 소부동이 되었구나
> 소부동이 자라나서 대부동이 되었구나
>
> (중략)

---

5) [네이버 지식백과] 강강술래 (한국학중앙연구원, 한국민족문화대백과)
6) [네이버 지식백과] 지신밟기 노래 (한국향토문화전자대전, 한국학중앙연구원)

앞집에 안대목아 뒷집에 김대목아
조선여덟도 도대목아 나무비로 가지시라

(중략)

집터없어 어이하노 집터구해러 가자시라
우두에 우풍수야 좌두에 좌풍수야 집터구해러 가자시라
우리서울 치치달라 서울삼각산 구경하고
강원도 들어가니 금강산이 상겼는데

(중략)

밀양땅을 둘러보니 종남산이 제일이다
이집터가 생길라꼬 종남산줄기로 흩어져서
학의머리 세를놓고 용의머리 집터닦아
집터우에 주초놓고 조초우에 기둥세워

(중략)

성주님 모셔다가 이집에다 좌정시키고

(중략)

성주님 요술로서 이집에라 대주양반 아들애기 놓거들랑
고이고이 잘길러서 글공부 잘시켜서
우리서울 가거들랑 검사판사를 다매련하고

(중략)

성주님 요술로서 눈크고 코큰놈도 저물알로 퇴송하고
재수사망 만복은 이집으로 다들오소 어허여루 지신아

ⓒ 특징
ⓐ 정월 대보름에 당제를 지내고 풍물패들이 풍물을 치며 각 집을 돌아다니는데 이때 부른 노래이다.
ⓑ 집안 곳곳을 돌아다니며 축원을 하는데 축원의 장소와 대상이 여럿이므로 지신밟기 노래도 여럿이다.
ⓒ 성주신을 축원하는 노래(성주풀이)와 액막이가 주된 내용을 이룬다.

(4) 정치요

① 특징
   ㉠ 한 시대의 상황과 민중의 정치의식을 드러내는 노래이다.
   ㉡ 시대적 상황이나 정치적 징후를 암시하는 '참요'와 한 지방의 풍속을 읊은 '풍요'가 있다.
   ㉢ 왕조의 변화나 민중 봉기 등의 주제를 가진다.
   ㉣ 대표적 작품 : 「계림요」, 「완산요」, 「목자요」, 「미나리요」, 「녹두새요」 등

② 작품 예시 : 「미나리요」
   ㉠ 가사[7]

> 미나리는 사철이요 장다리는 한철이요
> 메꽃 같은 우리 딸이 시집 삼 년 살더니
> 미나리꽃이 다 피었네

   ㉡ 특징
   ⓐ 조선 숙종 때 인현왕후가 폐위되고 장희빈이 권세를 잡은 무렵, 인현왕후가 복위할 것임을 예언하는 내용이다.
   ⓑ 가사에 나오는 '미나리'는 인현왕후, '장다리'는 장희빈을 뜻한다.

---

[7] [네이버 지식백과] 참요 (한국학중앙연구원, 한국민족문화대백과)

제9편 | 실전예상문제

01 민요는 누군가에게 보이려 하거나 누군가에게 봉사할 목적이 아니라 스스로 즐기고 만족하기 위해서, 혹은 함께 즐기기 위해 부른다.

01 다음 중 민요에 대한 설명으로 적절하지 않은 것은?
① 피지배 계급이 불러온 노래이다.
② 구비 전승된다.
③ 민중이 만들었다.
④ 공연을 목적으로 부른다.

02 민요는 민중들 사이에서 불리며 구전되는 노래이므로 기록 문학은 민요의 성격이라 할 수 없다. 한편 민요는 전문적인 창자가 아니라 서민들 사이에 불리는 것이므로 서민의 문학이라 할 수 있고, 구비전승되면서 끊임없이 재창조된다는 점에서 개방적이다. 또한 민요는 민중의 생활과 깊은 관련을 갖고 일정한 기능을 담당하기도 한다는 점에서 생활의 문학이라 할 수 있다.

02 민요의 성격에 해당하지 않는 것은 무엇인가?
① 서민의 문학
② 개방적 문학
③ 기록 문학
④ 생활의 문학

03 민요의 기능으로는 노동적 기능, 의식적 기능, 유희적 기능, 정치적 기능이 있다.

03 다음 중 민요의 기능에 해당하지 않는 것은?
① 교훈적 기능
② 의식적 기능
③ 유희적 기능
④ 정치적 기능

정답 01 ④ 02 ③ 03 ①

04 다음 중 민요의 기능과 그러한 기능을 잘 보여주는 민요의 사례가 **잘못** 연결된 것은?

① 노동적 기능 - 「배치기 소리」
② 의식적 기능 - 「영신가」
③ 유희적 기능 - 「강강술래소리」
④ 정치적 기능 - 「해가」

04 「해가」는 제의적인 성격을 지닌 민요로 민요가 의식적 기능을 담당했음을 보여주는 사례로 적절하다. 정치적 기능을 보여주는 민요에는 「목자요」, 「미나리요」 등이 있다.

05 다음 중 노동요에 대한 설명으로 적절하지 <u>않은</u> 것은?

① 민요가 노동요에서 출발했다고 보는 견해가 있다.
② 집단 노동에서 불리는 노동요의 경우 질서를 바로잡는 역할도 한다.
③ 노동요였던 것이 일상생활에서 불리게 되어도 노동요로 본다.
④ 노동과 상관없는 내용이어도 노동할 때 불리면 노동요라 한다.

05 노동요는 일을 하면서 부르는 노래이므로 노동할 때 부르는 게 아닌 경우 노동요라 할 수 없다.

06 의식요에 대한 다음 설명 중 적절하지 <u>않은</u> 것은?

① 세시민속, 통과의례, 신앙행위 등을 할 때 승려나 무당 등이 부른 노래이다.
② 주술적, 종교적 성격을 지닌다.
③ 사설이 의식의 진행 순서를 담고 있기도 하다.
④ 기원의식요, 벽사의식요, 통과의식요가 있다.

06 의식요는 민중들이 의식을 행할 때 부르는 민요이다. 따라서 승려나 무당과 같은 전문적인 창자가 부르는 것은 의식요가 아니다.

정답 04 ④ 05 ③ 06 ①

07 향토민요는 전통 신분제 사회의 기층 민중이 부른 것, 통속민요는 19세기 말에 전문 음악인들에 의해 불린 것, 신민요는 일제강점기에 특정인에 의해 불려 음반으로 판매되었던 것을 의미하다. '기능요'는 노동, 의식, 유희의 현장에서 부르는 민요로, 향토민요, 통속민요, 신민요와는 민요를 분류하는 범주가 다르다.

08 「육자배기」는 전라도의 대표적인 노래이다. 경상도의 대표적인 민요에는 「쾌지나칭칭나네」, 「성주풀이」 등이 있다.

09 기능에 따라 민요는 노동요, 의식요, 유희요로 나뉜다. 동요는 유희요에 해당한다.

10 '가사유희요'라는 명칭은 없고 '가사노동요'로 노동요의 주제별 분류에 해당한다.

07 다음 민요를 크게 분류했을 때 범주가 다른 갈래는 무엇인가?
① 향토민요
② 기능요
③ 통속민요
④ 신민요

08 다음 중 통속민요의 지역과 대표적인 노래가 잘못 짝지어진 것은?
① 경기도 – 「방아타령」
② 황해도 – 「난봉가」
③ 평안도 – 「수심가」
④ 경상도 – 「육자배기」

09 다음 중 향토민요를 기능에 따라 분류한 것으로 적절하지 않은 것은?
① 노동요
② 의식요
③ 동요
④ 유희요

10 다음 중 유희요의 주제가 아닌 것은 무엇인가?
① 무용유희요
② 경기유희요
③ 언어유희요
④ 가사유희요

정답 07 ② 08 ④ 09 ③ 10 ④

11 다음 중 노동요에 대한 설명으로 적절하지 <u>않은</u> 것은?

① 노동요에는 농업노동요, 수산업노동요, 임업노동요, 수공업노동요, 토건업노동요, 운반노동요, 가사노동요가 있다.
② 노동요는 집단이 부르는지 개인이 부르는지에 따라 구분하기도 한다.
③ 개인노동요는 흔히 남성이 불렀다.
④ 개인노동요는 주로 집 안에서 수공업으로 물건을 만들거나 식생활 관련 일을 할 때 불렀다.

11 개인노동요는 주로 여성이 불렀다.

12 민요의 형식에 대한 설명으로 적절하지 <u>않은</u> 것은?

① 4음보가 많다.
② 길이는 2행 정도로 짧은 것도 있고 100행 이상 되는 긴 것도 있다.
③ 후렴이 있는 것도 있다.
④ 후렴의 유무와 상관없이 연 구분이 이루어진다.

12 민요는 길이와 상관 없이 연 구분을 하지 않는다. 다만 후렴이 있을 경우 후렴을 경계로 연이 나뉜다.

13 다음 중 민요 사설의 구조가 <u>아닌</u> 것은 무엇인가?

① 수미상관구조
② 병렬구조
③ 반복구조
④ 대응구조

13 민요 사설은 병렬·반복·대응구조로 되어 있다.

14 다음 중 민요의 가창방식이 <u>아닌</u> 것은 무엇인가?

① 선후창
② 독창
③ 제창
④ 삼창

14 민요의 가창방식에는 선후창, 교환창, 제창, 독창이 있다.

정답 11 ③ 12 ④ 13 ① 14 ④

15 선후창에서 선창자는 사설의 가사를 마음대로 바꿀 수 있다.

15 민요의 가창방식 중 선후창에 대한 설명으로 적절하지 않은 것은?
① 한 사람이 사설을 부르면 여러 사람이 이어서 후렴을 부르는 방식이다.
② 메기고 받는 형식이라 하기도 한다.
③ 사설의 가사는 고정되어 있다.
④ 「논매기 노래」, 「상여 노래」 등이 해당된다.

16 교환창으로 부를 경우 후렴은 따로 없다.

16 민요의 가창방식 중 교환창에 대한 설명으로 적절하지 않은 것은?
① 선창자와 후창자의 두 패로 나누어 부른다.
② 후창자가 후렴을 부른다.
③ 사설 분담식 교환창과 사설 전담식 교환창이 있다.
④ 사설 분담식 교환창은 선창에 따라 후창이 결정된다.

17 여러 민요에 두루 나타나는 거의 같거나 똑같은 구절을 관용적 표현이라고도 하는데 이러한 표현을 반복적으로 사용함으로써 전승이 쉬워진다는 장점이 있다.

17 거의 같거나 똑같은 구절이 여러 민요에서 두루 사용됨으로써 얻을 수 있는 효과에 대해 가장 옳게 설명한 것은?
① 민요의 전승이 쉬워진다.
② 민요 사설을 통해 다양한 생각과 감정을 담을 수 있다.
③ 두루 사용되는 구절에 담긴 생각을 여러 사람이 공유할 수 있다.
④ 강조하고자 하는 내용이 보다 부각될 수 있다.

정답 15 ③ 16 ② 17 ①

18 다음 중 참요와 가장 관련 깊은 민요의 기능은 무엇인가?

① 노동적 기능
② 정치적 기능
③ 유희적 기능
④ 종교적 기능

18 참요는 어떤 정치적인 징후를 암시하거나 예언하는 내용을 지닌 민요이므로 정치적 기능과 가장 관련 깊다.

19 다음 중 민요의 가창방식에 대한 설명으로 옳지 않은 것은?

① 선후창은 선창자가 가사를 부르면, 후창자가 후렴을 부르는 방식이다.
② 선후창과 교환창은 모두 선창자와 후창자가 있다는 점에서 같다.
③ 제창은 여러 사람이 함께 부르는 방식이다.
④ 선후창의 가사는 바꿀 수 없으나 상황에 맞게 음보를 바꿔 부를 수 있다.

19 선후창의 가사는 선창자가 마음대로 바꿀 수 있다.

20 민요의 형식에 대한 다음 설명 중 적절하지 않은 것은?

① 민요는 항상 3음보였다.
② 첫머리나 끝머리, 중간에 같은 운을 사용하는 음의 반복이 많다.
③ 음수율로는 4·4조가 일반적이다.
④ 관용구나 애용구를 사용하여 운율미를 지닌다.

20 민요에는 2음보로 된 것도 있고 3음보로 된 것도 있다. 그러나 조선시대에 들어서는 4음보가 주류를 이루었다.

정답 18 ② 19 ④ 20 ①

21 민요는 생활 속에서 민중들이 즐겨 부르던 것이다. 자연히 생활을 반영하는 내용이 많다.

21 다음 중 한국민요의 특징이라 할 수 없는 것은?
① 여성들이 부르는 민요(부요)가 많다.
② 해학성이 풍부하다.
③ 생활고가 폭넓게 나타난다.
④ 영웅의 일생을 노래한 것이 많다.

22 제주도 민요는 한탄스러운 느낌을 푸념하듯 나타난다.

22 민요의 지역별 특징에 대한 설명으로 옳지 않은 것은?
① 경기민요 : 맑고 부드러운 소리가 특징이며 경쾌한 느낌을 준다.
② 남도민요 : 계면조를 사용해 비장한 느낌을 준다.
③ 서도민요 : 한스러운 느낌을 내기 위해 비통한 어조를 사용한다.
④ 제주도 민요 : 한스러운 일들로부터 초월하여 자유로운 느낌을 준다.

23 한국민요는 지역성을 강하게 띠는데, 제시된 설명은 남도민요에 대한 것이다.

23 계면조를 사용하여 비장한 느낌을 주며 질적으로나 양적으로 높은 수준을 보여주는 민요는 어느 지역 민요인가?
① 경기민요
② 남도민요
③ 동부민요
④ 서도민요

정답 21 ④ 22 ④ 23 ②

24 다음 중 비기능요에 대한 설명으로 옳지 않은 것은?

① 형식이 자유롭다.
② 서사적인 경향이 강하다.
③ 기능요에 비해 정제된 면모를 보인다.
④ 「정선아리랑」, 「밀양아리랑」, 「진도아리랑」이 대표적이다.

24 비기능요는 서사적 경향이 아닌 서정적 경향이 강하다.

25 다음 중 민요의 종류가 나머지 셋과 다른 것은?

① 「해녀노래」
② 「모내기노래」
③ 「보리타작」
④ 「시집살이노래」

25 비기능요와 기능요를 구분하는 문제이다. 「시집살이노래」를 제외한 다른 것들은 모두 기능요 중 노동요에 속한다.

26 다음 설명에 해당하는 민요의 제목은?

- 추석이나 정월 대보름 밤에 불렀다.
- 이순신과 관련된 일화가 전해진다.
- 한 명이 선창하고 나머지 다수가 후렴구를 제창하는 방식으로 부른다.
- 제목의 한자를 해석하면 '강한 오랑캐가 물을 건너온다'는 뜻이다.

① 「베틀노래」
② 「미나리요」
③ 「강강수월래」
④ 「지신밟기 노래」

26 제시문은 전남 해안 일대에서 주로 불렸던 「강강수월래」에 대한 설명이다.

정답 24 ② 25 ④ 26 ③

얼마나 많은 사람들이 책 한 권을 읽음으로써 인생에 새로운 전기를 맞이했던가.

-헨리 데이비드 소로-

제10편

설화

제1장 설화의 개념과 특징
제2장 신화, 전설, 민담
실전예상문제

| 단원 개요 |

설화는 인류와 함께 존재해 왔으며 우리 민족 역시 민족의 형성기부터 설화와 함께해 왔다. 구전된다는 특성으로 인해 꾸준한 생명력을 갖게 되었으며 문자로 정착된 이후에도 생명력을 간직하여 조선 후기에는 야담, 판소리, 소설 등에 중요한 모티프를 제공하는 역할을 담당했다.
이 단원에서는 설화의 개념과 특징 및 설화의 하위 항목에 해당하는 신화, 전설, 민담에 대해 알아본다.

| 출제 경향 및 수험 대책 |

설화는 우리 문학이 발전하는 데 중요한 밑바탕이 되었다는 점에서 매우 중요한 장르이다. 따라서 이와 관련해서도 많은 문제들이 출제될 수 있다. 신화·전설·민담의 특징 및 기능 등에 대해 꼼꼼하게 파악해 두어야 한다.

보다 깊이 있는 학습을 원하는 수험생들을 위한
시대에듀의 동영상 강의가 준비되어 있습니다.
www.sdedu.co.kr ➜ 회원가입(로그인) ➜ 강의 살펴보기

제 1 장 | 설화의 개념과 특징

1 개념

말로 전승되는 구비문학이며 일정한 구조를 지닌, 꾸며낸 이야기를 설화라 한다. 설화는 기록되어 문헌설화로 정착된 것들도 있으나 기본적으로는 구비 전승되었다. 설화의 이러한 특징 때문에 설화는 구전에 적합하게 단순하면서도 잘 짜인 구조를 지닌다. 입으로 전해지는 과정에서 일정한 틀에 의지하는 것이다. 표현 역시 복잡하지 않다. 세세한 표현을 기억해 전달하는 방식이 아니라 어느 정도의 가변성이 인정된다. 처음부터 글로 지어진 소설과는 다른 것이다.

문학양식으로 본다면 설화는 서사문학에 속한다. 신화, 전설에서 생겨난 서사시가 소설 장르로 발전한 것으로 보아 서사문학의 모태는 설화라 할 수 있다.

『삼국유사』, 『삼국사기』, 『수이전』, 기타 개인 문집 등에 많은 설화가 수록되어 있다. 물론 문자로 정착된 것은 가변성이 제거되었기 때문에 엄밀한 의미에서 설화라고 할 수 없다. 그러나 문자로 정착되기 이전의 설화가 지닌 구조와 표현이 사라지지 않았다면 설화의 범주에 포함시킬 수 있다.

2 특성 중요

(1) 구전성(口傳性)

설화는 일정한 핵심 구조를 기억해 **입으로 재생, 전승**된다. 그 과정에서 어느 정도 변모되는 것을 피할 수 없다.

(2) 산문성

설화는 서사민요, 서사무가, 판소리 등처럼 구비 전승되는 **서사문학**이지만, 앞의 장르들이 율문 형식인데 반해 율격이 들어있지 않다. 다만 이야기 중간에 노래가 들어가기도 한다.

(3) 구연 기회의 무제한성

설화는 특정 조건이 마련되어야만 연행될 수 있는 노동요, 무가, 가면극 등과 달리 한 명 이상의 **화자와 청자**만 있으면 **구연**될 수 있다. 이러한 특성으로 인해 설화는 구비문학 갈래 중에서도 민중들에게 가장 친숙한 갈래가 될 수 있었다.

(4) 화자와 청자와의 대면성

설화는 혼자 구연되는 경우가 없다. 즉 반드시 화자와 청자가 **대면하는 상태에서 구연된다**. 이러한 특징은 무가, 판소리, 가면극 등도 마찬가지이지만, 민요의 경우 혼자 즐기기 위해 부르는 경우도 있으므로 구별된다. 또한 설화를 구연할 때 청자의 반응은 화자가 이야기를 변형시키는 데 영향을 주기도 한다.

(5) 화자의 무자격성과 비전문성

설화의 화자가 되기 위해서는 판소리, 무가, 가면극과 같이 수련을 거쳐야만 구연할 수 있는 게 아니다. 그저 이야기를 듣고 구조를 기억하는 것 이외에 다른 어떤 것도 필요하지 않다. 이러한 특성으로 인해 설화는 구비문학 중에서 가장 **광범위한 향유층**을 가질 수 있었다.

(6) 문헌정착의 용이성

설화는 양반이나 지식인 등도 즐길 기회가 많이 주어지기 때문에 문헌으로 정착될 기회도 많이 가질 수 있었다. 또한 설화는 구비 전승되는 것을 **문헌으로 기록해도 변질될 가능성이 적다**. 예를 들어 민요는 한자로 기록될 경우 율격적 특징이나 언어적 묘미가 사라진다. 하지만 설화의 경우 한자로 기록되더라도 줄거리의 보존에 영향을 거의 끼치지 않는다. 그래서 기록된 설화가 소설로 이행할 수 있었고, 일부 민담의 경우 현대에 들어 전래동화로 전해지기도 한다.

(7) 보편성

설화의 전승 범위는 지리적 국경, 언어적 국경을 초월한다. 서로 멀리 떨어진 문화권에서도 유사한 설화 유형이나 화소가 발견되는 것은 흔하다. 이처럼 설화는 여러 구비문학 중에서 가장 **보편적인 장르이다**.

제 2 장 | 신화, 전설, 민담

일반적으로 통용되는 설화는 신화, 전설, 민담으로 구분된다. 이처럼 설화를 3가지로 분류할 때 사용되는 기준은 작품이 가진 내용, 전승자가 가진 태도, 설화의 시간과 공간의 문제, 증거물의 유무, 주인공의 성격, 전승되는 지역이다.

1 신화

(1) 개념

신화는 신성한 이야기이다. 이것은 신적 존재에 관한 이야기일 수도 있고 자연현상이나 사회현상의 기원과 질서를 설명하거나, 신성하게 여기는 무언가에 대한 이야기일 수도 있다. 이때의 신성성은 현실을 넘어선 초월적 존재가 가지고 있을 것으로 믿어지는 성격으로, 위대하거나 숭고한 행위로 성립된다.

(2) 종류 중요

① 건국신화
   ㉠ 개념 : 국가의 창건자에 관한 신화(왕가의 시조에 관한 것이므로 시조 신화의 범주로 볼 수 있다)
   ㉡ 예시 : 단군 신화, 금와왕 신화, 주몽 신화, 박혁거세 신화, 가락국 신화, 온조 신화
   ㉢ 특징 : 옛 문헌에 기록된 문헌 설화들로, 구전은 이미 오래전에 중단되었다.
② 성씨시조신화
   ㉠ 개념 : 어느 성씨의 시조에 관한 신화
   ㉡ 예시 : 김알지 신화, 석탈해 신화, 허황옥 신화, 박혁거세 신화 및 각 가문에서 기록과 함께 구전되는 것들이 있다.
   ㉢ 특징
      ⓐ 건국신화와 달리 구전이 계속됨으로써 혈연 집단의 결집을 강화한다.
      ⓑ 신성관념이 약화되어 전설화된 것들도 많다.
③ 마을신화
   ㉠ 개념 : 마을신이나 마을을 세운 개촌 시조, 마을에서 섬기는 당신(堂神)의 좌정(坐定)유래와 영험에 관한 신화
   ㉡ 예시 : 경상북도 영주시 순흥면의 죽동에 좌정한 금성대군, 경상북도 의성군 접곡면 사촌리 사촌마을의 문경새재 신, 경상북도 안동시와 봉화군 일대의 공민왕 가족신군 등
   ㉢ 특징
      ⓐ 기록되지 않고 구전되는 경우가 대부분이며 그 과정에서 망실된 경우가 많다.
      ⓑ 원혼신 중에는 익명의 존재가 많다.

④ **종교신화**
   ㉠ 개념 : 특정 종교에서 신성시되는 신화
   ㉡ 예시 : 무속신에 관한 신화, 창세신 신화, 당금애기 신화, 바리데기 신화, 성조신 신화, 영등할머니 신화, 삼신할머니 신화 등
   ㉢ 특징
      ⓐ 서사무가가 큰 비중을 차지한다.
      ⓑ 각 종교의 경전에 기록되어 전승되기도 한다.

(3) 형식과 구조 종요

영웅신화 속 주인공의 일생은 다음과 같은 구조를 지닌다.

고귀한 혈통을 지니고
↓
비정상적으로 태어난다.
↓
어려서부터 비범했으나
↓
고난에 부딪치고
↓
조력자를 만나 구사일생으로 살아난다.
↓
다시 고난에 부딪치지만
↓
결국 투쟁에서 승리해 영광을 차지한다.

(4) 기능 종요

① 사회통제 기능
② 향유집단이 긍지와 자부심을 갖게 하는 기능
③ 인간활동의 모범적 모델을 설정하는 기능

2 전설

(1) 개념

일정한 민족 또는 지방에서 민간에 의해 내려오는 설화로, 신화가 신격(神格) 중심이라면 전설은 **인간과 그 행위**를 주제로 한다. 인간과 인간, 인간과 사물의 관계를 설명하는 경우가 많은데, 전설 속의 인간들은 의지가 좌절되거나 비극적 상황을 맞는 경우가 많은 편이다. 구체적인 시간과 장소가 제시되고 특정의 개별적 증거물이 제시된다.

(2) 종류

① **전승 장소에 따라** : 지역적 전설(일정한 지역에서 먼 옛날에 일어났을 것이라고 믿어지는 사실을 설명), 이주적 전설(여러 곳에서 동일하게 발견되는 전설)
② **발생 목적에 따라** : 설명적 전설(지리상의 특징, 자연현상 등을 설명), 역사적 전설(역사적 사실로부터 시작하여 발전. 대부분의 전설이 해당됨), 신앙적 전설(민간 신앙을 기초로 함)
③ **설화 대상에 따라** : 사물 명칭(자연물, 인공물, 인간, 동물), 신앙 행위(식물, 사물)

(3) 특징

① **진실성** : 전설은 화자와 청자 모두 진실로 믿으려 한다.
② **역사성** : 전설은 스스로 역사화함으로써 자기를 합리화시키려 한다.
③ **체험성** : 전설은 선조들의 생활체험을 바탕으로 형성된 것이다.
④ **설명성** : 전설은 산천, 촌락, 사찰 등의 형성과 유래를 설명하려 한다. 그러나 대부분 사실 이상으로 과장되거나 허구적이다.
⑤ **비약성** : 전설은 구체성을 띠면서도 이야기의 서술이나 사건의 결과에서 비약이 많아 사건을 더욱 인상 깊게 전달하려 한다.
⑥ **화술의 자유로움** : 전설은 이야기의 서술 절차가 일정하지 않고 자유로운 경향이 있다.

(4) 형식과 구조

① 전설은 증거물에 대한 설명이라는 최소요건을 갖추면 성립되므로 문학적 형상화의 수준이 다양하다. 다만 증거물과의 관련성을 고려해야 하므로 상상력의 자유가 제한되어 전설은 민담에 비해 길이가 짧은 편이다.
② 서두와 결말에는 전설의 역사성과 사실성을 드러내는 구체적인 시공간과 증거물이 제시된다.
③ '하루는', '어느 날' 같은 말로 전개가 시작되고, 이후 이야기의 내용이 바뀔 때마다 '마침, 그때, 한편, 이때, 얼마 뒤' 등의 시간화소가 제시된다. 마지막에는 '지금도'라는 말로 과거 이야기와 현재를 이으며 이야기가 끝난다.
④ 금기 부과가 이루어지고, 그것에 대한 위반은 비극적 결말을 이끄는 계기로 작용한다.
⑤ 초자연적 세계와 현실세계의 상충 때문에, 혹은 비범한 인물이 맞이하는 예상치 못한 세계의 횡포로 인해 비극적 좌절을 경험한다.

(5) 기능 중요

① 증거물을 통한 교훈적 기능
② 증거물이 존재하는 지역 주민들의 **유대감을** 형성하는 기능
③ 해당 지역 주민들의 **애향심을** 고취시키는 기능
④ 사물의 시원, 죽음 이후의 삶에 대한 **궁금증을** 해소하는 기능
⑤ 역사적인 사실을 일깨워 주는 기능

3 민담 중요

(1) 개념

일명 옛말, 옛날얘기, 민간설화 등으로도 불리는 민담은 **흥미 위주로 꾸며낸 이야기를** 의미한다.

(2) 종류

민담의 분류는 전통적으로 핀란드의 민속학자 아르네가 잡은 기본 틀에 의지하고 있다. 그는 동물담, 본격담, 만담 및 일화(소화)로 민담을 분류했다.

동물담	동물을 주인공으로 한다.	동물의 생김새나 습성 등의 유래담, 동물을 의인화하여 인간세계와 동물 세계를 결합하는 이야기로, 동물우화 등이 해당된다.
본격담	인물이 등장한다.	주로 혼인, 소망, 장수, 효도, 지조 등 인간의 생활을 소재로 하는 경우가 대부분이다.
소화(笑話)	듣는 이를 웃기게 한다.	엉터리없이 과장하는 이야기, 딴 사람을 흉내 내다가 실패하는 이야기, 바보들의 이야기, 거짓말이나 지혜로 상대방을 속이는 이야기 등이 있다.

또한 미국의 톰프슨은 아르네의 틀에 '형식담'을 덧붙여 분류하기도 했다. 형식담은 내용상 소화에 포함될 수 있으나, 이야기의 내용보다 일정한 틀에 좀 더 치중하는 이야기로 '둔사적(遁辭的) 형식담'과 '누적적 형식담'으로 나뉜다.

둔사적 형식담	어휘적 특성을 지닌 것	운율적 특성을 보이거나, 문답 형식을 취하거나, 허언적 내용을 가지거나, 동음(同音)을 이용한다.
	단형적인 특성을 지닌 것	화자가 처음에는 매우 긴 이야기를 진지하게 하는 척하여 청자로 하여금 잔뜩 기대를 걸게 한 다음 갑자기 끝을 맺는다.
	무한적인 특성을 지닌 것	화자가 똑같은 행위를 반복하여 구연함으로써 청자로 하여금 더 들으려는 욕망을 접게 하는 것이다.
	설문적인 특성을 지닌 것	이야기의 끝에서 화자가 청자에게 해답을 요구하는 것이다.

누적적 형식담	행운에 관한 것	점진적인 성공이 누적되어 마침내 크게 성공하는 이야기이다.
	불행에 관한 것	불행이 누적되는 이야기이다.
	징치(懲治) 혹은 보복에 관한 것	악인에 대한 동물 또는 사물들의 연쇄적 보복이 일어난다.
	문답에 의한 것	화자가 문답법을 사용하여 이야기를 진행한다.
	시키는 대로 따라 하는 바보에 관한 것	바보가 충고하는 사람의 권유를 그대로 실행하여 계속 실수를 한다.
	회귀적 특성을 지닌 것	이야기의 출발점이 귀착점이 된다.

(3) 특징
① 민중들의 바람이 담긴 이야기이다.
② 구체적인 시간과 공간, 증거물이 제시되지 않는다.
③ 민담의 주인공들은 대개 일상적인 인간들이며 난관에 부딪히면 이를 극복하고 운명을 개척한다.
④ 동일한 이야기나 모티프가 반복된다.
⑤ 선악의 대립 양상이 나타난다.
⑥ 인물 중심으로 사건이 전개된다.

(4) 형식과 구조 중요
① **서두와 결말의 형식**
민담의 서두와 결말에는 일정한 표현이 사용된다. 이러한 표현의 형식을 통해 일상적인 말과 구별되는 작품 세계를 확립해 주고, 이야기는 과거시제로 전개되다가 이야기가 끝나고 나서는 이야기하고 있는 현재로 되돌아온다는 것을 분명히 하고, 이야기가 허구임을 나타내며, 허구적인 그럴듯함을 강조하여 흥미를 돋운다.
㉠ 민담이 시작될 때 사용하는 말 : '옛날에', '그전에', '옛날 옛날 오랜 옛날에', '옛날 옛적 갓 날 갓 적 호랑이 담배 먹던 시절에' 등
㉡ 민담이 끝날 때 사용하는 말
ⓐ 끝났음을 나타내는 말 : "이게 끝이유." 등
ⓑ 행복한 결말을 나타내는 말 : "행복하게 살았대유." 등
ⓒ 이야기의 출처를 밝히는 말 : "이건 내가 어렸을 때 친정어머니한테 밭 매면서 들은 얘기유." 등
ⓓ 이야기 자체의 신빙성에 대한 부정적인 태도 : "이거 말짱 거짓말이유." 등
ⓔ 해학적으로 이끄는 말 : "바로 엊그제가 장삿날이었는데 내가 가서 잘 얻어먹고 너 주려고 맛있는 것을 싸 가지고 오다가 아랫집 개한테 빼앗겨서 못 가져왔다." 등

② **대립과 반복의 형식**
민담은 대립의 형식을 통해 현실의 문제를 선명하게 반영하며 선이 승리하고 악이 패배한다는 신념을 나타내고, 반복을 통해서 내용을 효율적으로 강조한다. 이러한 대립과 반복을 통해 민담은 기억과 구연이 쉬워진다.

㉠ 대립 : 선과 악(「흥부와 놀부」 등), 힘과 꾀(「호랑이와 토끼」 등), 미와 추(「콩쥐팥쥐」 등)의 대립 등
㉡ 반복
ⓐ 세 가지 소원, 세 가지 시련, 세 가지 보물, 삼형제 등 3번이 흔하며 마지막에 역점이 주어진다.
ⓑ 동질적인 발전과 발전적인 반복
③ 진행의 형식
㉠ 단선적 형식 : 작중 시간의 진행에 따라 이야기가 전개된다(「흥부와 놀부」 등).
㉡ 누적적 형식 : 유사한 사건들의 반복으로 진행되되, 한 행위가 원인이 되어 다음 행위가 생기는 결과가 반복된다. 중간의 사건을 빼면 이야기가 진행이 안 된다(「새끼 서 발」 등).
㉢ 연쇄적 형식 : 반복되는 사건들이 서로 인과관계 없이 이어진다. 중간의 사건을 빼도 사건 진행에 큰 지장이 없다(「강물에 빠진 호랑이」 등).
㉣ 회귀적 형식 : 유사한 사건들이 반복되다가 다시 제자리로 돌아간다(「두더지 혼인」 등).

(5) 기능 중요

① 수용자에게 즐거움을 주는 기능
② 교훈을 주는 기능
③ 현실로부터의 해방감과 자족감을 주는 기능
④ 인간관계를 돈독하게 하는 기능
⑤ 상상력과 문학적 형상력을 길러 주는 기능

더 알아두기

신화, 전설, 민담의 차이점

구분	신화	전설	민담
이야기에 대한 전승자의 태도	신화를 진실하고 신성한 것으로 인식함	신성한 것은 아니나 진실하다고 믿고, 실제로 있었다고 주장함	신성성, 진실성을 모두 인정하지 않음. 오직 흥미를 위한 구연
시간과 장소	아득한 옛날, 특별히 신성한 장소	구체적으로 제한된 시간과 장소	뚜렷한 시간과 장소가 없음
증거물	매우 포괄적(천지, 국가 등)	특정의 개별적 증거물(자연물, 인공적인 것, 인물)	없음. 더러 증거물이 있더라도 그것은 널리 존재할 수 있는 현상으로 이야기의 흥미를 돋우기 위해 첨부됨(수숫대가 빨갛다, 수탉이 하늘을 보고 운다 등)
주인공의 성격	보통 사람보다 탁월한 능력을 가진 신성한 자	구체적·역사적 인물	일상적 인간
전승범위	민족적인 범위	지역적인 범위	민족과 지역을 초월

제10편 실전예상문제

01 설화의 특징에 대한 설명으로 적절하지 않은 것은?
① 문헌 설화로 정착된 것도 있으나 기본적으로는 구비 전승되었다.
② 단순하지만 잘 짜인 구조를 지닌다.
③ 전승되는 과정에서 내용이 변하기도 한다.
④ 문학양식 중에서 교술문학에 속한다.

02 다음 중 설화가 수록된 문헌이 아닌 것은?
① 『삼국유사』
② 『삼국사기』
③ 『해동가요』
④ 『해동고승전』

03 다음 중 설화의 특성에 대한 설명으로 옳은 것은?
① 설화는 이야기 중에 노래가 들어가기도 하고 율격을 갖고 있어 구전되기에 쉬웠다.
② 설화는 일정한 핵심 구조가 기억을 통해 구전된다. 그 과정에서 내용이 조금의 변화도 없이 전승될 수 있다.
③ 설화는 별다른 조건 없이 화자와 청자만 있으면 구연될 수 있으므로 구비문학 중에서도 가장 민중적이라 할 수 있다.
④ 설화는 민요와 마찬가지로 청자 없이 혼자서 구연하는 경우도 많다.

---

01 설화는 서사양식에 속한다.

02 『해동가요』는 조선 후기 김수장이 만든 시조집이다.

03 설화는 이야기 중에 노래가 들어가기는 하지만 율격을 갖고 있지 않다. 또한 핵심 구조를 기억해 전승하는 과정에서 어느 정도의 변모가 불가피하다. 민요는 혼자 즐기기 위해 구연하는 경우가 있으나 설화는 청자의 반응을 살피며 반드시 청자를 상대로 구연된다.

정답 01 ④ 02 ③ 03 ③

04 설화의 분류는 명료하게 이루어지는 것은 아니나 전통적으로 신화, 전설, 민담으로 분류한다. 야담은 설화와 짧은 이야기 등을 모두 포괄하는 개념이므로 설화의 분류 항목이라 할 수 없다.

05 사실성 여부는 설화를 분류할 때 고려 사항이 아니다. 기본적으로 설화에는 어느 정도의 허구가 들어가 있으나 그것이 사실이냐 아니냐 하는 것은 설화의 내용에서 중요한 문제가 아니다.

06 신화는 개인이 아니라 공동체의 필요에 의해 만들어지는 것으로 보는 게 타당하다.

07 김알지 신화는 경주 김씨의 시조신화인 반면 나머지는 건국신화이다. 단군 신화는 고조선, 금와왕 신화는 동부여, 주몽 신화는 고구려의 건국 신화이다.

정답 04② 05① 06④ 07④

---

04 다음 중 설화를 3가지로 분류했을 때 속하지 않는 것은 무엇인가?

① 신화
② 야담
③ 전설
④ 민담

05 다음 중 설화를 분류할 때 고려하는 기준이 아닌 것은?

① 사실성 여부
② 전승자의 태도
③ 증거물의 유무
④ 주인공의 성격

06 다음 중 신화에 대한 설명으로 옳지 않은 것은?

① 신화는 신적 존재에 관한 이야기일 수 있다.
② 건국신화뿐만 아니라 성씨시조신화, 마을신화, 종교신화 등이 있다.
③ 신화는 자연현상이나 사회현상의 기원과 질서를 설명하기도 한다.
④ 신화는 개인적 즐거움을 위해 만들어진다.

07 다음 중 신화의 종류가 다른 것은 무엇인가?

① 단군 신화
② 금와왕 신화
③ 주몽 신화
④ 김알지 신화

08 다음 중 건국신화에 대한 설명으로 틀린 것은?
① 건국신화는 국가의 창건자에 대한 신화이다.
② 건국신화는 철학적인 측면에서 중요하게 다뤄지므로 많은 연구가 진행되었다.
③ 우리나라에는 고조선, 부여, 고구려, 신라, 가야국 창건자에 대한 신화가 있다.
④ 건국신화는 모두 기록설화이다.

08 건국신화는 철학적인 면이 아니라 역사학적 측면에서 중요하게 연구된다.

09 다음 중 전설에 대한 설명으로 적절하지 않은 것은?
① 전설은 신이 아니라 인간과 그 행위를 주제로 한다.
② 구체적인 시간과 장소가 제시된다.
③ 주인공은 의지적인 인물로 고난을 극복하고 승리하는 경우가 많다.
④ 증거물이 제시되어 진실성을 뒷받침한다.

09 전설의 인물들은 운명 앞에서 의지가 좌절되고 결국 비극적으로 결말을 맺는 경우가 많다.

10 다음 중 전설의 발생 목적에 따른 분류에 해당하지 않는 것은 무엇인가?
① 이주적 전설
② 설명적 전설
③ 역사적 전설
④ 신앙적 전설

10 이주적 전설은 전설의 전승 장소에 따른 분류에 해당한다. 전승 장소에 따라 전설은 지역적 전설과 이주적 전설로 구분된다. 이주적 전설은 여러 곳에서 동일하게 발견되는 전설이다.

정답 08 ② 09 ③ 10 ①

11 이 밖에도 전설은 설명성, 비약성, 화술의 자유로움 등을 특징으로 한다.

11 다음 중 전설의 특징에 해당하지 <u>않는</u> 것은 무엇인가?
① 진실성
② 역사성
③ 체험성
④ 포괄성

12 형식담은 미국의 톰프슨이 덧붙인 것으로 소화에 포함된다고 볼 수도 있다.

12 다음 중 핀란드의 민속학자 아르네가 분류한 민담의 갈래가 <u>아닌</u> 것은?
① 동물담
② 본격담
③ 형식담
④ 소화

13 톰프슨은 형식담을 둔사적 형식담과 누적적 형식담으로 나누었다. 그중 둔사적 형식담은 어휘적 특성을 지닌 것, 단형적인 특성을 지닌 것, 무한적인 특성을 지닌 것, 설문적인 특성을 지닌 것으로 세분된다.

13 다음 중 둔사적 형식담에 속하는 게 <u>아닌</u> 것은?
① 어휘적 특성을 지닌 것
② 무한적인 특성을 지닌 것
③ 설문적인 특성을 지닌 것
④ 문답에 의한 것

정답 11 ④ 12 ③ 13 ④

14 다음 중 민담의 특징에 대한 설명으로 옳지 <u>않은</u> 것은?

① 민담에는 민중들의 바람이 담겨 있다.
② 민담의 가장 중요한 기능은 교육적 기능이다.
③ 주로 선과 악의 대립에서 선이 승리하여 민중들의 소원을 충족시킨다.
④ 구체적인 시간과 공간이 제시되지 않는다.

14 민담에는 민중들의 폭넓은 경험이 담겨 있어서 삶의 교훈과 지혜를 제공하기는 하지만 가장 중요한 기능은 유희적 기능이다.

15 다음 중 민담이 전설과 다른 점을 설명한 것으로 옳은 것은?

① 민담은 전설과 달리 구비 전승되었다.
② 민담은 전설과 달리 수사적, 관용적 표현을 사용하지 않는다.
③ 민담은 구체적 증거물을 제시하지 않는다.
④ 민담은 개방적이다.

15 구비 전승되고 개방적이라는 점은 민담과 전설을 아우르는 설화문학 전반의 특징이다. 따라서 민담과 전설의 차이라고 말할 수는 없다. 또한 전설은 증거물을 중심으로 하는 사실적 이야기이므로 구연자가 개입하여 수사적, 관용적 표현을 사용하는 것이 적은 편이나 민담은 순수한 흥미 위주로 구연되므로 수사적, 관용적 표현 사용이 많다.

16 다음 중 영웅신화 속 주인공의 일생이 갖는 구조에 대한 설명으로 옳지 <u>않은</u> 것은?

① 고귀한 혈통을 갖고 태어난다.
② 어렸을 때부터 비범하다.
③ 조력자가 등장한다.
④ 신의 도움과 타고난 재능으로 특별한 고난 없이 투쟁에서 수월하게 승리한다.

16 영웅신화 속 주인공들은 대략 두 번 가량 고난에 부딪치는 경험을 하게 된다. 그러나 조력자의 도움 혹은 자신의 능력을 통해 고난을 극복하고 승리하여 영광을 차지하게 된다.

정답 14 ② 15 ③ 16 ④

17 전설은 증거물에 대한 설명 때문에 상상력의 자유가 제한되어 오히려 민담에 비해 길이가 짧은 편이다.

17 다음 중 전설의 형식상 특성에 대한 설명으로 옳지 <u>않은</u> 것은?
① 전설은 증거물에 얽힌 사실적 내용들을 전달해야 하므로 민담에 비해 길이가 긴 편이다.
② 전설에는 구체적인 시공간과 증거물이 제시된다.
③ 전설의 마지막 부분에는 '지금도'라는 말이 등장하여 과거 이야기와 현재를 이어준다.
④ 등장인물이 금기를 위반함으로써 비극적 결말로 이어진다.

18 전설은 민담과 달리 구체적인 시공간과 증거물이 있으며 진실성이 중시되는 설화문학이다.

18 전설의 특징에 대한 설명으로 적절하지 <u>않은</u> 것은?
① 비극성
② 허구성
③ 역사성
④ 설명성

19 전설에는 결국 운명 앞에서 좌절당하는 인간의 모습이 나오고, 따라서 비극적 결말로 끝나는 경우가 많다.

19 자아와 세계의 관계에서 세계의 승리로 끝나는 설화의 종류는?
① 신화
② 전설
③ 민담
④ 영웅신화

정답 17 ① 18 ② 19 ②

20 민담은 '옛날에~' 같은 말로 시작하여 '그래서 행복하게 살았다' 등 끝맺는 말이 일정하다. 이처럼 일정한 표현을 사용함으로써 얻게 되는 효과로 볼 수 <u>없는</u> 것은?

① 일상 세계와 민담 속 세계를 구분한다.
② 과거시제로 전개되는 이야기를 거쳐서 현재로 되돌아온다는 것을 분명히 나타낸다.
③ 화자가 직접 경험한 일임을 강조하여 현실감을 강화한다.
④ 이야기가 허구임을 나타낸다.

20 민담의 구연자는 민담이 현실에서 실제 일어났던 일임을 강조하지는 않는다.

21 민담의 형식에서 기억과 구연을 쉽게 하고, 효율적으로 강조하는 수단이 되기도 하는 것은?

① 대립의 형식
② 단선적 형식
③ 연쇄적 형식
④ 반복의 형식

21 민담에서는 반복을 통해 강조를 하고, 기억과 구연을 쉽게 하도록 한다.

22 민담의 진행 형식에서 「흥부와 놀부」에 나타난 것처럼 시간의 흐름에 따라 이야기가 전개되는 형식은?

① 단선적 형식
② 누적적 형식
③ 연쇄적 형식
④ 회귀적 형식

22 단선적 형식은 작중 시간의 진행에 따라 이야기가 전개된다.

정답 20 ③ 21 ④ 22 ①

23 흥미를 유발하여 즐거움을 주는 기능은 민담의 주된 기능이다.

23 다음 중 신화의 기능이 <u>아닌</u> 것은 무엇인가?

① 흥미 유발
② 집단 구성원 간의 결속
③ 긍지와 자부심 고취
④ 인간활동의 모델 설정

24 현실과 구별되게 민중이 승리하는 이야기속 세계를 경험하게 함으로써 현실로부터의 해방감을 느끼고 소원충족의 자족감을 갖게 하는 것은 민담이다.

24 다음 중 전설의 기능에 해당하는 것을 모두 고른 것은?

㉠ 역사적 사실을 일깨워 주는 기능
㉡ 해당 지역 주민들의 애향심을 고취시키는 기능
㉢ 현실로부터의 해방감과 자족감을 주는 기능
㉣ 증거물을 통한 교훈적 기능

① ㉠, ㉡, ㉢
② ㉡, ㉢, ㉣
③ ㉠, ㉢, ㉣
④ ㉠, ㉡, ㉣

정답 23 ① 24 ④

제11편

고소설

제1장	고소설의 문학사적 전개
제2장	고소설에 대한 비판론과 옹호론
제3장	고소설의 주제와 미의식
제4장	고소설의 주요 작가와 작품
실전예상문제	

| 단원 개요 |

고소설은 오랜 시간 인접 갈래의 영향을 받거나 자체적으로 발전해 온 서사의 갈래로 매우 중요한 장르이다. 이 단원에서는 고소설의 문학사적 전개 및 고소설에 대한 인식, 고소설의 주제와 미의식 등을 다룸으로써 고소설 전반에 대해 이해하고 구체적인 작품에 대해 인식하도록 한다.

| 출제 경향 및 수험 대책 |

이 단원에서는 고소설의 문학사적 전개에 따른 특징 및 사대부들의 소설관, 주요 작품에 나타난 주제와 미의식 등이 출제될 수 있다.

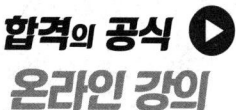

보다 깊이 있는 학습을 원하는 수험생들을 위한
시대에듀의 동영상 강의가 준비되어 있습니다.
www.sdedu.co.kr ➜ 회원가입(로그인) ➜ 강의 살펴보기

제1장 고소설의 문학사적 전개

고소설은 작자가 밝혀지지 않거나 다수의 작자층에 의해 누적적으로 형성된 작품들이 많다. 그래서 고소설의 출현 시기에 대해서는 여러 논란이 있다. 15세기 후반 김시습의 『금오신화』를 고소설의 효시로 보는 견해가 오랫동안 인정되었으나 고려 말 가전체 작품들을 효시로 보아야 한다는 입장도 있고, 더 오래 전인 신라 말, 고려 초까지 거슬러 올라가야 한다는 견해도 있다. 이에 따라 고소설의 발달 과정을 살펴보면 다음과 같다.

1 중세 초기의 소설

(1) **시기** : 신라 말~고려 중엽 무신의 난(1170) 이전

(2) **특징**
 ① 당의 전기(傳奇)소설이 전래되었을 것으로 추측된다.
 ② 소설로 여겨지는 작품의 길이가 짧은 까닭은 줄거리만 전해졌기 때문인 것으로 여겨진다.
 ③ 이 시기 작품들은 소설이라기보다 설화로 보는 것이 자연스러우나 이미 소설의 경지에 도달한 작품이 있다는 견해가 제기되고 있다.

(3) **주요 작품** 중요
 ① 「**조신**」 : 조신과 김 여인의 사랑을 환몽구조로 그림
 ② 「**김현감호**」 : 여주인공의 죽음으로 인해 비극으로 끝나는 헌신적 사랑 이야기
 ③ 「**수삽석남**」 : 죽은 이가 재생하여 금지된 사랑을 나누었다는 이야기
 ④ 「**최치원**」 : 최치원과 두 여인의 사랑 이야기를 담고 있는 설화. 조선 후기 소설인 「최고운전」(최치원의 일생을 허구적으로 형상화한 전기소설)과는 다름

2 중세 중기의 소설

(1) **시기** : 고려 중엽 무신의 난(1170)~조선 건국 이전(1392)

(2) **특징**
① 무신의 난이라는 변혁기를 맞아 다방면의 변화가 일어나며 이전과는 달리 설화와 소설이 공존하는 시기를 형성했다.
② 초야에 묻혀 지내는 문신들에 의해 **가전체 작품들이 대거 등장**했다. 가전체는 사물을 의인화하고 사관의 말을 덧붙이는 형식인데, 주인공의 행적을 통해 사람들에게 감계를 주는 풍자적인 문학양식이다.
③ 학자에 따라 가전체, 의인소설, 교술문학, 가전체소설, 의인전기체, 가전 등으로 불리는데 최근에는 소설로 보고자 하는 주장이 등장하고 있다.

(3) **주요 작품** 중요
① **임춘, 「국순전」** : 술을 간신으로 의인화한 작품으로, 가전체의 효시로 본다.
② **이규보, 「국선생전」** : 술을 위국충절하는 신하로 의인화한 작품이다.
③ **승려 혜심**
  ㉠ 「죽존자전」 : 대나무를 고결한 성격을 지닌 인물로 의인화한 작품이다.
  ㉡ 「빙도자전」 : 얼음을 청정함을 지닌 인물로 의인화한 작품이다.
④ **석식영암, 「정시자전」** : 지팡이를 여러 미덕을 갖추고 오래 사는 인물로 의인화한 작품이다.
⑤ **이곡, 「죽부인전」** : 대나무를 절개 있는 부인으로 의인화한 작품이다.

3 중세 말기의 소설

(1) **시기** : 조선 초(1392)~임진왜란(1592) 이전

(2) **특징**
① 왕조 교체기이며, 불교에서 유교로 사상이 전환되는 시기이다.
② 설화와 소설의 공존기에서 소설 우위의 체제로 변모되어간 시기이다.
③ 유학자의 소설배격으로 인해 소설문학이 크게 발전되지는 못했으나 본격적인 전기(傳奇)소설이 출현했다.

(3) **주요 작품** 중요
① **김시습, 『금오신화』**
  ㉠ 최초의 한문 단편 소설집으로 총 5편의 작품이 실려 있다.

ⓒ 「만복사저포기」, 「이생규장전」, 「용궁부연록」, 「취유부벽정기」, 「남염부주지」 등의 작품이 수록되었다.
　　　ⓒ 소설이라는 문학양식을 확립시켰다는 평가를 받는다.
② **채수, 「설공찬전」**
　　　㉠ 유교이념으로는 설명할 수 없는 영혼과 사후세계의 문제를 끌어와 당대의 정치와 사회 및 유교이념의 한계를 비판한 내용을 담고 있다.
　　　㉡ 원문 한문본은 불태워졌으나 1997년 국문번역본의 일부가 「설공찬이」라는 이름으로 발견되었다.
　　　㉢ 국문본은 **최초의 국문번역소설**이다. 이후 국문창작소설이 출현하게 되는 데 결정적인 역할을 했다.
　　　㉣ 최초의 국문소설로 알려진 「홍길동전」 이전에 국문표기 소설이 있었을 것으로 추정해 오던 학계의 가설을 증명한 작품이다.
　　　㉤ 조선 최초의 금서로 탄압받을 정도로 광범위한 인기를 끌어 **소설의 대중화**를 이룬 첫 작품이라 할 수 있다.
③ **신광한, 『기재기이』**
　　　㉠ 한문단편소설집으로 전기(傳奇)소설 4편이 실려 있다.
　　　㉡ 「안빙몽유록」(꽃을 의인화한 최초의 몽유소설), 「서재야회록」(문방사우를 의인화한 의인소설), 「최생우진기」(명혼담), 「하생기우전」(명혼담) 등이 수록되어 있다.
　　　㉢ 『금오신화』 이후 전기소설의 발달과정과 변모양상을 보여준다.

이 밖에도 남효온의 「수향기」, 심의의 「대관재몽유록」·「몽사자연지」, 임제의 「원생몽유록」 등의 몽유소설, 천군 소설의 효시인 김우옹의 「천군전」 등이 있다.

4 중세에서 근대전환기의 소설

(1) 시기 : 임진왜란(1592)~영조(1725) 이전

(2) 특징
① 전기성(傳奇性), 비현실성과 더불어 모순된 사회제도에 대한 비판의식과 서민주도적 성격이 드러났다.
② 김만중이 한국 고유어로 작품을 써야 한다는 국민문학론을 주장했다.
③ 현실의 사건을 소재로 다루려는 의식이 부각되었다.
④ 임진왜란과 병자호란 이후 외적에 대한 적개심 때문에 역사군담소설이 출현했다(역사군담소설은 서민의식의 부각이 두드러진다).
⑤ 소설구조상 전대에 비해 발전한 의인소설, 몽유소설이 나왔다.

(3) 주요 작품
① **허균** : 「홍길동전」, 「남궁선생전」, 「엄처사전」, 「손곡산인전」, 「장생전」, 「장산인전」 등
② **김만중** : 「구운몽」, 「사씨남정기」
③ **권필** : 「주생전」
④ **기타** : 「임진록」, 「박씨전」, 「임경업전」, 「천군연의」, 「화사」, 「금화사몽유록」, 「강도몽유록」, 「숙향전」 등

5 근대 전환기 초기의 소설

(1) **시기** : 영조(1725)~순조(1801) 이전

(2) **특징**
① 서민의식이 문학의 주도권을 잡게 됨
② 실학사상을 바탕으로 한 작품들이 창작됨
③ 판소리계 소설이 나타남

(3) **주요 작품**
① **박지원** : 「양반전」, 「호질」, 「허생전」 등
② **이옥** : 「심생전」 등
③ **기타** : 「춘향전」, 「조웅전」, 「유충렬전」, 「이대봉전」, 「황운전」, 「흥부전」, 「옥린몽」, 「장끼전」 등

6 근대 전환기 중기의 소설

(1) **시기** : 순조(1801)~광무 10년(1906) 신소설 출현 이전

(2) **특징**
① 비현실적, 전기적인 요소는 거의 제거됨
② 우연성의 남용 사라짐
③ 현실적인 소재 사용
④ 국문소설의 확대

(3) **주요 작품**
① **작자 미상의 가정소설** : 「장화홍련전」, 「콩쥐팥쥐전」, 「정을선전」, 「황월산전」
② 「채봉감별곡」(희곡적 성격), 「배비장전」(신소설 구조에 접근), 「옥루몽」(한문소설 중의 대작), 「천군본기」, 「천군실록」, 「이춘풍전」 등

제 2 장 고소설에 대한 비판론과 옹호론

조선조 사대부들의 소설관은 다음 세 가지로 나눌 수 있다.

1 옹호론 중요

김시습, 김만중, 박지원, 이수광, 안정복 등이 해당한다.

(1) **현실을 부각** : 소설(小說)이기 때문에 대설(大說 : 經, 史)이 담지 못하는 일상적 삶을 진실되게 그려 현실을 드러낸다.

(2) **소설은 자기표현 욕구의 발현** : 인간은 표현하고자 하는 본능을 지니는데, 소설이 그것을 충족시켜주고, 그것 자체로 가치를 지닌다.

(3) **독자에게 긍정적 효과를 줌** : 간접적인 체험을 통해 깨닫게 하여 '세교(世敎)의 기능'을 가지고, 소설이 주는 순수한 즐거움으로 삶의 긴장을 풀어주는 '쾌락적 기능'을 가진다.

(4) **허구의 가치** : 김시습 때에 와서 '허구는 교화와 감동의 수단일 뿐'이라는 허구의 가치가 인식되기 시작했고, 허구에 객관성 있는 진실이 숨어 있으며, 그 속에 도가 있다고 보았다.

2 비판론 중요

홍만종, 유몽인, 이황, 이식, 조위 등이 해당한다.

(1) **허구성** : 소설은 허구를 바탕으로 하므로 진(眞)을 추구하는 당시 문학 흐름에 위배된다.

(2) **세도를 혼란하게 함** : 당시의 지배질서인 유교이념에 어긋나는 것(남녀관계의 애정문제, 체제 비판적 성격)을 사실적으로 묘사하므로 가치기준의 다원화가 우려된다.

(3) **문체를 어지럽힘** : 글을 통해 도를 실현하는 고문을 중시했기 때문에 새로운 형식의 소설이 고문을 어지럽힌다.

(4) 본업에 미치는 영향 및 경제적 손실 : 선비들은 과거 공부에 소홀해지고, 부녀자들은 가사 일에 충실하지 않아 경제적 손실이 많아진다.

3 중도적 입장 중요

이덕무는 소설의 허구성을 비판하는 동시에 비판적 기능을 인정했다.

제 3 장 고소설의 주제와 미의식

고소설의 개별 작품이 아니라 전체를 대상으로 주제가 어떠하다고 단정짓는 것에는 많은 어려움이 있다. 따라서 고소설 전체를 아우르기보다 주제별 분류를 살펴보는 것이 더 적절하다. 그러한 분류를 살펴보면 결국 고소설은 유교적 이념을 바탕으로 권선징악이라는 도덕적 이념을 강조한다는 결론에 이르게 된다.

1 고소설의 주제

(1) 손낙범의 분류
① 국가 군주에의 충성을 권장
② 효성
③ 계모의 비행 징계
④ 정력
⑤ 양반 계급의 위선적 생활의 풍자

(2) 박성의의 분류
① 국가 군주에 대한 충성을 권장하려는 의도
② 효성
③ 정렬(貞烈)의 권장
④ 계모의 비행을 징계
⑤ 양반 계급의 위선적인 생활을 풍자
⑥ 사회제도의 모순과 정치의 부패성을 각성시킴

(3) 김기동의 분류
① 남녀 간의 진정한 애정표현
② 가정생활의 모순과 비극표현
③ 국가 내지 군주에 대한 충성을 표현
④ 사회제도의 모순과 위정자의 부패성 폭로
⑤ 사회제도의 모순과 불합리한 현상을 풍자하고 나아가서 상류 계급의 위선적인 생활을 풍자해 보려 함
⑥ 유교적인 도덕사상을 강조
⑦ 현실 세계를 초월한 이상적 세계를 표현해 보려 함

2 고소설의 미의식

한국문학의 미적 범주는 숭고미, 비장미, 우아미, 골계미로 나눌 수 있다. 각각의 특징 및 그러한 미의식이 잘 드러나는 작품의 예를 들면 다음과 같다.

(1) 숭고미

의미	숭고미는 인간이 아무리 추구해도 도달할 수 없는 높고 커다란 힘에 대한 외경을 품고, 있어야 할 가치를 추구하는 것으로부터 느끼는 아름다움을 의미한다. 이는 신화의 세계에서 느낄 수 있는 것으로 고대문학에서 가장 분명하게 나타나는 아름다움이다. 숭고미가 드러나는 작품들은 이상적 가치에 중요성을 부여하고 현실생활에 대한 고민을 깊이 하지 않는다.
대표적 작품	「유충렬전」, 「조웅전」 등의 영웅소설, 「구운몽」, 「숙향전」 등

(2) 비장미

의미	삶의 정한과 비극적인 상황 인식을 바탕으로 이상적인 가치를 추구하지만 현실의 한계와 장애로 인해 이루어지지 못할 때 주로 나타나는 미의식이다. 서양의 신화 혹은 영웅 이야기에서 두드러지는 미의식이다. 비장미가 두드러진 작품은 거짓된 현실, 억압적 사회, 부당한 정치에 항거하는 이념적 가치를 긍정적으로 표현한다.
대표적 작품	「임진록」, 「임경업전」, 「원생몽유록」, 「수성지」, 「이생규장전」, 「운영전」 등

(3) 우아미

의미	아름다움 자체를 문학적 형상으로써 구현하고자 하는 미의식으로, 현실을 긍정하면서 이상적인 가치를 현실에서 실현하려고 할 때 주로 나타난다. 이러한 미의식은 민담과 민담에서 비롯된 소설들에서 주로 나타난다.
대표적 작품	가정소설들

(4) 골계미

의미	자연의 질서나 이치를 의미 있는 것으로 존중하지 않고 추락시킬 때 나타나는 미의식이다. 주로 봉건사회의 이데올로기를 부정하고 풍자와 해학을 통해 주제를 구현한다.
대표적 작품	「홍길동전」, 박지원의 소설들

제 4 장 | 고소설의 주요 작가와 작품

1 고소설 작가

고소설의 작가는 당시 시대적 특성상 미상인 경우가 많다. 이는 소설 창작이 그리 내세울 만한 일로 여겨지지 않던 당시 분위기 때문이다. 또한 저작권에 대한 개념이 없어서 굳이 작가를 드러내려 할 이유도 없었다. 지금까지 드러난 고소설의 작가들은 다양한 계층에 속해 있는데, 이들을 분류해 보면 다음과 같다.

(1) **비판적 지식인** : 소설 창작에 나선 사대부들은 대부분 비판적 지식인으로 김시습, 신광한, 허균, 김만중, 박지원 등이 여기에 해당한다.

(2) **몰락한 양반층과 직업적 작가** : 돈을 받고 소설을 빌려주는 세책가와 방각본 소설이 등장하면서 소설을 통한 이윤 추구가 가능해지자 직업적 작가층이 생겨났을 것으로 여겨진다. 이들이 쓴 작품들은 사대부들이 쓴 작품과 달리 이름을 알 수 없는 경우가 많은데, 권력에서 배제되어 몰락한 양반층이 소설 창작을 생계유지의 수단으로 삼았을 것이라 추측된다. 「유충렬전」이나 「조웅전」의 경우 세력을 잃은 주인공들이 실세를 회복하는 내용을 담고 있는데, 이는 몰락한 양반들의 바람과도 일치하는 사고이므로 이 작품들의 작가가 몰락한 양반층일 가능성을 높여준다.

(3) **평민층** : 조선 후기에는 평민 의식이 발달하면서 평민 출신 작가가 대거 등장하게 되었으리라 짐작된다. 이들이 쓴 작품의 경우도 작자 미상인 경우가 대부분이다. 평민 출신 작가들은 전기수, 세책집 경영자, 방각본 출판업자처럼 상업적으로 책을 보급하는 사람들과 연결되어 직업적으로 소설을 썼을 것이라 짐작된다.

(4) **광대층** : 판소리계 소설의 경우 전문 광대가 창작에 직접 참여했을 것이라 여겨진다.

2 고소설의 주요 작품 중요

(1) **전기소설**
① **의미** : '전기'는 기이한 것을 전한다는 의미로, 비현실적인 환몽의 세계, 신선의 세계, 천상의 세계 등을 표현한 소설
② **특징**
  ㉠ 사대부, 상인, 협객, 기녀, 시정배 등 도시형 인물들이 많이 나오고 배경도 도시인 경우가 많다.
  ㉡ 도학적인 내용보다 남녀 간 애정 문제나 당시대의 사회 상황 등 다양한 문제를 그린다.
  ㉢ 사건 전개에 있어서 비현실성과 낭만성을 벗어나지 못했다.

③ **주요 작품** : 『금오신화』(김시습), 『삼설기』(작자 미상) 등
④ **구체적 예시** : 김시습, 『금오신화』

김시습(1435~1493)은 '5세 신동'으로 알려져 세종을 알현할 정도로 어릴 때부터 글재주가 뛰어났다고 한다. 그는 어머니의 죽음 및 수양대군의 왕위찬탈 소식을 듣고 승려가 되었다. 생육신의 한 사람으로 꼽히며 사회 현실에 대해 비판하며 평생 벼슬을 하지 않고 떠도는 생활을 했다. 경주의 남산인 금오산(金鰲山)에 머무는 동안 전기소설이자 우리나라 최초의 한문소설집으로 불리는 『금오신화』를 썼다. 『금오신화』에는 다섯 편의 전기소설이 실려 있는데, 각각의 제목과 간략한 내용은 다음과 같다.

「만복사저포기」	양생이 만복사에서 부처님 덕에 만나게 된 아름다운 처녀와 사랑을 나누는 명혼소설
「이생규장전」	이생과 최랑이 이승과 저승을 넘나들며 나눈 사랑을 그린 명혼소설
「취유부벽정기」	홍생이 평양에서 옛 기자왕의 딸과 만나 시를 주고받고 사랑을 나누었다는 명혼소설
「남염부주지」	박생이 저승의 염라왕을 만나 대화를 나누는 내용
「용궁부연록」	한생이 꿈속에서 용궁으로 초대를 받아 융숭한 대접을 받는 내용

(2) 의인소설
① **의미** : 인간이 아닌 것에 인격을 부여하여 등장인물로 삼은 소설
② **특징**
 ㉠ 동물 의인소설 : 동물의 외관이나 성질을 묘사하여 부패한 정치상과 모순적인 사회를 풍자한다.
 ㉡ 식물 의인소설 : 소재를 주로 중국의 고사에서 찾으므로 고사성어를 많이 사용하고, 동물 의인소설과 마찬가지로 당시의 문란한 정치 현실과 사회상을 비유하고 풍자한다. 마지막에 작가가 비유와 풍자의 대상에 대한 평을 기입한다.
 ㉢ 심성 의인소설(천군소설) : '마음'이 주인공인데 마음을 '천군'이라고 표현한다. 이야기의 시작이 주인공의 가계를 설명하거나 주인공의 출생담이고 고사성어가 많이 쓰인다. 작품 끝에 작자의 주관적인 평이 달린다.
③ **주요 작품**
 ㉠ 동물 의인소설 : 「장끼전」, 「까치전」, 「녹처사연회」, 「황새결송」, 「서대주전」, 「두껍전(섬동지전)」, 「별주부전」 등
 ㉡ 식물 의인소설 : 「화왕전」, 「포절군전」, 「관자허전」
 ㉢ 심성 의인소설 : 「천군전」, 「수성지」, 「천군연의」, 「천군본기」, 「천군실록」
 ㉣ 기타 사물 의인소설 : 「여용국전」
④ **구체적 예시** : 작자 미상, 「장끼전」
 ㉠ 내용

> 장끼와 아내 까투리가 엄동설한에 굶주림을 견디고 있었는데 콩 한 알을 발견한다. 장끼가 아내 까투리의 말을 듣지 않고 콩을 먹었다가 죽게 된다. 장끼는 죽으면서 아내에게 개가하지 말라는 유언을 남긴다. 그러나 까투리는 문상 온 장끼와 재혼을 해서 잘 살다 죽는다.

ⓒ 특징
  ⓐ 조선 후기의 작자 및 연대 미상의 소설이다.
  ⓑ 판소리로 불리다가 나중에 정착되었다.
  ⓒ 장끼, 까투리 등의 조류를 의인화했다.
  ⓓ 판본에 따라 내용이 조금씩 다르다.
  ⓔ 남존여비, 여성의 개가금지 등 당시의 사회적 풍조를 비판하는 풍자적 내용의 작품이다.

(3) 몽유소설

① **의미** : 현실의 인물이 꿈속에서 역사적 인물을 만나 그에게 역사적 사건에 관한 진술을 듣고, 다시 꿈에서 깨어나면서 마무리되는 소설

② **특징** 중요
  ㉠ '현실 – 꿈 – 현실', 혹은 '입몽 – 좌정 – 토론 – 시연 – 각몽'의 구조를 지닌다.
  ㉡ 입몽 이전에 몽중의 사건을 촉발시키는 발단이 없다.
  ㉢ 입몽에서 각몽까지 짧은 순간에 끝난다.
  ㉣ 꿈속 이야기이므로 시공간의 제약 없이 시간을 뛰어넘는 인물들이 등장한다.
  ㉤ 일반적으로 시가 많이 들어있다.

③ **주요 작품**
꿈을 꾸는 현실의 인물이 꿈속에서 만난 인물의 이야기를 듣기만 하는 유형(방관형)과, 꿈속에서 만난 인물들의 초대로 토론과 시연에 참가하는 유형(참여형)이 있다.
  ㉠ 방관형 : 「금화사몽유록」, 「사수몽유록」, 「부벽몽유록」, 「강도몽유록」
  ㉡ 참여형 : 「대관제몽유록」, 「원생몽유록」, 「달천몽유록」, 「피생몽유록」, 「안빙몽유록」

④ **구체적 예시** : 임제, 「원생몽유록」
  ㉠ 내용

  > 원자허라는 인물이 꿈에서 단종과 사육신을 만나 비분한 마음으로 흥망의 도를 토론하고 술을 마시며 시를 지어 부르다가 깨어나게 된다.

  ㉡ 특징
    ⓐ 조선 중기의 문신이었던 임제(1549~1587)가 쓴 몽유록으로, 몽유록 형식을 완성했다는 평가를 받는 작품이다.
    ⓑ 작품 속 주인공의 이름을 따서 「원자허전」이라고도 한다.
    ⓒ 세조의 왕위 찬탈과 인간사의 부조리함을 비판한 작품으로 당대에 넓은 독자층을 형성했다.

(4) 몽자류 소설(환몽소설)

① **의미** : 주인공이 꿈에서 현실에 대한 깨달음을 얻고 깨어나 본래의 자아로 되돌아오는 소설

② **특징** 중요
  ㉠ 임진왜란과 병자호란이 일어난 것을 계기로 창작되기 시작했다.

ⓒ '현실 - 꿈 - 현실'의 구조를 취하므로 필연적으로 액자식 구성을 취하게 된다.
ⓒ 주로 전지적 작가 시점 또는 1인칭 관찰자 시점을 통해 서술된다.
② 부귀영화의 허망함과 인간 세상의 무상함이라는 주제를 다룬다.
⑩ 일반적으로 시가 많이 들어있다.
③ **주요 작품** : 「구운몽」, 「옥루몽」, 「옥린몽」, 「옥련몽」
④ **구체적 예시** : 김만중, 「구운몽」
ⓐ 내용

> 남악 형산의 수도승 성진이 팔선녀를 만난 후 세속적 욕망에 사로잡혀 번뇌하다가 스승인 육관대사에 의해 꿈을 꾸게 된다. 꿈속에서 성진은 양소유라는 인물로 지상에 태어나 살아간다. 양소유는 세속에서 입신양명하고 온갖 부귀영화를 누리지만 문득 그러한 삶이 덧없는 일장춘몽에 불과하다는 것을 깨닫는다. 이때 육관대사가 다시 나타나 잠에서 깨어난 성진은 불도를 닦고 팔선녀와 함께 깨달음을 얻어 극락세계로 돌아간다.

ⓒ 특징
　ⓐ 17세기 말, 서포 김만중이 선천으로 유배갔을 당시 어머니 윤씨 부인의 한가함과 근심을 덜어주기 위해 지었다고 한다.
　ⓑ 이 작품은 품위 있는 문체와 소설적 흥미, 사상적 깊이를 가짐으로써 양반 계층을 소설의 독자로 끌어들였다. 이로써 어느 부류의 독자층이라도 인정할 수 있는 고소설 창작의 전형적인 모범을 제시하였다.
　ⓒ 이 작품은 이후 「옥련봉」(「옥루몽」), 「임호은전」, 「장국진전」, 「김희경전」, 「옥선몽」 등에 영향을 주었다.

(5) 이상소설

① **의미** : 이상향 추구를 목적으로 하는 소설
② **특징** : 작가마다 이상향이 다르므로 소설도 작가에 따라 상반된 경향을 보인다.
③ **주요 작품**
　ⓐ 귀족적 이상소설 : 「구운몽」, 「옥루몽」, 「육미당기」, 「임호은전」, 「계상국전」
　ⓒ 서민적 이상소설 : 「홍길동전」, 「전우치전」, 「제마무전」
④ **구체적 예시** : 허균, 「홍길동전」
ⓐ 내용

> 양반인 아버지와 노비인 어머니 사이에서 태어난 홍길동은 무예 실력이 뛰어났음에도 불구하고 신분제 사회에서 높은 자리로 나아갈 수 없었다. 이에 홍길동은 집을 떠나 도적들의 우두머리가 된다. 홍길동은 무리의 이름을 '활빈당'이라 짓고 백성 구제 및 탐관오리 처벌을 하며 돌아다닌다. 나라에서는 홍길동 무리를 잡고자 하나 홍길동은 도술을 부려 번번이 피한다. 결국 제 발로 임금 앞에 나타난 길동은 자기의 소원대로 병조판서를 제수받자 무리를 이끌고 조선을 떠나 율도국에 새로운 나라를 세운다.

ⓒ 특징
  ⓐ 작자인 허균(1569~1618년)은 명문가의 아들로 태어났으나 기존 사회의 적서 차별과 신분제에 대해 비판적이며 사회혁명 사상을 갖고 있다. 이러한 인식을 바탕으로 소설 및 여러 편의 글을 썼다.
  ⓑ 1612년에 지어진 「홍길동전」은 **최초의 한글소설**로 인정되고 있다.

(6) 군담소설
① **의미** : 주인공의 영웅적인 활약상을 내용으로 하는 작품
② **특징**
  ㉠ 가공적 영웅을 등장시켜 호쾌한 장면과 승리감, 고난 극복의 의지를 보여준다.
  ㉡ 대부분 공간 배경은 중국, 시대 배경은 송과 명이다.
  ㉢ 주인공의 행위를 중심으로 '고난 - 가족 이산 - 혼인 - 악인 제거, 복수(시련 극복) - 충성, 무공 - 행복한 결말(가족 재회)'의 구조를 지닌다.
③ **주요 작품**
  ㉠ 창작군담소설 : 허구적 인물과 허구적 배경으로 만든 작품(예 「유충렬전」, 「소대성전」, 「장백전」)
  ㉡ 역사군담소설 : 역사적인 사실, 특히 전쟁이 있던 시대의 실존 인물을 등장시켜 그들의 활약상을 그린 것(예 「임진록」, 「임경업전」, 「박씨전」)
④ **구체적 예시** : 작자 미상, 「유충렬전」
  ㉠ 내용

> 명나라 고관인 유심은 나이가 들어가도 자식을 보지 못하자 산천에 기도하여 신이한 태몽을 꾸고 유충렬을 낳는다. 유심의 정적인 간신 정한담은 유심에게 누명을 씌워 그를 귀양 보내고, 유충렬 모자까지 죽이려 하나 유충렬은 간신히 위기를 넘기고 도피하여 강희주의 사위가 된다. 그러나 강희주 또한 정한담의 모함으로 귀양을 가게 되고, 아내와 헤어진 유충렬은 광덕산의 도승을 만나 도술을 배우게 된다. 정한담이 남적, 북적과 함께 반란을 일으켜 나라가 위기에 처하자 유충렬이 등장해 천자를 구해 내고, 반란군을 진압한 뒤 황후, 태후, 태자를 구출하며, 유배지에서 고생하던 아버지와 장인을 구해 아내와 함께 부귀영화를 누린다.

  ㉡ 특징
  ⓐ 작자 미상이며, 창작 시기는 18세기 후반일 것으로 추정될 뿐이다.
  ⓑ 영웅소설의 전형적인 요소를 갖추었다.
  ⓒ 주인공인 유충렬이 호국을 정벌하고 복수하는 내용을 통해 병자호란의 수모를 대리만족으로 보상받고자 하는 민중들의 염원이 반영된 작품으로 볼 수 있다.

(7) 염정소설
① **의미** : 남녀 간의 애정을 그린 작품
② **특징** : 전란 이전에는 주로 기녀와의 이야기, 전란 이후에는 중국 소설의 영향을 받았다.

③ **주요 작품**
  ㉠ 귀족적 염정소설 : 「숙영낭자전」, 「숙향전」, 「홍박화전」, 「백학선전」
  ㉡ 서민적 염정소설 : 「주생전」, 「영영전」, 「유록전」, 「옥단춘전」
④ **구체적 예시** : 권필, 「주생전」
  ㉠ 내용

> 중국 명나라 때 '주회'라는 청년이 어릴 때의 벗이었던 처녀 배도를 만나 사랑을 나누었다. 배도가 노승상 부인의 총애를 받아 그 집에 드나드는 것을 엿본 주생은 몰래 배도를 따라갔다가 노승상의 딸 선화의 미모에 혹하여 연정을 품게 된다. 주생은 배도의 주선으로 노승상의 아들인 국영의 스승이 되어 노승상의 집에 머물게 되는데, 이때 선화와도 사랑을 나누게 된다. 이를 알게 된 배도가 괴로워하다가 죽고, 국영도 병사하자 주생은 선화의 곁을 떠나게 되어 괴로워한다. 그러던 중 이웃 노인의 중매로 선화와 혼례를 올리게 되나 임진왜란이 일어나는 바람에 종군서기로 징발된다. 주생은 선화에게 알리지도 못한 채 송도까지 와서는 그리움으로 병이 나서 머무르는 신세가 된다.

  ㉡ 특징
    ⓐ 1593년에 지어졌다.
    ⓑ 한 청년 선비의 비극적인 운명을 전기 형식으로 썼다.
    ⓒ 작품의 말미에 지은이가 봄에 송도에 갔다가 역관에서 이 작품의 주인공인 주생을 만나 필담을 통해 이 이야기를 알고 돌아와 서술한 것이라고 기록되어 있는데, 이는 글의 사실성을 높이기 위한 장치로 추정된다.
    ⓓ 이 작품에는 당시 소설에서 흔히 보이는 비현실적인 요소가 없고, 배경이나 사건의 전개, 인물들이 모두 현실감을 지니고 있다.

(8) **풍자소설**
① **의미** : 시대나 역사 속에서 부정적인 현상을 공격하여 우스꽝스럽게 만듦으로써 웃음을 자아내는 소설
② **특징** : 현실 지향적이고, 해학과 상보적인 관계이다.
③ **주요 작품**
  ㉠ 신분제의 모순 풍자 : 박지원의 소설 12편(「양반전」, 「호질」, 「허생전」, 「열녀함양박씨전」, 「마장전」, 「예덕선생전」, 「광문자전」, 「민옹전」, 「김신선전」 등)
  ㉡ 부패한 사회 풍자 : 이옥의 「유광억전」, 「심생전」, 「최생원전」, 「부목한전」
  ㉢ 서민의식과 여권성장의 반영 : 「이춘풍전」, 「오유란전」, 「종옥전」
④ **구체적 예시** : 박지원, 「허생전」
  ㉠ 내용

> 가난한 형편에도 불구하고 글공부에 매진하던 주인공 허생이 아내의 하소연에 못이겨 집을 나선다. 허생은 당시 한양의 큰 부자였던 변씨를 찾아가 돈을 빌리고, 그 돈을 밑천으로 삼아 과일과 말총을 사재기하여 큰돈을 번다. 이후 당시 나라 안에 들끓던 도적 무리를 이끌고 빈

> 섬에 가서 그들이 새로운 삶을 살게 한다. 무역을 통해 큰돈을 번 허생은 섬을 떠나오며 글을 아는 자를 데리고 나온다. 그리고 자신이 번 돈의 절반을 바다에 버리고 남은 돈으로 가난한 사람들을 구제한 뒤 자신에게 돈을 빌려주었던 변씨를 찾아가 원금의 열 배로 돈을 갚는다. 변씨가 평소 알고 지내던 어영대장 이완에게 허생의 비범함에 대해 말하자, 이완은 허생을 찾아와 청나라에 대한 대책을 묻는다. 허생은 세 가지 해결책을 제시했지만 이완은 모두 실행하기 어렵다고만 한다. 이에 허생은 이완을 꾸짖고, 다음 날 행적을 감춰버린다.

　ⓒ 특징
　　ⓐ 이 작품의 작자이자 북학파의 대표적 인물이었던 박지원은 소설을 통해 자신의 실학사상을 구현했고, 당대의 허위성을 비판하는 풍자문학의 영역을 개척했다.
　　ⓑ 사실주의적 기법으로 소설을 썼다.
　　ⓒ 「허생전」은 박지원의 대표작으로, 허위의식에 사로잡혀 쓸데없는 말만을 일삼는 위정자들과 양반의 허위의식을 폭로하고 적극적인 상행위를 통해 부국강병의 길을 모색했다. 특히 이 작품은 사회의 부조리를 과감하게 지적하고 사회 개혁안을 제시했다는 점에서 한국소설사의 새로운 지평을 연 것으로 평가받는다.

(9) 윤리소설
① **의미** : 사회를 안정적으로 유지하기 위해 필요한 윤리를 강조하기 위해 지어진 소설
② **특징** : 대부분의 등장인물이 윤리가치를 위해 목숨을 건다는 점을 통해 이 시대 사람들의 윤리의식을 엿볼 수 있다.
③ **주요 작품**
　㉠ 주군에 대한 충성 강조 : 대부분의 군담소설
　㉡ 효, 우애 강조 : 「적성의전」, 「이해용전」, 「진대방전」, 「흥부전」, 「김태자전」
　㉢ 남편에 대한 여성의 헌신인 열 강조 : 「김씨열행록」, 「옥낭자전」, 「장한절효기」
④ **구체적 예시** : 작자 미상, 「적성의전」
　㉠ 내용[1]

> 강남 안평국왕에게 두 아들이 있었는데, 맏아들 항의는 괘씸하고 엉큼한 마음을 가졌고, 둘째 아들 성의는 남다른 기풍이 있으며 재덕을 겸비하였다. 왕비가 병이 들어 수많은 약이 효험이 없자, 도사의 말에 따라 성의는 격군 10여 명을 데리고 일영주(日映珠)를 구하러 서역으로 떠난다. 선관의 도움으로 서방 세계에 이른 성의는 천성금불보탑존사(금강경천불도사)를 만나 일영주를 얻게 되고, 동방삭의 도움으로 파초선을 타고 약수(弱水)를 건너온다. 한편, 항의는 사공과 무사 수십 명을 데리고 나가 성의가 구한 일영주를 빼앗고, 성의의 두 눈을 칼로 찔러 바다에 빠뜨린 뒤 돌아와 어머니의 병을 고친다.

---
[1] [네이버 지식백과] 적성의전 (한국학중앙연구원, 한국민족문화대백과)

> 맹인이 되어 표류하던 성의는 안남국에 사신으로 갔다 오던 호 승상에게 구출되고 천자의 후원에 머물면서 채란 공주와 사귄다. 성의는 채란 공주와 음률로 화답하며 지낸다. 어느날 어머니가 기러기 발에 매어 보낸 편지를 채란 공주가 읽는 순간 성의는 두 눈을 뜨게 된다. 성의는 장원급제하여 한림학사에 제수되고, 채란 공주와 혼인하여 부마가 되어 본국으로 금의환향한다. 채란 공주는 출정하여 적불의 형제를 물리친다. 성의를 죽이려던 항의는 죽음을 당하고, 성의는 안평국왕이 되어 요순(堯舜)의 정치를 한다.

ⓒ 특징
  ⓐ 작자 및 연대 미상의 작품으로, 「적씨효행록」, 「적씨화행록」이라고도 한다.
  ⓑ 불전(佛典) 설화가 소설로 정착된 것으로 보인다.
  ⓒ 선한 성품과 능력을 동시에 지닌 주인공이 조력자의 도움으로 잃었던 지위를 회복하는 과정에서 효도와 우애가 강조된다.

(10) 가정소설
  ① **의미** : 가정 내에서 일어나는 가족 구성원 간의 갈등이나 가정과 가정, 세대와 세대 간의 갈등을 중심 소재로 지어진 소설
  ② **주요 작품**
    ㉠ 한 가정 내의 갈등
      ⓐ 쟁총형(처첩 간의 갈등) : 「사씨남정기」, 「옥린몽」, 「정진사전」
      ⓑ 계모형(계모나 서모의 자식 학대로 인한 갈등) : 「장화홍련전」, 「김인향전」, 「어용전」, 「정을선전」, 「양풍운전」
      ⓒ 우애형 : 「창선감의록」
    ㉡ 가정과 가정, 세대 간의 갈등 : 「완월회맹연」, 「명주보월빙」, 「윤하정삼문취록」
  ③ **구체적 예시** : 김만중, 「사씨남정기」
    ㉠ 내용[2]

> 중국 명(明)나라 때 유현(劉炫)의 아들 연수(延壽)는 15세에 장원급제하여 한림학사가 된다. 유한림은 그 후 숙덕(淑德)과 재학(才學)을 겸비한 사씨(謝氏)와 혼인하였으나, 9년이 지나도록 소생이 없자 교씨(喬氏)를 후실로 맞아들인다. 그러나 간악하고 시기심이 많은 교씨는 간계로써 사씨 부인을 모함하여 그녀를 폐출시키고 자기가 정실이 된다. 그 후 교씨는 간부(姦夫)와 밀통하며 남편인 유한림을 조정에 모함하여 유배 보내게 한 다음 재산을 가지고 간부와 도망치다가 도둑을 만나 재물을 모두 빼앗기고 궁지에 빠진다. 한편 유한림은 혐의가 풀려 배소에서 풀려나와 방황하는 사씨를 찾아 다시 맞아들이고 교씨와 간부를 잡아 처형한다.

---

[2] [네이버 지식백과] 사씨남정기[謝氏南征記] (두산백과 두피디아, 두산백과)

ⓒ 특징
  ⓐ 숙종의 인현왕후 폐위가 부당함을 소설로 형상화한 작품이다.
  ⓑ 사씨의 남편인 유한림 집안의 가정사를 다루고 있다.
  ⓒ 이전 소설과 달리 세속적 욕망에 따라 행동하는 악인의 행동이 큰 비중을 차지하며 구체적으로 제시되고 있다. 이러한 내용은 이후 소설에도 큰 영향을 주었다.

(11) 판소리계 소설 중요
① 의미 : 판소리 사설이 소설화된 것
② 특징
  ㉠ '긴장 – 이완'의 극적이고 단일한 서사적 구조이다.
  ㉡ 당시 각 계층을 대표하는 인물들이 전형적으로 잘 표현되어 생동감 있게 나타난다.
  ㉢ 서민 의식의 반영으로 지배 계층의 횡포와 사회적 모순을 풍자하는 주제, 해학적 내용이 많다.
  ㉣ 4음보의 율문체로 되어 있다.
③ 주요 작품 : 「춘향전」, 「심청전」, 「흥부전」, 「화용도」, 「토끼전」, 「변강쇠전」, 「배비장전」, 「옹고집전」, 「장끼전」
④ 구체적 예시 : 작자 미상, 「춘향전」
  ㉠ 내용

> 조선 숙종 임금 때, 전라도 남원에 살던 월매라는 기생이 서울 성참판의 둘째 부인이 되어 춘향을 낳아 정성껏 길렀다. 춘향이 16세에 남원 사또의 아들 이몽룡을 만나 한눈에 서로에게 반해 부부의 연을 맺었으나 이몽룡은 한양으로 가게 된 아버지를 따라 춘향을 내버려 두고 떠나게 된다. 그 사이 남원에 새로 부임한 사또 변학도는 춘향에게 수청을 들라 하지만 춘향은 여러 차례 거절하고 이 일로 인해 감옥에 갇히게 된다. 한편 한양에 간 이몽룡은 과거에 급제하여 전라도 암행어사가 되어 남원으로 다시 내려온다. 이몽룡은 탐관오리를 처벌하고 춘향과 결혼하여 오래도록 함께 살았다.

  ㉡ 특징
    ⓐ 여러 가지 근원설화들이 판소리 창자인 광대에게 수용되면서 스토리를 갖춘 판소리 사설이 되어 판소리 '춘향가'로 불리다가 이 사설을 문자로 기록해 정착시킴으로써 판소리계 소설 「춘향전」이 되었다.
    ⓑ 300여 개가 넘는 이본이 있는데, 그중 근·현대에 전승된 판소리 '춘향가'와 가장 유사한 문장과 내용을 갖춘 것은 '완판 84장본 「열녀춘향수절가」'이다.
    ⓒ 기본적으로는 신분을 초월한 사랑이 주제라 할 수 있으나, 표면적 주제는 유교적 가치인 정절, 이면적 주제는 신분 상승을 통해 인간 해방을 실현하고자 하는 민중의 희망으로 볼 수 있다.

제11편 | 실전예상문제

01 「홍길동전」은 조선 중기에 한글로 쓰인 소설이다. 최초의 한글소설이라고는 할 수 있으나 고소설 전체의 효시라 할 수는 없다.

01 다음 중 고소설의 효시에 대한 견해라 할 수 없는 것은?
① 고려 가전체 작품들에서도 소설적 면모가 드러난다.
② 고소설은 조선 전기 김시습의 『금오신화』로부터 시작된다는 견해가 있다.
③ 신라 말에서 고려 초, 「조신」, 「최치원」, 「김현감호」 등에서 기원을 찾을 수 있다는 견해도 있다.
④ 허균의 「홍길동전」에서 비로소 시작되었다.

02 제시된 작품들은 소설적 조건을 완전히 갖추었다고는 할 수 없으나 작가의 상상력을 통해 창작된 허구의 이야기라는 점에서 소설의 기원이라 할 수 있는 면모를 갖추었다.

02 비교적 이른 시기에 쓰인 「조신」, 「최치원」, 「김현감호」 등에서 찾을 수 있는 소설적인 면모는 무엇인가?
① 구체적 인물, 사건, 배경이 등장한다.
② 허구적인 면이 강하다.
③ 작가의 체험을 바탕으로 하였다.
④ 비교적 길이가 긴 작품들이다.

03 「조침문」은 가전체와 마찬가지로 사물을 의인화한 것이기는 하지만 조선 후기의 수필 작품이다. 소설의 기원으로 여겨지는 가전체 작품들은 고려 말에 지어진 것들이다.

03 다음 중 고소설의 기원으로 여겨지는 가전체 작품이 아닌 것은?
① 「국순전」
② 「국선생전」
③ 「조침문」
④ 「죽부인전」

정답 01 ④ 02 ② 03 ③

04 다음 중 소설에 대해 부정적인 입장을 가졌던 조선조 사대부는?
   ① 김시습
   ② 유몽인
   ③ 안정복
   ④ 김만중

04 유몽인은 중국 소설에 나타난 내용들이 음란하다며 소설은 남녀상열을 말해 풍기를 문란케 한다고 보았다.

05 상당수의 고소설이 작자미상인 이유로 적절하지 <u>않은</u> 것은 무엇인가?
   ① 하고 싶은 말을 자유롭게 할 수 있기 때문이다.
   ② 봉건왕조에 어긋나는 발언의 경우 책임지지 않아도 되기 때문이다.
   ③ 다양한 독자층의 호기심을 충족시킬 수 있는 내용을 마음껏 쓰기 위해서이다.
   ④ 향유자들이 집단 창작하는 경우가 많기 때문이다.

05 고소설은 집단 창작의 형태로 제작되지는 않았다.

06 다음 중세 중기의 가전체 작품과 의인화의 대상이 <u>잘못</u> 연결된 것은?
   ① 「국순전」 – 국화
   ② 「국선생전」 – 술
   ③ 「빙도자전」 – 얼음
   ④ 「죽존자전」 – 대나무

06 임춘의 「국순전」은 이규보의 「국선생전」과 마찬가지로 술을 의인화한 작품이다.

07 다음 중 최초의 국문번역소설은 무엇인가?
   ① 「만복사저포기」
   ② 「설공찬전」
   ③ 「홍길동전」
   ④ 「이춘풍전」

07 채수가 쓴 「설공찬전」의 원문은 한문본이지만 국문번역본 「설공찬이」가 남아있다. 이것은 최초의 국문번역소설이라 할 수 있으며 이후 국문창작소설이 출현하는 데 영향을 주었다. 한편 최초의 국문소설로 알려진 것은 「홍길동전」이다.

정답 04 ② 05 ④ 06 ① 07 ②

08 신광한이 쓴 「안빙몽유록」은 꽃을 의인화한 작품으로 최초의 몽유소설로 여겨진다. 안빙이라는 서생이 별장에서 시를 읊고 노닐며 잠이 들었다가 꽃 나라에 가서 놀면서 시연에 참여했다가 깨어난다는 내용으로, 모란을 임금이라 하고 다른 꽃들은 임금 주위의 남녀라 했다.

08 다음 중 최초의 몽유소설로 여겨지는 작품은 무엇인가?

① 「안빙몽유록」
② 「구운몽」
③ 「운영전」
④ 「원생몽유록」

09 신광한의 『기재기이』에는 4편의 전기소설이 실려 있다. 제시된 세 작품 외에 「하생기우전」이라는 작품이 있다. 「몽사자연지」는 조선 중기에 심의가 지은 한문소설이다.

09 다음 중 신광한의 『기재기이』에 실린 소설이 아닌 것은?

① 「안빙몽유록」
② 「서재야회록」
③ 「몽사자연지」
④ 「최생우진기」

10 모순된 사회에 대한 비판의식이 반영된 작품들이 나타나기는 했으나 여전히 전기적, 비현실적 요소가 남아있었다.

10 임진왜란 이후 고소설에 나타난 변화에 대해 잘못 설명한 것은?

① 김만중은 한글로 작품을 써야 한다는 주장을 하였다.
② 전기적이고 비현실적인 면이 사라지고 대신 사회제도에 대한 비판의식이 대두되었다.
③ 전쟁 후의 시대상을 반영하여 역사군담소설이 출현하였다.
④ 의인소설, 몽유소설이 더욱 발전하였다.

11 「남염부주지」는 김시습의 『금오신화』에 실린 조선 전기 작품이다.

11 다음 중 임진왜란 이후의 소설 작품이 아닌 것은?

① 「구운몽」
② 「홍길동전」
③ 「남염부주지」
④ 「박씨전」

정답 08 ① 09 ③ 10 ② 11 ③

12 영조에서 순조 이전까지에 해당하는 근대 전환기 초기 소설의 특징으로 옳지 않은 것은?

① 서민의식이 문학의 대세가 되었다.
② 실학사상을 바탕으로 한 작품들이 창작되었다.
③ 판소리계 소설이 나타났다.
④ 우연성의 남발이 사라졌다.

12 우연적, 비현실적, 전기적 요소가 거의 사라지게 된 것은 근대 전환기 중기의 특징이다.

13 다음 중 다른 것들과 시대적으로 거리가 먼 작품은?

① 「장화홍련전」
② 「콩쥐팥쥐전」
③ 「정을선전」
④ 「춘향전」

13 「춘향전」은 근대 전환기 초기의 판소리계 소설에 해당하고 나머지는 근대 전환기 중기의 가정소설들이다.

14 다음 중 군담소설의 특징에 대한 설명으로 옳지 않은 것은?

① 전쟁을 배경과 제재로 하여 창작된 소설이다.
② 실제로 있었던 역사적 사실을 소설화한 역사군담소설은 임진왜란부터 영조 이전까지 활발하게 창작되었다.
③ 군담소설은 모두 역사적 사실을 소설화한 것이다.
④ 역사군담소설은 민족의 치욕과 원한을 영웅의 승리담으로 상쇄하려는 애국심을 바탕으로 창작되었다.

14 군담소설은 역사군담소설과 창작군담소설로 나뉜다. 역사군담소설은 실제로 있었던 역사적 사실을 소설화한 것으로, 「임진록」, 「임경업전」, 「박씨전」, 「사명당전」, 「김덕령전」 등이 해당하고, 창작 군담소설은 역사적 사실이 아닌 허구를 그린 것으로, 「유충렬전」, 「권익중전」, 「소대성전」, 「용문전」, 「장국진전」 등이 있다.

정답 12 ④ 13 ④ 14 ③

15 번안소설은 외국소설의 무대, 인물, 사건을 국내의 것으로 설정을 바꾸거나 내용을 상당 부분 고친 소설을 말한다.

16 「장끼전」은 암꿩과 수꿩을 의인화한 동물 의인소설이고, 나머지는 식물 의인소설에 해당한다. 「화왕전」은 모란을 비롯한 대나무, 매화, 국화 등을 의인화했다. 「포절군전」과 「관자허전」은 대나무를 의인화했다.

17 몽자류 소설에 해당한다.

15 다음 중 고소설 관련 용어 설명이 <u>틀린</u> 것은?

① 전기소설 : 비현실적인 환몽의 세계, 신선의 세계, 천상의 세계 등을 표현한 소설이다.
② 몽유소설 : 현실의 인물이 꿈속에서 여러 사건을 겪고 다시 꿈에서 깨어나며 마무리되는 소설이다.
③ 번안소설 : 외국소설을 직역이든 의역이든 번역한 소설이다.
④ 의인소설 : 인간이 아닌 것에 인격을 부여하여 등장인물로 삼은 소설이다.

16 다음 중 의인화한 대상의 종류가 <u>다른</u> 의인소설은?

① 「장끼전」
② 「화왕전」
③ 「포절군전」
④ 「관자허전」

17 다음 중 몽유소설의 특징으로 보기 <u>어려운</u> 것은?

① '현실 – 꿈 – 현실'의 구조를 취한다.
② 시가 들어가는 경우가 많다.
③ 꿈속 이야기에는 시공간의 제약 없이 시간을 뛰어 넘는 인물들이 등장한다.
④ 주인공이 꿈에서 현실에 대한 깨달음을 얻고 깨어나 본래의 자아로 되돌아오는 내용이다.

정답 15 ③ 16 ① 17 ④

18 다음 중 염정소설에 해당하지 않는 것은?

① 「숙영낭자전」
② 「사씨남정기」
③ 「숙향전」
④ 「옥단춘전」

18 「사씨남정기」는 가족소설로 임금 숙종의 잘못을 양반 가문의 처첩 간 갈등에 빗대어 풍자하는 내용이다.

19 다음 중 판소리계 소설에 해당하지 않는 것은?

① 「춘향전」
② 「심청전」
③ 「장화홍련전」
④ 「흥부전」

19 판소리계 소설에는 이 밖에도 「화용도」, 「토끼전」, 「변강쇠전」, 「배비장전」, 「옹고집전」, 「장끼전」이 있다. 「장화홍련전」은 가정소설에 속한다.

20 다음 중 판소리계 소설의 특징이라고 볼 수 없는 것은?

① 판소리 사설이 소설화된 것이다.
② 민중의 성향을 반영하여 풍자와 해학이 많이 나타난다.
③ 당시 각 계층을 대표하는 전형적인 인물들이 등장한다.
④ 개화기 시대의 대표적인 민중문학이다.

20 판소리계 소설이 나타난 것은 18세기, 조선 후기이다.

정답 18 ② 19 ③ 20 ④

21 한국문학의 미적 범주는 숭고미, 우아미, 골계미와 더불어 비장미가 있다.

21 다음 중 한국문학의 미적 범주에 해당하지 <u>않는</u> 것은?
① 비애미
② 숭고미
③ 우아미
④ 골계미

22 「홍길동전」은 봉건사회의 이데올로기에 대한 비판이 담겨 있다는 점에서 골계미가 주로 드러나는 것으로 볼 수 있다. 우아미는 주로 가정소설들에서 나타난다.

22 다음 중 작품과 그 작품에서 두드러지게 나타나는 미의식이 <u>잘못</u> 연결된 것은?
① 「구운몽」 – 숭고미
② 「홍길동전」 – 우아미
③ 「임진록」 – 비장미
④ 「유충렬전」 – 숭고미

23 「구운몽」의 작가인 김만중은 1637년에 태어나 1692년까지 살았다. 즉 「구운몽」은 17세기 말 작품이다.

23 다음 중 「구운몽」에 대한 설명으로 옳지 <u>않은</u> 것은?
① 김만중이 어머니를 위해 지은 작품이다.
② 몽자류 소설에 해당한다.
③ 양반 계층도 적극적으로 소설을 향유했던 19세기의 작품이다.
④ 「옥루몽」에 영향을 주었다.

정답 21 ① 22 ② 23 ③

24 고소설의 종류와 작품이 잘못 연결된 것은?

① 몽유소설 – 「원자허전」
② 이상소설 – 「홍길동전」
③ 군담소설 – 「유충렬전」
④ 풍자소설 – 「주생전」

24 「주생전」은 '주회'라는 청년이 두 여인과 만나 사랑하고 이별하는 비극적인 운명을 다룬 소설로, 풍자소설이 아니라 염정소설에 속한다.

25 다음 설명에 해당하는 작품의 제목은?

- 주인공의 영웅적 면모가 두드러진다.
- 군담소설이다.
- 병자호란과 관련된다.

① 「홍길동전」
② 「유충렬전」
③ 「허생전」
④ 「이생규장전」

25 「유충렬전」은 병자호란 당시 우리 민족이 겪은 수모를 씻고자 하는 민중의 염원이 반영된 작품으로, 주인공 유충렬은 영웅소설 속 주인공의 전형을 보여준다.
① 「홍길동전」은 주인공의 영웅적인 면모가 드러나지만 전쟁 상황을 배경으로 한 작품이 아니므로 군담소설이라 할 수 없다.
③ 「허생전」 역시 주인공의 비범한 면모가 돋보이기는 하지만 허생을 영웅이라 할 수 없을 뿐만 아니라 전쟁을 배경으로 하지 않았다.
④ 「이생규장전」에는 홍건적의 난이 배경으로 제시되었으나 주된 내용은 남녀 간의 사랑이므로 군담소설이 아니다.

정답 24 ④ 25 ②

지식에 대한 투자가 가장 이윤이 많이 남는 법이다.

— 벤자민 프랭클린 —

제12편

판소리

제1장	판소리의 개념과 역사
제2장	판소리의 주제와 미의식
제3장	판소리와 판소리계 소설
제4장	신재효의 판소리 정리
실전예상문제	

| 단원 개요 |

판소리는 우리나라 고유의 연행 예술로 17~18세기 무렵 생성된 후 여러 가지 사회변동과 함께 발전해 온 장르이다. 초기에는 민중들을 대상으로 시작되었으나 시간이 지나면서 중인, 양반 등 다양한 계층을 모두 끌어들이는 장르로 발전되었다. 이처럼 판소리의 저변이 넓어지면서 판소리는 한층 다듬어지고 발전된 형태가 되었다. 현대에 들어 연극이나 영화와 같은 예술 장르가 보급되자 판소리는 급격히 쇠퇴했으나 한편에서는 시대적 변화를 반영한 작품들을 꾸준히 창작함으로써 명맥을 이어가고 있다. 이 단원에서는 판소리의 개념부터 시작하여 역사, 주제와 미의식, 판소리계 소설, 신재효의 판소리까지 살펴본다.

| 출제 경향 및 수험 대책 |

이 단원에서는 판소리의 개념 및 특성, 발생과 전승과정을 잘 파악하고 있어야 한다. 또한 판소리계 소설과 판소리 사설의 차이, 판소리의 주제 등에 대해 알아두는 것이 필수적이다.

보다 깊이 있는 학습을 원하는 수험생들을 위한
시대에듀의 동영상 강의가 준비되어 있습니다.
www.sdedu.co.kr ➔ 회원가입(로그인) ➔ 강의 살펴보기

제 1 장 판소리의 개념과 역사

1 판소리의 개념과 주제의 특징

(1) 판소리의 개념

판소리는 한 명의 창자가 고수의 북장단과 추임새에 맞추어 서사적인 이야기를 소리와 아니리로 엮어 너름새(발림, 몸짓)를 곁들이며 구연하는 구비 서사 문학이다.

판소리라는 명칭은 '판'과 '소리'가 결합된 말이다. '판'은 다수가 모여 어떤 일을 벌이는 곳이나 정황, 행위 자체를 뜻하고 '소리'는 음악을 뜻한다. 따라서 판소리는 다수의 청중이 모인 판놀음(줄타기, 땅재주, 춤, 죽방울, 소리 등)에서 불리는 성악이라는 의미를 지닌다고 보는 것이 일반적이다. 그러나 '판'이 중국에서는 악조를 의미하는 것에 주목하여 변화가 있는 악조로 구성된 판창(板唱), 즉 판을 짜서 부르는 소리로 보는 견해도 있다.

이처럼 판소리는 국악의 한 용어이다. 하지만 그 판소리 사설의 중요성 때문에 국문학의 한 장르 용어로도 쓰이고 있다.

(2) 판소리 주제의 특징 중요

① **상반되거나 당착적임**

일반적인 서사의 경우 시간적 선상에 따라 인과 관계로 연결된 유기적인 의미망이 통일된 주제로 통합되기 마련이다. 그러나 판소리의 경우 구전되었기 때문에 **누가 불렀느냐**에 따라 주제가 달라질 수 있다. 또한 한 장면만 따로 떼어 부를 때에 사건을 확대하기도 하고 인물의 성격을 변화시키기도 한다. 이에 따라 서로 다른 의미망이 병립적이거나 방사선상으로 주제적 의미에 이리저리 얽히게 된다. 이리하여 주제가 서로 상반되거나, 앞뒤가 안 맞는 경우가 많다.

② **표면적 주제와 이면적 주제가 있음**

판소리 생산의 주체는 구비문학을 토대로 한 문화적 토양에 자리 잡은 민중인 반면, 감상의 주체를 확장할 경우 기록문학을 토대로 한 문화적 토양에 자리 잡은 양반 사대부와 왕족 및 신흥 세력까지 포함하게 된다. 따라서 판소리는 표면적인 주제와 이면적인 주제라는 양면적인 주제를 가짐으로써 향유층을 넓히게 되었다.

민중은 판소리를 생산할 때 구체적인 현실과 교섭하면서 지니게 되는 현실주의적 세계관이 바탕이 되어, 세계에 대한 직접적인 인식과 이에 대한 생생하고도 발랄한 태도를 사설 속에 드러내 보이게 된다. 이러한 인식은 이면적 주제를 구성한다. 한편 감상의 주체가 된 양반층은 지배 이념에 기초한 세계관을 통하여, 세계에 대한 추상적인 인식과 지배 질서를 옹호하는 태도를 보이게 되는데, 이러한 인식은 표면적 주제를 구성한다.

「춘향전」의 주제는 정절이며 「심청전」의 주제는 효라고 할 때 언급되는 주제들은 지배 계층의 이데올로기와 관련되는 것으로 표면적 주제에 해당한다. 한편 「춘향전」은 신분적 제약을 극복하고 인간적 해방을 이루고자 하는 욕구의 표현이라는 이면적 주제를 가지고, 「심청전」의 경우, 심청처럼 가난하고 미천한 사람도 자기를 희생하고 옳은 일을 선택하게 되면 그에 대한 보상으로 고귀한 신분에 이를 수 있다는 이면적 주제를 갖는다. 신분 상승에 대한 민중의 강한 욕구가 반영된 것이다.

2 판소리 구성요소 중요

판소리는 소리광대, 고수, 청중으로 이루어져 있다.

(1) 소리광대

소리광대는 판소리의 주된 인물로, 여러 가지 형상적 표현수단을 이용하여 판소리 대본을 청중에게 전달하여 그들의 사상, 정서적 감흥을 불러일으키는 연창자이다. 연창자의 형상적 표현수단에서 중요한 것은 '창(唱, 소리)', '아니리', '너름새' 등이다.

① **창** : 판소리 대본에서 연창자가 소리하는 모든 대목을 통틀어 이르는 말이다. 창은 여러 기준에 따라 나눠볼 수 있다.

　㉠ 소리의 형태에 따라 : 영창, 대창, 설명창, 삽입가요 등
　　ⓐ 영창 : 작품 주인공의 내면세계를 집중적으로 표현하는 소리
　　ⓑ 대창 : 등장인물들이 주고받는 소리
　　ⓒ 설명창 : 작품에 주어진 인물의 심리적 성격을 객관적으로 표현하는 소리
　　ⓓ 삽입가요 : 기성의 소리
　㉡ 음조에 따라 : 평조, 우조, 계면조
　㉢ 형상기법에 따라 : 동편제, 서편제, 중고제 등
　㉣ 성음의 높낮이에 따라 : 평성, 상성, 하성
　㉤ 성음의 음질에 따라 : 통성(배에서 울려나오는 소리), 수리성(쉰소리), 비성(콧소리), 발발성(떠는 소리), 귀곡성(귀신이 곡하는 소리) 등
　㉥ 성음의 변화와 발성법에 따라 : 푸는 목, 감는 목, 찍는 목, 마는 목, 미는 목 등
　㉦ 더늠 : 더늠은 성숙의 경지에 올라선 창자가 스승에게 전수받은 부분 위에 자신이 만들어낸 자신의 장기인 새로운 부분을 보태 이를 후배에게 전승시키는 것을 말한다. 이로써 판소리는 부분의 극대화가 나타나게 된다. 더늠은 판소리의 진수가 제일 잘 나타난 부분으로 창자의 온갖 재주가 발휘되어 문학과 음악이 조화의 극치를 이루는 부분이다.

② **아니리** : 판소리 대본의 극적 줄거리를 연창자가 운율화된 **말로 엮어나가는 부분**을 말한다. 아니리는 판소리 대본의 서두에서 사건이 벌어지는 장소, 인물, 환경을 설명하는 것으로부터 시작하여 극적 사건이 변화되는 내용을 대화체로 연결시켜 준다. 이러한 대화체는 고수의 일정한 장단 안에서 처리되어야 한다. 아니리는 연창자로 하여금 소리의 공간과 너름새의 기회를 주게 된다.

③ **너름새(발림)** : 너름새는 연창자의 간단한 **몸동작**을 말하는데, 발림이라고도 한다.
④ **기타**
 ㉠ 화용 : 얼굴표정을 나타내는 것
 ㉡ 비양 : 새소리를 비롯한 자연계의 온갖 소리를 흉내내는 것

(2) 고수

고수는 북장단으로써 연창자를 인도하며 청중과 호흡을 맞춘다. 북 하나로 반주하는 고수는 북장단을 치면서 때로는 '얼씨구', '좋다', '으이' 등의 말을 덧붙여 연창자의 흥취를 돋우며 청중의 인기를 끈다. 이때 고수와 청중 간의 호흡을 맞추는 것을 **추임새**라고 한다. 고수의 북장단은 판소리의 주요한 음악구성의 하나로, 판소리에 쓰이는 장단에는 진양조, 중모리, 중중모리, 잦은모리, 잦은중모리(휘모리), 엇모리 등이 있다. 고수는 이러한 여러 가지 장단을 통하여 판소리에 변화를 주면서 작품을 재미있게 엮어 나간다.

(3) 청중

청중 역시 고수와 마찬가지로 추임새를 넣으며 연행자와 소통하고, 판에 생동감을 불어넣는다. 판소리의 연행자는 청중과 호흡을 맞추며 즉흥적으로 원래의 내용이나 곡조와 다르게 연행하기도 한다. 그러므로 청중은 제2의 연행자이며 창작자라 할 수 있다.

3 판소리의 특성 중요

(1) 구비문학

구비 전승되는 과정에서 같은 제목을 가진 여러 작품군이 나타났다.

(2) 적층문학

판소리는 구비문학의 여러 단순 형태가 쌓이며 각 시대의 문화가 누적되었다.

(3) 종합 예술

음악적 요소인 창, 문학적 요소인 아니리, 연극적 요소인 발림과 무용이 결합되었다.

(4) 부분적 독자성

구비 전승되는 과정에서 전체적 유기성에 크게 구속받지 않는 '더늠'에 의해 부분적 독자성을 지닌다. 이는 서양과는 다른 동양적 극의 특징이라 할 수 있다.

(5) 서민문학적 성격
서민의 일상을 이야기하기에 서민의 의식과 욕구를 잘 드러낸다.

(6) 국민문학, 민족문학
시간이 지날수록 서민만이 아니라 중인층의 개입으로 양반의 후원을 받고 연행되는 경우가 많아졌다. 따라서 판소리는 특정 계층이 아닌 국민, 민족의 문학이다.

(7) 에로티시즘
성의 문학화를 통해 억제된 본능을 연희적으로 해소하는 카타르시스적 장치로 작동하였다. 그러나 유교 이념을 중시하는 양반도 향유하던 장르였기 때문에 정제되고 문학적 윤색이 되어 표현되었다.

4 판소리의 역사

(1) 발생
판소리의 발생에 관하여는 서사무가 기원설, 독서성 기원설, 강창 기원설, 광대소학지희 기원설 등 여러 가지 견해가 있다.
이 중 가장 유력한 것으로 인정받는 것은 **서사무가 기원설**이다. 판소리가 구비서사시라는 점이 서사무가와 비슷할 뿐만 아니라, 우리나라 남도의 세습무 가계에서 판소리 명창들이 다수 배출되었다는 것 등의 이유로 남도의 서사무가가 신성한 것으로 여겨지던 것에서 벗어나 세속화되면서 나타난 것으로 인식되고 있다.

(2) 전승 `중요`

① 형성발전기(17~18세기)
임진왜란과 병자호란 이후 극도로 피폐해진 농민들 중 고향을 떠나 자신이 가진 예능이나 기술 등으로 생계를 유지하는 사람들이 생겨났다. 이들은 유랑 예능인이 되어 정해진 장소 없이 돌아다니며 공연을 했다. 각 지방색을 뚜렷하게 가지고 있는 이들에 의해 문화가 이동하고 결합하여 창조되며 새로운 예술적 성취들이 나타나기 시작했다. 이들은 공연을 통해 생계를 해결해야 했으므로 자신들의 공연을 더욱 다듬어 나갔다. 그러는 과정에서 판소리 기술이 발달하기 시작했고 다음 세대로의 전승도 이루어질 수 있었다.
17세기경 초기 판소리는 판놀음 중의 한 부분으로 연행되면서 **현재와 가까운 모습으로 형식이 정해졌다.** 그러다가 18세기경 **판놀음으로부터 독립**하여 판소리가 독립적인 예술 작품으로 연행되었고, 판소리를 하는 광대를 훈련시키기 위해 창본(唱本)이 성립되었다.

기록으로 남아 있는 판소리의 가장 오래된 모습은 영조 때 유진한이 쓴 「가사춘향가이백구」에서 확인할 수 있다. 유진한은 1753년부터 1754년까지 호남지방을 여행하면서 보았던 「춘향가」의 가사를 한시로 옮겨 놓았는데, 이를 흔히 「만화본춘향가(晩華本春香歌)」라고 부른다. 이 시기에 활동한 명창에는 하한담, 최선달, 우춘대 등이 있다.

② **전성기(19세기)**

이 시기에는 수많은 명창들이 배출되었으며, 향유층이 서민뿐만 아니라 중인, **양반 사대부 계층으로도 퍼져나갔다.**

음악적으로는 장단, 악조, 더늠 등의 특성 있는 개발과 완숙미가 더해졌고, 유파별 창제의 분화, 판소리 레퍼토리 확충이 이루어졌다. 문학적으로는 판소리계 소설이 방각본으로 다수 간행되어 독서용으로도 퍼져나갔다.

이 시기에 명창으로 손꼽히는 사람들이 있는데, 이들은 자신들의 장기로 개발한 더늠이나 개성 있는 선율을 통해 판소리의 예술성을 높였고 여러 명창들이 관작을 받기도 했다. 권삼득, 송흥록, 염계달, 모흥갑, 고수관, 신만엽, 김제철, 주덕기, 황해천, 송광록, 박유전, 박만순, 이날치, 김세종, 송우룡, 정창업, 정춘풍, 김창록, 장자백, 김찬업, 이창윤 등이 이 시기의 명창으로 손꼽는다.

한편 **신재효**는 판소리 광대들을 적극 후원하고 여성 명창도 육성하였으며, **판소리 12마당 가운데 6마당의 사설을 정리, 개작하였다.**

③ **쇠퇴기(20세기)**

20세기에 들어 판소리는 점차 쇠퇴하기 시작했다. 판소리 12마당 중에서 사설만이 아니라 선율까지 함께 남아있는 것은 「춘향가」, 「심청가」, 「흥보가」, 「수궁가」, 「적벽가」의 5개이고, 나머지 7개는 사설은 남았으나 음악적인 선율은 알 수 없게 되었다. 양반들의 감성과 미의식에 적합하지 않은 작품들이었기 때문인 것으로 추정된다. 그러나 최근 「변강쇠타령」, 「옹고집타령」, 「배비장타령」, 「숙영낭자타령」 등이 복원되었다.

20세기 초에는 협률사, 원각사 등 근대 서구식 극장이 만들어지면서 달라진 무대 환경에 적응하기 위해 판소리도 연극적인 면이 강화된 **창극의 형태로 바뀌어 갔다.** 유성기 보급으로 레코드 취입도 이루어지고 일제강점기라는 시대적 상황으로 인해 한스러운 가락이 많아지기도 했다. 또한 일제강점기에 전국적으로 **권번(기생조합)**이 설치되고 거기에서 판소리를 가르치기 시작하면서 여성 명창도 다수 배출되었다. 1964년에는 판소리를 중요무형문화재(인간문화재)로 지정하여 보존 및 전수의 계기를 마련하기도 했다.

이 시기에는 박기홍, 김창환, 김채만, 김연수, 임방울, 박동진, 김소희, 조상현, 한농선, 송순섭, 안숙선 등의 명창이 활약했다.

제2장 판소리의 주제와 미의식

1 판소리의 주제

판소리 12마당 중 전승 5마당의 표면적 주제와 이면적 주제는 각각 다음과 같다.

(1) 「춘향가」

표면적 주제	정절, 남녀 간의 사랑
이면적 주제	신분적 제약을 극복하고 인간적 해방을 이루고자 하는 서민들의 저항의식

(2) 「심청가」

표면적 주제	자기희생적 효
이면적 주제	가난한 현실로부터 야기되는 고난 극복, 구원을 통한 자기 정화, 자아 성취의 확장 등

(3) 「흥보가」

표면적 주제	형제간의 우애, 권선징악
이면적 주제	현실 비판에 근거한 민중적 염원, 의식주를 위한 투쟁, 선악의 갈등과 대립, 기존 관념에 대한 갈등과 민중적 현실주의 세계관의 등장, 조선 후기 현실 모순과 신분 변동 현상의 반영 등

(4) 「수궁가」

표면적 주제	충의 이념 강조
이면적 주제	지배층의 욕망 비판 및 약자의 지혜 강조

(5) 「적벽가」

표면적 주제	전범적 인물을 통한 질서의 회복
이면적 주제	개인적 욕망을 성취하기 위해 힘없는 군사들을 전쟁터로 몰아넣은 조조에 대한 부정과 비판, 안정적인 삶의 공간으로 돌아가고자 하는 서민들의 소망

전승하는 판소리 5마당의 주제는 보편적인 주제의식을 구현하며, 주인공이 긍정적이고, 골계와 비장이 적절하게 교차한다는 점 등의 공통점을 지닌다.
한편 전승되지 않는 7마당의 공통점은 주인공이 부정적이며, 세태를 주로 다루었고, 골계미 위주로 되어 있다는 것이다.

2 판소리의 미의식

판소리의 미의식을 결정짓는 요소에는 사설(사설 내용), 음악(성음, 장단, 조), 너름새가 있는데 그중 사설은 판소리의 미의식을 결정짓는 데 일차적으로 중요한 역할을 담당한다.

(1) 사설 내용을 통해 드러나는 판소리의 주요 미적 특질에는 골계미와 비장미, 장중미가 있다.
① 골계미는 재담, 육담, 욕설, 패러디 등을 통해 인물을 웃음거리로 만드는 데서 나타난다. 골계미에는 해학과 풍자가 있다.

해학	지체가 높거나 혹은 낮은 인물이 웃음거리가 되는 데에서 나타난다.
풍자	주로 지체 높은 인물을 웃음거리로 만들어 비속화하고 조롱하는 데에서 주로 나타난다.

② 비장미는 긍정적인 인물이 고난을 당하거나 위기 상황에 놓여 있는 장면을 묘사하는 데에서 드러난다.
③ 장중미는 긍정적인 인물의 위풍당당하고 영웅적인 면모를 그리는 데에서 나타난다.

(2) 비장미와 장중미는 사설의 내용이 음악적 기능과 함께 어울림으로써 더 실감나게 표현된다.

(3) 골계미, 비장미, 장중미는 각각 별개로 존재하는 것이 아니다. 표면적으로는 골계미를 연출하는 것 같으나 실제로는 비장의 효과를 나타내는 경우(비장적 골계)도 있고, 비극적 상황인데도 골계적으로 묘사되는 경우(골계적 비장)도 있다.

(4) 이 밖에도 판소리에서 우아미를 볼 수 있는 부분도 있다. 우아미가 느껴지는 부분에서는 대개 한문 고사성어가 빈번하게 등장한다.

(5) 판소리 12마당이 정립될 무렵에는 골계미가 주로 두드러졌으나 19세기 후반으로 갈수록 골계미 위주의 작품은 전승이 약화되는 반면, 비장미와 골계미가 적절히 섞여 있으며 보편적인 주제의식을 보이는 작품은 지속적으로 전승되는 양상을 보였다.

(6) 판소리의 미의식은 고정되어 있는 게 아니라 소리꾼의 연출력과 청중의 취향에 따라 그때그때 달라진다.

제3장 판소리와 판소리계 소설

1 판소리와 판소리계 소설의 관계

기본적으로는 판소리로 연행되던 이야기를 소설로 전환시킨 것이 판소리계 소설이다. 그러나 판소리로 불리지 않았어도 판소리 사설의 특징을 지니고 있는 「이춘풍전」 같은 작품을 판소리계 소설에 포함시키기도 하고, 판소리로 불리기 전에 먼저 소설 형태로 정착된 「숙영낭자전」이나 「심청전」의 특정 이본도 판소리계 소설로 본다.

2 판소리계 소설의 특징

(1) 특징
① 운문과 산문이 혼합된 문체의 모습을 보여준다.
② 향유층의 특성으로 인해 세련된 한문투의 언어와 평민층의 발랄한 속어 및 재담이 혼재되어 있다.
③ 서민 의식의 반영으로 지배 계층의 횡포와 사회적 모순을 풍자하는 주제, 해학적 내용이 많다.
④ 주로 '~전'이라는 이름을 붙여 부른다.
⑤ 다른 고전소설에 비해 이본에 따른 차이가 크다.
⑥ 내용 상호 간 모순되는 내용이 발견되기도 한다.

(2) 주요 작품
① 현재도 판소리로 불리는 것

「춘향전」	• 춘향과 이몽룡의 신분을 초월한 사랑을 형상화했다. • 표면적 주제는 열녀를 칭송하는 것이며 이면적 주제는 신분적 제약에서 벗어나 인간적 해방을 이룩하고자 하는 하층민의 소망이라 할 수 있다. • 판소리계 소설 중 가장 다양한 이본이 존재하는데 대표적인 이본에는 「남원고사」, 「열녀춘향수절가」, 「옥중화」가 있다. • 「광한루기」, 「춘향신설」, 「익부전」이라는 제목의 한문 필사본도 있는 것으로 보아 양반들 사이에도 유통된 것으로 보인다.
「심청전」	• 심청의 효심을 형상화했다. • 「효녀 지은 설화」, 「거타지 설화」, 「인신공희 설화」, 「관음사 연기 설화」 등을 토대로 하였다. • 심청의 죽음과 재생, 심봉사의 개안 등 환상성이 짙은 내용도 있고 심봉사와 뺑덕어미의 이야기는 골계적인 내용이 복합적으로 구성되어 있다. • 표면적 주제는 효, 이면적 주제는 가난, 질병 등 삶의 가장 원초적인 고통을 현실감 있게 형상화한 것이라 할 수 있다. • 「심청왕후전」이라고도 불린다.

「흥부전」	• 「흥보전」, 「박흥보전」, 「놀부전」, 「흥보가」, 「박타령」 등으로도 불린다. • 선악형제담·동물보은담·무한재보담의 결합으로 이루어졌다. • 두 주인공인 흥부와 놀부는 당시 서민사회의 전형적 인물이라 할 수 있다. 흥부는 양반 혹은 영세농민의 전형이고 놀부는 천민 혹은 부농층의 전형으로 볼 수 있다. • 형제간의 우애와 인과응보, 권선징악을 표면적 주제라 할 수 있고, 당시의 급변하는 현실사회에서 몰락한 양반과 아직도 위세를 부리려는 기존 관념이 허망한 것이라는 현실주의적 서민의식이 이면적 주제라 할 수 있다.
「토끼전」	• 판소리 「수궁가」를 정착시킨 것이다. • 자라와 토끼를 의인화한 우화소설이다. • 사회풍자적 성격이 강하다. 용왕은 자기 병을 고치기 위해 무고한 백성을 희생시키려는 통치자, 자라는 충성스런 신하, 토끼는 헛된 벼슬 욕심을 품기도 하지만 지혜로 위기를 모면하는 백성을 의미하는 것으로 볼 수 있다. • 결말 부분이 이본에 따라 매우 다양하다. • 「별주부전」, 「토선생전」, 「토생전」, 「토처사전」, 「토공전」, 「토별전」, 「옥토전」, 「중산망월전」 등 다양한 제목으로 전해진다. • 「토끼전」, 「토공사」, 「토공전」 등의 한문 필사본으로도 유통되었다.
「화용도」	• 판소리 「적벽가」를 토대로 했다. • 영웅들의 광대한 전쟁이야기를 다루었다. • 전쟁에 동원되었다가 참혹한 고난을 겪는 민중들의 탄식과 원망에 초점을 맞춤으로써 지배층에 대한 민중들의 비판의식이 드러난다. • 「적벽가」, 「적벽대전」, 「화용도실기」라는 제목으로도 전해진다.

② 현재는 판소리로 불리지 않는 것

「변강쇠가」	변강쇠와 옹녀를 주인공으로 내세워 유랑민들의 비극적인 생활상을 희극적으로 나타냈다.
「배비장전」	배비장과 제주 목사 기녀 애랑의 이야기를 통해 위선적인 지배층을 풍자했다.
「옹고집전」	옹고집의 탐욕과 심술을 통해 윤리 도덕은 무시하고 부만 추구하는 사회현실을 문제 삼았다.
「장끼전」	장끼의 죽음과 까투리의 개가 문제를 우화적으로 표현하여 남존여비와 개가금지라는 유교이념을 비판하고 풍자했다.
「계우사」	「무숙이타령」(「왈자타령」이라고도 불림)을 소설화한 작품이다. 사회의 기생적 존재인 왈자(왈패 혹은 건달)의 행태를 풍자했다.
「매화가」 (「골생원전」)	「강릉매화타령」을 소설화했다. 타락한 인물인 골생원에 대한 풍자와 희화화를 했다.
「숙영낭자전」	백선군과 선녀인 숙영이 사랑을 나누는 내용이다. 19세기의 소리는 전승되지 않고 있으나 20세기에 재창작된 소리로 전해진다.

(3) 판소리계 소설과 신소설

판소리계 소설 중에는 특히 독자들의 사랑을 많이 받은 작품들이 있다. 이를 1910년대에 이해조가 신소설로 개작하기도 했다.

판소리계 소설		신소설
「춘향전」	→	「옥중화」
「심청전」		「강상련」
「흥부전」		「연의 각」
「토끼전」		「토의 간」

3 그 외 특징

판소리는 여러 요소들이 함께 어우러져 연행되는 현장 예술적인 공연물이고 판소리 사설은 판소리 연창을 위한 대사이다. 또한 판소리계 소설은 판소리와 선후관계를 가진 기록문학에 속한다.
이 중에서 판소리 사설과 판소리계 소설은 둘 다 문학적인 면이 강하며 서로 연관되어 있으면서도 구비문학과 기록문학의 특성에 따라 서로 다른 특징을 지닌다.

(1) 판소리 사설의 구비문학적 특징 중요
① 대화를 이끄는 바탕글('~말하되', '~하는 말이', '~물으시되' 등)이 생략되는 경향이 있다.
② 서술자의 진술에서 청중에게 말을 건네는 듯한 어투를 보여주는 종결어미가 많이 사용된다.
③ 서술자의 시점에 인물의 시점이 침입하는 시점의 혼용이 많이 일어난다.

(2) 판소리계 소설의 기록문학적 특징 중요
① 대화를 이끄는 바탕글이 존재한다.
② 대상에 거리를 두고 객관적으로 바라보는 종지형 어투가 많이 사용된다.
③ 시점이 일정하게 고정되어 있는 편이다.

위와 같은 차이들은 절대적인 유무의 차이가 아니라 특정 경향이 좀 더 강하다는 정도의 차이이다.
또한 이 둘 사이에는 선후관계가 존재하는데, 이것은 개별 작품마다 전개 양상이 다르고 상호 교섭되는 측면이 있어서 일률적으로 단정할 수 없다. 예를 들어 판소리 다섯 마당 중 「춘향전」, 「흥부전」, 「토끼전」의 경우 판소리가 선행했던 것으로 짐작되지만, 「심청전」의 경우 판소리 선행설과 소설 선행설이 팽팽하게 맞선다. 또한 「적벽가」의 경우에는 확실히 소설이 선행했던 것으로 여겨진다.
이로 보아 판소리는 초기에는 설화적 이야기와 서정 장르의 사설들을 토대로 시작되었다가 점점 발전하면서 기존의 고소설들까지도 연창의 대상으로 삼게 된 것으로 보인다.

제4장 신재효의 판소리 정리

1 신재효의 삶

신재효(1812~1884)는 전라북도 고창에서 태어났다. 그는 판소리 사설의 정리와 개작, 단가 창작, 판소리 이론 탐구, 판소리 창자 교육 및 후원에 힘썼다. 그가 지은 단가인 「광대가」는 창자들이 판소리를 부르기 전 목을 풀기 위해 불렀다고 하는데, 여기에는 조선 말기의 판소리 명인과 판소리 이론에 관한 내용이 담겨 있다. 그가 지은 단가에는 「광대가」 외에도 「도리화가」 등이 있었다.

그가 활동할 당시의 판소리는 남성 창자 위주였지만 신재효는 여성 창자, 아동 창자에게도 적극적으로 후원함으로써 진채선, 허금파와 같은 여류 명창을 배출해 내었다.

2 신재효의 판소리 정리

신재효는 「춘향가」, 「심청가」, 「박타령」, 「토별가」, 「적벽가」, 「변강쇠타령」의 판소리 6마당을 완성했다. 이 중 「춘향가」, 「심청가」, 「박타령」, 「적벽가」, 「토별가」는 이미 판소리 형식으로 불리던 것들인데 신재효가 다듬어 완성하였다. 「변강쇠타령」(「가루지기타령」)은 「송장타령」의 이름으로 민간에서 불리던 서사적 민요였는데, 이를 토대로 삼아 신재효가 판소리로 창작한 것이다.

3 신재효가 정리한 사설의 특징

(1) 「춘향가」를 남창, 여창, 동창의 세 가지로 사설을 정리·개작했다. 다만 현재 「여창춘향가」는 전해지지 않는다. 남창에서는 양반 사대부적 세계관에 부합하도록 개작하여 기존 권위에 대한 철저한 순종의식을 보여주는 반면 동창은 서민, 천민 위주의 개작을 하여 기존 권위에 대한 철저한 도전의식을 나타내고 있다.

(2) 신재효의 판소리 사설 대부분은 그대로 소설로서 읽혔거나 또한 소설의 직전 형태가 되었다. 따라서 신재효는 소설 작자로서도 중요한 자리를 차지한다.

(3) 한자어 및 한문어구 사용이 많고 민중적 성격보다는 중세적 질서를 옹호하는 이념이 강화된 경우가 있다. 중세적 이념의 강화는 주인공의 행위를 도덕적 당위로 견인하는 데에서 두드러진다. 이로 인해 일부 사설이 난해하게 되거나, 창으로 부르기에 적합하지 않게 되기도 했다. 이러한 점은 신재효 판소리의 문제점으로 지적되기도 한다. 그러나 이러한 측면이 일관되게 적용된 것은 아니다. 신재효의 판소리는 평민의식 옹호와 중세적 이념의 강화가 때에 따라 모두 반영되는 복합적 성격을 지녔다.

(4) 신재효는 서술자에 자신의 비판적 목소리를 많이 담아냈다. 즉 서술자의 작중 개입이 빈번하게 이루어졌다.

더 알아두기

판소리 장단의 특성

판소리 장단의 이름	특성
진양조	판소리 장단 가운데서 가장 느린 것으로, 사설의 극적 전개가 느슨하고 서정적인 대목에서 흔히 이 장단을 쓴다.
중모리	'중몰이' 또는 '중머리'라고 한다. 판소리 공연의 시작 부분의 기본 장단으로 어떤 사연을 태연히 서술하는 대목이나 서정적인 대목에서 흔히 쓰이는 장단이다.
중중모리	'중중몰이' 또는 '중중머리'라고도 한다. 춤추는 대목, 활보하는 대목, 통곡하는 대목에서 흔히 쓰이는 장단이다.
자진모리	'잦은모리' 또는 '잦은머리', 혹은 '자진머리'나 '잦은몰이'라고도 한다. 어떤 일이 차례로 벌어지거나 여러 가지 사건을 늘어놓은 대목, 격동하는 대목에서 흔히 쓰인다.
휘몰이	자진모리를 더욱 빠르게 휘몰아 나가는 것으로, 판소리 장단 가운데 매우 빠른 장단이다. 어떤 일이 매우 빠르게 벌어지는 대목에서 흔히 쓰인다.

판소리 12마당

판소리 12마당이라고 하면 1843년 송만재의 「관우희」와 1940년 정노식의 「조선창극사」에 소개된 것을 말한다. 그러나 19세기 중반 신재효는 「판소리사설집」에서 6마당으로 정리했고, 1933년 이선유는 「오가전집」에서 다섯 마당만 수록했다.

제목	내용
「춘향가」	조선 후기 신분의 갈등 양상을, 신분이 서로 다른 이몽룡과 성춘향의 사랑을 통하여 보여주는 내용
「심청가」	효녀 심청이 눈 먼 아버지를 위해 목숨을 바쳤다가 용왕의 도움으로 환생하여 지극한 효심으로 아버지의 눈을 뜨게 한다는 내용
「흥보가」	가난하고 착한 아우 흥보는 부러진 제비 다리를 고쳐주고 그 덕에 얻은 박씨로 부자가 되고, 부유하지만 못된 형 놀보는 제비 다리를 부러뜨리고 그 덕에 얻은 박씨로 망한다는 내용
「수궁가」	용왕이 병이 들자 약에 쓸 토끼의 간을 구하기 위하여 자라가 나서 토끼를 꾀어 용궁으로 데리고 갔지만 토끼는 꾀를 내어 용왕을 속이고 살아 돌아온다는 내용

「적벽가」	중국 소설 『삼국지연의』 가운데 적벽대전 장면을 차용해, 유비·관우·장비가 도원결의를 한 후 제갈공명을 모셔 와 적벽대전에서 조조의 군사를 크게 이기고, 관우가 조조를 사로잡았다가 다시 놓아주는 내용
「변강쇠타령」	천하 음남 변강쇠와 천하 음녀 옹녀가 부부의 연을 맺고 살아가던 중 변강쇠가 장승 동티로 죽고, 변강쇠의 치상을 위해 모여든 사람들이 그의 시신에 달라붙는 화를 입자 뎁득이가 그의 시신을 갈이질로 떼어버리고 떠난다는 내용
「배비장타령」	배비장이 제주 목사를 수행하여 제주도에 따라가서 기생 애랑에게 홀려 관청 뜰에서 망신당한다는 내용
「강릉매화전」	강원도 강릉을 무대로 하여 골생원과 매화가 사랑 행각을 벌이는 과정을 담은 내용
「옹고집타령」	옹고집이라는 인색하고 고집 세고 욕심 많은 불효자를 어떤 도사가 도술을 써서 새 사람으로 만들었다는 내용
「장끼타령」	까투리의 만류를 무시하고 콩을 먹으려던 장끼가 덫에 치어 죽고, 홀로 남겨진 까투리가 개가를 시도한다는 내용
「왈자타령」 (「무숙이타령」)	장안의 갑부 무숙이가 방탕하게 살아가다가 온갖 망신을 당하는 내용
「숙영낭자전」 (정노식)	백선군이 서당에서 독서를 하다가 조는 사이에 꿈속에서 선녀인 숙영을 만나 사랑을 나누는 내용

제12편 실전예상문제

01 판소리에서는 사설의 중요성 때문에 국문학의 한 갈래로 여겨질 수 있다.

01 판소리에 대한 설명으로 옳지 않은 것은?
① 판소리는 다수의 청중이 모인 판놀음에서 연행되었다.
② 판소리가 국문학의 한 장르가 될 수 있는 것은 '판' 때문이다.
③ 타령, 잡가, 광대소리, 극가, 창극조 등의 명칭으로도 불렸다.
④ 판소리의 '소리'는 서사적 사설이 결합된 노래이다.

02 판소리는 별도의 무대 없이 연행자들이 위치할 약간의 공간만 있으면 된다.

02 판소리가 연행되기 위해 필요한 요소가 아닌 것은?
① 소리광대
② 고수
③ 청중
④ 무대

03 판소리의 창을 소리의 형태에 따라 나누면 영창, 대창, 설명창, 삽입가요이다. '평조'는 음조에 따라 나눈 것에 해당한다.

03 다음 중 판소리의 창을 소리의 형태에 따라 나눈 것에 해당하지 않는 것은?
① 영창
② 대창
③ 삽입가요
④ 평조

정답 01② 02④ 03④

04 판소리 음조에 대한 설명으로 옳은 것은?
① 평조는 화려하고 구성진 분위기를 자아낸다.
② 계면조는 웅장하고 씩씩한 느낌을 준다.
③ 한 판의 판소리에는 다양한 음조가 사용된다.
④ 우조는 편안하고 담담한 분위기이다.

> 04 평조는 편안하고 담담할 뿐만 아니라 기쁘거나 흥겨운 분위기를 나타낼 때 쓴다. 계면조는 아주 슬픈 정조를 나타내어 마치 흐느끼는 듯한 느낌을 준다. 우조는 맑고 씩씩하고 웅장한 느낌을 주어 장엄한 장면에서 호방한 분위기를 표현할 때 사용된다.

05 다음은 무엇에 대한 설명인가?

- 창자가 원래 있던 사설에 새로운 부분을 보태어 전승시키는 것을 가리킨다.
- 창자의 온갖 재주가 발휘되어 문학과 음악의 조화가 극치를 이루게 된다.
- 판소리의 한 부분이 독자성을 갖게 한다.
- 서양극과 다른 특징이다.

① 아니리
② 발림
③ 더늠
④ 창

> 05 더늠은 판소리 창자 개인이 사설과 음악 등을 새롭게 짜 넣은 소리 대목 혹은 특정 창자가 다른 창자들에 비해 월등히 잘 부르는 소리 대목을 지칭하는 용어이다.

06 소리광대의 표현수단에서 특히 중요한 세 가지에 해당하지 <u>않는</u> 것은?
① 화용
② 창
③ 아니리
④ 발림

> 06 화용은 얼굴표정을 말하는 것으로 소리광대의 표현수단이기는 하지만 특히 중요한 요소라고 할 수는 없다.

정답 04 ③ 05 ③ 06 ①

07 판소리 사설을 전달하는 것은 소리 광대의 역할이다.

07 다음 중 고수의 역할이라고 할 수 없는 것은?
① 추임새를 넣어 연창자의 흥취를 돋운다.
② 여러 가지 장단을 통해 판소리의 정조를 강하게 혹은 약하게 한다.
③ 판소리를 연행할 때 북으로 장단을 반주하는 역할을 한다.
④ 판소리 사설을 정확하게 전달하는 데 주의를 기울여야 한다.

08 판소리의 청중은 고수와 마찬가지로 추임새를 넣으며 판소리 연행에 적극적으로 참여할 수 있다.

08 판소리의 청중에 대한 설명으로 옳지 않은 것은?
① 판소리가 연행되는 동안 최대한 정숙을 유지하며 소리를 내어서는 안 된다.
② 판소리 연행자는 청중과 호흡을 맞추며 공연한다.
③ 청중의 반응은 연행되는 판소리의 원래 내용이나 곡조에 영향을 주기도 한다.
④ 청중은 제2의 연행자이다.

09 판소리는 음악적 요소인 창, 문학적 요소인 사설 및 아니리, 연극적 요소인 발림과 무용이 결합된 종합 예술이다. 사설이 중요하기는 하지만 가장 중요하다고 할 수는 없다.

09 다음 중 판소리의 특성에 대한 설명으로 옳지 않은 것은?
① 구비 전승되는 과정에서 여러 판본이 존재하게 되었다.
② 판소리에는 각 시대의 문화가 누적되어 나타난다.
③ 판소리에서는 사설이 무엇보다 가장 중요하다.
④ 판소리의 더늠은 서양과는 다른 동양극의 특징이라 할 수 있다.

정답 07 ④ 08 ① 09 ③

10 판소리의 발생에 대한 견해들에서 가장 설득력을 인정받고 있는 것은 무엇인가?

① 서사무가 기원설
② 광대소학지의 기원설
③ 육자배기토리 기원설
④ 판놀음 기원설

10 판소리는 구비서사시라는 점에서 서사무가와 유사하고, 우리나라 남도의 세습무 가계에서 판소리 명창들이 다수 배출되었다는 점 등의 이유로 서사무가가 세속화되면서 나타난 것이라 보는 견해가 가장 설득력을 얻고 있다.

11 18세기에 이르러 판소리가 판놀음에서 독립할 수 있었던 이유로 적절한 것은?

① 광대의 사회적 지위가 상승했기 때문이다.
② 국가에서 전문 판소리꾼을 양성했기 때문이다.
③ 유랑 예능인이 증가했기 때문이다.
④ 판소리의 창본이 성립되었기 때문이다.

11 두 차례의 전쟁을 겪고 생활고에 시달리던 농민들 중 고향을 떠나 돌아다니며 자신이 가진 예능이나 기술 등으로 생계를 유지하는 사람들이 생겨나게 되었다. 이들은 생계를 위한 공연을 하는 것이므로 더욱 공연의 수준을 높여 나갔고 전문적으로 광대를 훈련시키기 위한 창본도 만들어지게 되었다.

12 기록으로 남아있는 판소리의 가사에서 가장 오래된 것은 무엇인가?

① 「흥보가」
② 「심청가」
③ 「수궁가」
④ 「춘향가」

12 1753에서 1754년에 유진한이 호남지방을 여행하면서 듣고 한시로 기록한 「만화본춘향가」가 가장 오래된 기록이다.

13 판소리의 전성기에 대한 설명으로 알맞지 않은 것은?

① 판소리의 전성기는 20세기라 할 수 있다.
② 전성기의 판소리는 서민뿐만 아니라 양반 계층도 향유하였다.
③ 판소리계 소설이 방각본으로 다수 간행되기도 했다.
④ 이날치, 권삼득, 정창업 등은 이 시기의 명창으로 꼽는다.

13 판소리의 전성기는 19세기이다.

정답 10 ① 11 ③ 12 ④ 13 ①

14 신재효는 19세기에 고창 지역에서 활동했던 중인 출신의 판소리 이론가이자 비평가로, 판소리 여섯 바탕 사설(「춘향가」, 「심청가」, 「박타령」, 「토별가」, 「적벽가」, 「변강쇠타령」)의 집성자이다. 또한 그는 판소리 창자들의 교육 및 예술 활동을 지원한 후원자이기도 했다.

14 다음 중 판소리 12마당에서 6마당의 사설을 개작한 사람은 누구인가?

① 이날치
② 신재효
③ 장자백
④ 염계달

15 20세기 들어 판소리는 「춘향가」, 「심청가」, 「흥보가」, 「적벽가」, 「수궁가」를 제외하고 나머지는 선율이 소실되고 사설만 남게 되었다.

15 20세기 들어 판소리에 나타난 변화에 대한 설명으로 알맞지 <u>않은</u> 것은?

① 5마당을 제외하고는 선율만 남게 되었다.
② 원각사와 같은 서구식 극장이 만들어지면서 창극의 형태로 바뀌어갔다.
③ 일제강점기라서 한스러운 가락이 많아지게 되었다.
④ 권번(기생조합)에서 판소리를 가르치게 되면서 여성 명창도 다수 배출되었다.

16 현재시제로 말하는 것은 희곡의 특성이다.

16 다음 중 판소리 사설의 구비문학적 특징이 <u>아닌</u> 것은?

① '~말하되', '~하는 말이', '~물으시되'와 같이 대화를 이끄는 바탕글이 종종 생략된다.
② 현재시제로 말한다.
③ 서술자가 청중에게 말을 건네는 듯한 어투로 말하는 경우가 많다.
④ 시점의 혼용이 많이 일어난다.

정답 14 ② 15 ① 16 ②

17 다음 중 판소리계 소설이 판소리 사설보다 먼저 존재한 작품은?

① 「적벽가」
② 「춘향전」
③ 「흥부전」
④ 「심청전」

17 판소리 사설과 판소리계 소설 중 어느 것이 먼저 존재했는가 하는 문제에 대한 답은 개별 작품마다 다르다는 것이다. 「적벽가」는 소설이 선행, 「심청전」은 의견이 팽팽히 맞서고, 나머지 「춘향전」, 「흥부전」, 「토끼전」의 경우 판소리가 선행한 것으로 인정된다.

18 다음 중 판소리의 주제가 지니는 특징에 대한 설명으로 알맞지 <u>않은</u> 것은?

① 구전되는 과정에서 창자가 누군가에 따라 내용이 바뀔 수 있어서 주제가 상반되거나 앞뒤가 안 맞는 경우가 많다.
② 표면적 주제와 이면적인 주제라는 양면적 주제를 갖고 있다.
③ 판소리의 생산 주체인 민중의 인식은 표면적 주제를 구성하고 감상의 주체였던 양반들의 인식은 이면적 주제를 구성한다.
④ 「춘향전」의 표면적 주제는 정절이고, 이면적 주제는 인간 해방의 욕구라 할 수 있다.

18 판소리에서 민중의 인식은 이면적 주제를 이루고, 양반들의 인식은 표면적 주제를 이룬다.

19 다음 중 판소리 장단의 특성을 <u>잘못</u> 설명한 것은?

① 진양조 : 가장 느린 장단이다.
② 중모리 : 공연을 끝낼 때, 사연을 태연하게 서술하거나 서정적인 대목에서 많이 쓰인다.
③ 자진모리 : 어떤 일이 차례로 벌어지거나 격동하는 대목에서 흔히 쓰인다.
④ 휘몰이 : 가장 빠른 장단이다.

19 중모리 장단은 판소리 공연의 끝이 아니라 시작할 때의 기본 장단이다.

정답 17 ① 18 ③ 19 ②

20 '자진모리'는 잦은모리, 잦은머리, 자진머리, 잦은몰이로 불리기도 한다.

20 다음 중 '자진모리'의 또 다른 명칭이 <u>아닌</u> 것은?
① 잦은모리
② 잦은머리
③ 잦은몰이
④ 작은머리

21 '사랑가'는 판소리 한 마당이 아니라 「춘향가」의 '사랑' 대목에 삽입된 가요이다.

21 다음 중 판소리 12마당에 해당하지 <u>않는</u> 것은?
① 「춘향가」
② 「사랑가」
③ 「심청가」
④ 「배비장타령」

22 판소리계 소설에는 「춘향전」, 「흥부전」, 「심청전」, 「토끼전」, 「이춘풍전」 등이 있다.

22 다음 중 판소리계 소설이 <u>아닌</u> 것은 무엇인가?
① 「흥보가」
② 「수궁가」
③ 「심청가」
④ 「강릉매화전」

23 판소리계 소설에는 영웅적인 인물보다는 현실 기반의 인물이 등장한다.

23 다음 중 판소리계 소설의 특징이라 할 수 <u>없는</u> 것은?
① 영웅적인 인물이 등장한다.
② 해학과 풍자가 풍부하다.
③ 운문체와 산문체가 혼합되었다.
④ 작자를 알 수 없고 이본이 많다.

정답 20 ④ 21 ② 22 ④ 23 ①

24 다음 중 판소리 12마당의 내용이 틀린 것은?

① 「배비장타령」: 배비장이 기생에게 홀려 망신당하는 내용
② 「옹고집타령」: 옹고집이라는 효자가 장난꾸러기 도사를 만나 고생하는 내용
③ 「무숙이타령」: 장안의 갑부 무숙이가 방탕하게 살다가 망신당하는 내용
④ 「가짜신선타령」: 어떤 사람이 신선이 되려고 하다가 속아 넘어가는 내용

24 「옹고집타령」은 옹고집이라는 인색하고 고집이 세며 욕심 많은 불효자의 이야기이다.

25 다음 중 판소리와 그 이면적 주제의 연결이 옳지 않은 것은?

① 「춘향가」 – 인간 해방
② 「심청가」 – 자기희생적 효
③ 「흥보가」 – 현실 비판에 근거한 민중적 염원
④ 「수궁가」 – 지배층의 욕망 비판 및 약자의 지혜

25 「심청가」의 주제를 효로 보는 것은 표면적 주제에 해당한다. 이면적 주제는 가난한 현실로 인한 고난을 극복하고 자아성취를 이루는 것 등이라 할 수 있다.

26 현전하는 판소리 5마당이 지닌 공통점에 해당하는 것은?

① 주인공이 긍정적이다.
② 특수한 주제의식이 돋보인다.
③ 주인공이 부정적인 인물이다.
④ 세태 풍자를 주로 다룬다.

26 현전하는 판소리 5마당은 보편적인 주제의식, 긍정적인 주인공, 골계와 비장미의 조화를 공통적으로 지닌다.

정답 24 ② 25 ② 26 ①

27 판소리에서 주로 나타나는 미적 특질은 골계미, 비장미, 장중미이다. 우아미가 나타나지 않는 것은 아니지만 부분적이다.

28 판소리계 소설은 판소리로 불리다가 나중에 문자로 정착된 것이 대부분이어서 운문과 산문이 혼합된 문체적 특징을 지닌다.

29 「토끼전」에 대한 설명이다. 「토끼전」은 자라와 토끼를 의인화한 점에서 우화소설이라 할 수 있고, 용왕, 자라, 토끼는 각각 통치자, 신하, 백성을 의미함으로써 사회를 풍자하고 있다. 또한 다른 고전소설과 달리 이본마다 결말이 상이하다.

27 판소리의 미의식에 대한 설명으로 옳지 않은 것은?

① 판소리의 미의식은 사설에 의해 일차적으로 결정된다.
② 처음에는 골계미가 주로 나타났으나 갈수록 비장미와 골계미가 조화를 이루는 쪽으로 나아갔다.
③ 우아미가 주로 나타난다.
④ 판소리의 미의식은 그때그때 달라질 수 있다.

28 다음 중 판소리계 소설의 특징으로 옳은 것은?

① 이본 간 차이가 크지 않은 편이다.
② 양반들이 판소리를 향유하게 되면서 판소리계 소설에도 서민적 요소는 배제되었다.
③ 판소리계 소설은 모두 판소리로 불리던 것들이다.
④ 운문과 산문이 섞여 있다.

29 다음은 판소리계 소설 중 어느 작품에 대한 설명인가?

- 우화소설이다.
- 사회풍자적인 성격이 강하다.
- 이본에 따라 결말이 매우 다르다.

① 「토끼전」
② 「화용도」
③ 「심청전」
④ 「춘향전」

정답 27 ③ 28 ④ 29 ①

30 다음 중 판소리계 소설에 대한 설명으로 틀린 것은?

① 한문투의 현학적인 언어와 속어 및 재담이 섞여 있다.
② 풍자와 해학이 두드러진다.
③ 대부분 '~전'이라는 제목을 지닌다.
④ 판소리계 소설들은 주로 양반들 사이에서 향유되었다.

30 양반들도 판소리계 소설을 향유하였으나, 주된 향유층은 평민층이었을 것으로 짐작된다.

31 다음 신재효가 정리한 판소리 6마당 중, 신재효가 민요를 판소리로 창작한 작품의 제목은?

① 「변강쇠타령」
② 「춘향가」
③ 「적벽가」
④ 「박타령」

31 「변강쇠타령」은 「가루지기타령」이라고도 불리는데, 원래 「송장타령」이라는 이름으로 민간에서 불리던 서사민요였다. 그런데 신재효가 이를 판소리로 개작한 것이다. 다만 아쉽게도 판소리로 전승은 이루어지지 못했다.

32 다음 중 신재효가 정리 및 개작한 판소리 6마당에 해당하지 않는 것은?

① 「춘향가」
② 「적벽가」
③ 「변강쇠타령」
④ 「옹고집타령」

32 신재효가 정리 및 개작한 판소리 6마당에는 「춘향가」, 「심청가」, 「박타령」, 「토별가」, 「적벽가」, 「변강쇠타령」이 있다.

정답 30 ④ 31 ① 32 ④

33 다음 중 신재효가 창작한 것으로, 판소리 이론 연구 모습이 잘 담긴 작품은?

① 「허두가」
② 「광대가」
③ 「어부사」
④ 「성조가」

33 「광대가」는 총 70여 구로 이루어진 단편가사이다. 판소리를 부르기 전 목을 풀기 위해 부르는 단가의 사설로 쓰였는데 판소리 이론을 네 부분으로 나누어 정리하고 있다.

34 다음 중 신재효 사설의 특징으로 옳은 것은?

① 「심청가」를 남창, 여창, 동창의 세 가지 사설로 정리했다.
② 여성 창자를 위한 판소리 사설을 짓기도 하고 여성 창자를 교육하기도 했다.
③ 신채효의 판소리 사설은 소설의 형태와 달리 음악적 요소가 강했다.
④ 서술자의 작중 개입 없이 등장인물들의 말하기를 객관적으로 그려냈다.

34 신재효는 「심청가」가 아니라 「춘향가」의 사설을 남창, 여창, 동창의 세 가지로 정리 및 개작했다. 이는 여성과 소년들도 창자가 될 수 있다는 인식을 반영한 것이었으며 사설 개작만 한 게 아니라 직접 여성과 소년 창자를 교육하기도 했다. 한편 신재효 판소리는 곧바로 소설로 읽힐 수도 있는 것이어서 신재효는 판소리뿐만 아니라 소설 작자로서의 의미도 지닌다. 또한 서술자가 빈번하게 개입하여 자신의 비판적인 목소리를 많이 담아냈다.

정답 33 ② 34 ②

제13편

민속극

제1장	민속극의 역사적 전개
제2장	가면극의 개념과 특징
제3장	인형극의 개념과 특징
실전예상문제	

| 단원 개요 |

민속극은 '극'으로, 인간의 몸짓과 소리를 통해 만들어낸 사건을 관객에게 직접 보여주는 종합 예술의 형태를 띤다. 국문학적 차원에서는 극의 대본이 연구 대상이 되어 왔지만, 대부분의 민속극은 구비문학의 형태로 전승되어 왔다. 따라서 대본으로 기록되지 않은 것도 연구 범위에 포함시켜야 한다.

민속극은 원시 종합 예술 형태로 이루어지던 고대 제천 의식에서 기원을 찾을 수 있다. 이후 무당이 하는 굿에 포함된 무극으로 이어지다가 나중에는 제의적 성격에서 벗어나 흥미 위주의 공연으로 변화된 것으로 보인다.

한편 민속극에는 가면극(탈춤 포함)과 인형극이 있다.

| 출제 경향 및 수험 대책 |

이 단원에서는 가면극의 명칭과 분포 지역 및 형성 과정, 가면극의 대표적 인물과 꼭두각시놀음의 별칭 등에 대해 묻는 문제들이 출제될 수 있다는 점을 염두에 두고 꼼꼼하게 학습할 필요가 있다.

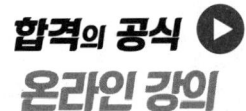 

보다 깊이 있는 학습을 원하는 수험생들을 위한
시대에듀의 동영상 강의가 준비되어 있습니다.
www.sdedu.co.kr ➜ 회원가입(로그인) ➜ 강의 살펴보기

제 1 장 민속극의 역사적 전개

1 민속극의 개념

민속극이란 민간에서 전해져 온 연극이다.

2 민속극의 성격

민속극은 고정된 대본이 따로 없고 공연을 통해 끊임없이 재창조된다는 점에서 구비문학에 속하며, 음악·무용·연기·언어 등이 조화된 종합예술로서의 성격을 갖는다.

3 민속극의 종류

조선 정조 때 유득공이 쓴 『경도잡지』라는 책에서는 한국의 연극을 산희(山戲)와 야희(野戲)로 나누어 설명했다. 이때 산희는 인형극을 말하고, 야희는 가면극을 가리킨다.

인형극에는 망석중놀이, 장난감 인형놀이, 발탈 등이 있었지만 지금까지 전해지는 것은 꼭두각시놀음 하나이다. 따라서 인형극이라 하면 일반적으로 꼭두각시놀음을 가리킨다.

또한 가면극은 가면 혹은 탈을 쓰고 하는 연극이라는 점에서 탈춤이라고도 불린다. 지방에 따라 산대놀이, 탈놀이, 별신굿놀이, 덧뵈기, 들놀음 등 여러 이름으로 구비 전승되었다.

탈춤은 지역에 따라 농촌탈춤과 도시탈춤이 있다. 농촌탈춤은 특정 지역에서 부락제의 형식으로 연행되는 것인데 북청사자놀음, 강릉관노탈놀이, 하회별신굿탈놀이 등이 여기에 해당된다. 도시탈춤은 18세기 이후 만들어진 상업도시를 중심으로 연행된 것으로 양주별산대놀이, 송파산대놀이, 봉산탈춤, 강령탈춤, 은율탈춤, 오광대, 들놀음 등이 이에 속한다.

4 민속극의 역사적 전개

민속극과 관련하여 남아 있는 기록을 보면 각 시대별로 다음과 같은 것들이 있었음을 알 수 있다.

(1) 고대시대

고대시대에는 제천의식을 행하는 중에 미분화된 종합예술의 형태로 가무백희가 연행되었다. 그러한 바탕 위에 중국을 비롯한 다른 나라의 영향을 받으며 민속극은 점차 분화 및 발달해 왔다.

고구려	고구려악
백제	기악(伎樂)
신라	오기(五伎)와 처용무

① **기악**

궁중과 사찰에서 주로 행해지던 가면극으로, 사자 가면을 쓴 사람을 중심으로 여러 춤 추는 사람과 악공들이 나와 연희를 베풀었다. 백제에서 일본으로 전해져 일본의 고대문화 형성에 기여했다.

② **오기**

금환, 월전, 대면, 속독, 산예라는 5가지 놀이를 말한다.
 ㉠ 금환 : 금방울 여러 개를 공중으로 던졌다가 받는 놀이
 ㉡ 월전 : 서역의 탈춤이 전해진 것으로 추측됨
 ㉢ 대면 : 서역에서 당나라를 거쳐 고구려에 전해진 잡귀 쫓는 춤의 일종
 ㉣ 속독 : 중앙아시아에서 전해진 군무(群舞)의 일종
 ㉤ 산예 : 사자춤

③ **처용무**

 ㉠ 5명의 남자 무용수가 오방(五方)을 상징하는 흰색, 파란색, 검은색, 붉은색, 노란색 옷을 입고 벽사진경을 바라는 마음을 담아 추는 궁중 무용이다.
 ㉡ 역신과 사귀(邪鬼)를 물리치기 위해 처용의 모습을 그린 그림을 대문에 붙이는 민속 신앙과 관련된다.
 ㉢ 처용무와 관련된 설화를 바탕으로 한 8구체 향가 「처용가」가 남아 있다.
 ㉣ 관련 설화[1]

    통일신라 말기(B.C. 57년~A.D. 935년), 헌강왕(憲康王)이 행차하여 한반도 남동쪽 울산시 인근 개운포(開雲浦, 오늘날의 황성동 세죽마을)에 이르렀다. 왕이 환궁 차비를 하였을 때 짙은 운무가 낀 하늘을 보고 괴이하게 여겨 좌우에 그 이유를 물으니, 일관(日官)이 "이는 동해의 용이 부리는 조화이니, 마땅히 좋은 일을 행하여 이를 풀어야 합니다."라고 아뢰었다. 이에 왕이 근처에 용을 위한 절을 짓게 하자, 먹구름이 걷히고 동해 위로 용이 일곱 아들을 거느리고 솟아올라 춤을 추었다. 그중 '처용(處容)'이라는 이름의 한 아들이 헌강왕을 따라 수도인 경주로 와서 아름다운 여인을 아내로 맞이하고 관직을 얻어 머물렀다.

---

[1] [네이버 지식백과] 처용무[Cheoyongmu, 處容舞] [유네스코 인류무형문화유산, 인류무형문화유산(영/불어 원문)]

그런데 어느 날 밤, 처용이 집으로 돌아왔을 때 역신이 그의 아내를 범하려 하는 것을 발견하였다. 이에 처용이 노래를 부르며 춤을 추자 역신이 모습을 나타내어 무릎을 꿇고 앉아 사과하였다. 이때부터 나라 사람들은 처용의 형상을 대문에 붙여 악귀를 몰아내고 상서로운 기운을 맞아들이게 되었다.

(2) 고려시대

처용무를 비롯한 가악무(歌樂舞)와 곡예적인 재주를 행하는 산대잡극이 이루어졌고, 악귀를 쫓는 종교적 행사인 구나(驅儺)에서는 가무가 함께 이루어졌다.

(3) 조선시대

조선 초기에는 사신을 영접하거나 공적인 의식을 행할 때를 위해 '산대도감'이라는 관청을 두어 가무백희를 연행했다. 이것은 국가의 태평성대를 기원하는 차원에서 궁중에서 이루어진 연희였는데, 꼭두각시놀음이나 탈춤처럼 규모가 큰 민속극은 연행되지 않았다. 그러다가 인조 12년(1634)에 산대도감을 없애게 되는데, 이때 산대도감에 소속되었던 연희자들이 전국으로 흩어져 민간에서 공연을 하며 생계를 유지해 나가게 된다.

이후 18세기에 이르러 상업의 발전으로 인해 교역의 중심지에 여러 상업도시들이 성장하게 되고, 상인들은 사람을 모아들이기 위해 탈춤을 육성한다. 이로써 각 지역에 자리를 잡은 도시탈춤이 발달하게 된다. 도시탈춤은 모체가 되는 농촌탈춤은 물론이고, 무당굿놀이나 꼭두각시놀음보다 규모가 크고, 짜임새 있으며, 주제가 선명하게 다듬어져 민속극의 핵심으로 발전한다.

그러나 1900년대에 들어 나라의 정치적 상황이 안 좋아지게 되면서 신나는 놀이를 할 수 없다는 인식이 퍼져 나갔다. 또한 일본이 치안 유지 및 미신 타파를 내세워 사람이 모여들게 하는 대규모 민속놀이를 억압하기에 이르렀으며, 도시탈춤의 발전이 가능할 수 있었던 토착적·자생적 상공업이 일본에 의해 무너지고 식민주의적 자본주의가 들어서자 탈춤은 쇠퇴의 길로 접어들었다.

이후 민속극의 빈자리는 창극과 신파극으로 대체되었다.

제 2 장 | 가면극의 개념과 특징

1 개념 및 명칭

(1) 개념

가면극은 연희자들이 각 등장인물이나 동물을 형상화한 가면을 쓰고 나와 연기하는 전통연극이다. 가면극은 '극'에 해당하므로 기본적으로 다음과 같은 극의 성격을 지니게 된다.

① 대본에 따라 말뚝이, 노장, 양반 등의 배우가 등장하여 '마당'이라는 무대 역할을 하는 공간에서 행위를 펼친다.
② 인물과 인물 간의 갈등과, 인물과 세계와의 대립 및 갈등이 나타난다.

이 밖에도 가면극은 등장인물의 대사와 몸짓으로 진행되며, 반주를 하는 악사와 대사를 주고받기도 한다는 점에서 현대적인 의미의 극과는 차이가 있다. 또한 현대극의 '막'에 해당하는 것으로 '과장'이 있다. 과장은 인물의 등장과 퇴장을 구분지어 주는 개념으로, 현대극에서처럼 일관성 있는 사건의 흐름을 구분 짓는 개념은 아니다.

(2) 명칭

가면을 쓰고 한다는 점에서 탈춤, 탈놀이, 탈놀음으로 부르기도 한다. 또한 지역에 따라 산대놀이(서울, 경기), 탈춤(황해도), 야류(낙동강 동쪽), 오광대놀이(낙동강 서쪽)라고 부르기도 한다. 국문학적 관점에서는 극의 대본을 연구하므로 '가면극'이라는 명칭을 주로 사용한다.

2 역사

(1) 기원

가면극의 기원에 대해서는 다음과 같은 주장들이 있다.

① **산대희 기원설(안확)** : 산대희가 조선시대에 이르러 공식적으로 폐지되면서 그 놀이꾼들이 지방으로 흩어져 민간에서 공연하면서 가면극이 이루어졌다.
② **풍농굿 기원설(조동일)** : 풍농을 비는 농민들의 서낭굿에서 농촌탈춤이 먼저 발생하고 그것이 도시 탈춤으로까지 이어지며 가면극이 형성되었다.
③ **기악 기원설(이혜구)** : 백제인 미마지가 중국 남조의 오나라에서 배워 일본에 전했다는 기악을 가면극의 기원으로 본다.
④ **무굿 기원설(박진태)** : 하회별신굿탈놀이의 각 과장의 내용이 무굿에 대응되며, 각 과장의 순차 구조 역시 굿의 구조와 대응 관계가 있다.

이러한 주장들은 문제점들이 지적되어 어느 하나 정설이라고 인정하기 어려운 측면이 있지만 가면극이 제의에서 비롯되었을 것이라는 추측만은 보편적으로 인정받고 있다.

(2) 발전(산대놀이 가면극의 경우)

삼국시대에는 제정이 분리되면서 나라의 행사에서 치러지던 굿이 마을 단위 행사에서 행해졌다. 게다가 삼국시대에는 서역과 중국으로부터 다양한 놀이들이 유입되었다. 산악백희 또는 백희잡기라고 불리는 연희들이 바로 그것이다. 삼국시대에는 마을 굿과 외래의 연희들이 혼재되어 행해졌을 것으로 보인다.

이러한 연희들은 고려시대에 들어 여러 종류의 가면의 발달과 더불어 궁중에서도 연행되었다. 가면을 쓰고 놀이하는 자를 '광대'라 지칭한 것으로 보아 전문적인 놀이꾼이 존재했던 것으로 보인다. 이러한 현상은 조선시대로 이어지면서 가무백희, 잡희, 산대잡극, 산대희 등으로 불리며 연행되었다. 중국 사신을 영접할 때에는 산대도감에 소속된 광대들에 의해 연희가 펼쳐지기도 했다. 그러다가 인조 12년 (1634) 산대희를 공식 행사에 동원하는 일이 폐지되자, 산대도감에 소속되었던 연희자들이 흩어져 생계를 유지하기 위해 민간에서 공연하면서 민중오락으로서의 산대놀이 가면극이 행해졌다.

3 종류별 특징 중요

가면극은 크게 마을굿놀이 계통 가면극, 본산대놀이 계통 가면극, 기타 계통 가면극으로 나누어 볼 수 있다.

(1) 마을굿놀이 계통 가면극

① **개념** : 마을굿에서 유래한 가면극이다. 강릉단오제나 하회별신굿, 병산별신굿탈놀이, 경북 양양군 주곡동의 탈놀이와 같은 마을굿에서는 굿의 절차에서 주민들 혹은 관노들이 주술적인 의미에서 가면을 쓰고 노는 가면극이 행해졌다. 그 가면극만을 따로 떼어 공연하게 되면서 마을굿놀이 계통 가면극이 성립되었다. 하회별신굿의 가면극, 강릉단오굿의 관노가면극, 병산별신굿의 가면극 등이 해당된다.

② **특징**
   ㉠ 토착적이고 자생적이다.
   ㉡ 주로 농촌지역에 분포하며 마을의 평안과 풍농을 기원하는 마음이 반영되었다.
   ㉢ 지방별로 가면극의 내용이 전혀 다르다.
   ㉣ 본산대놀이 계통 가면극의 영향이 일부 관찰된다. 하회별신굿탈놀이의 파계승 과장이나 유학과 유학자를 조롱하는 내용, 강릉관노가면극의 소매각시 등이 그러하다.

③ 작품 예시
　㉠ 하회별신굿
　　ⓐ 연희 시기
　　　별신굿의 한 절차로 등장한다. 하회동의 별신굿은 3년, 5년, 10년에 한 번씩 정월 15일에 열린다.
　　ⓑ 과장의 순서
　　　하회별신굿의 가면극 과장 구성은 다음과 같다. 원래는 무동 과장 앞에 강신 과장이 있고, 무동 과장 뒤에도 당제, 혼례·신방 과장 등이 있지만 평상시에는 생략된다.
　　　• 무동 과장
　　　　각시 가면을 쓴 광대가 무동을 탄다. 각시는 하회마을을 지키는 성황신을 상징한다. 원래는 무동을 탄 채 마을을 돌며 풍물을 하고 재주를 부려 굿에 쓸 재물과 곡식을 얻는 걸립을 행했다.
　　　• 주지 과장
　　　　거친 삼베 자루를 뒤집어쓴 암수 사자 한 쌍이 나와 사자춤을 춘다. '주지'를 사자가 아니라 상상의 동물로 보는 관점도 있다. 잡귀를 쫓는 벽사 의식무의 성격을 지닌다.
　　　• 백정 과장
　　　　백정이 소를 직접 도살해서 배를 가르고, 우랑(쇠불알)을 꺼내서 정력에 좋다며 사라고 권유한다. 이때 양반과 선비가 서로 자기가 사겠다고 다툼을 벌이는 모습을 통해 양반층을 풍자한다. 이것은 제의 과정에서 동물 희생을 통해 신에게 제물을 바치는 과정을 극에 삽입한 것으로 보인다.
　　　• 할미 과장
　　　　허리에 쪽박을 차고 머리에 흰 수건을 쓴 할미가 등장해 베틀가를 부르며 궁핍한 신세를 타령한다. 여성들의 고달픈 삶과 가부장적 권위에 대한 비판의식을 표출하며, 청어 10마리 중 9마리를 독점하는 모습으로써 풍요와 다산을 기원하는 주술적인 면도 있다.
　　　• 파계승 과장
　　　　젊은 기생인 부네가 등장하여 방뇨하는 모습을 중이 엿보며 성적 흥분을 느끼다가 부네를 데리고 도망을 간다. 원래 여성의 방뇨는 풍요를 기원하는 상징성을 가지나, 후대에 비정상적 성적 노출과 여자에 의한 중의 파계로 세속화되었다.
　　　• 양반·선비 과장
　　　　양반과 선비가 부네를 차지하려고 서로 지체와 학식을 자랑하는데, '사대부'를 '팔대부'로, '사서삼경'을 '팔서육경'으로, '문하시중'을 '문상시대'로 바꾸며 언어의 희롱으로 상대에 대한 공격을 일삼는다.
　　ⓒ 특징
　　　하회별신굿탈놀이의 가면은 **한국인의 표정과 골격을 잘 표현하고 있으며**, 각 등장인물의 개성을 잘 포착하여 한국 나무가면의 걸작으로 꼽힌다.

ⓛ 강릉관노가면극
  ⓐ 연희 시기
    단옷날
  ⓑ 과장의 순서
    • 장자마리춤
    • 양반광대와 소매각시춤
    • 시시딱딱이춤
    • 소매각시의 자살과 소생
  ⓒ 특징
    원래 관노에 의해 연행되던 것이다. 한국 탈춤극 가운데 유일하게 묵극(말은 하지 않고 몸짓과 얼굴표정만으로 하는 극)이다. 또한 다른 탈춤극과 달리 각 과장의 내용이 유기적이다.

(2) 본산대놀이 계통 가면극

① **개념**

양주, 송파 등지의 산대놀이를 별산대놀이라 부르는 것과 달리 애오개나 사직골 등에 있던 산대놀이를 본산대놀이라고 부른다. 본산대놀이는 반인(泮人, 성균관 소속 노비)들이 조선 후기 삼국시대로부터 전해 내려오는 산악백희 계통의 가면희와 연희를 재창조한 것이다. 그러한 본산대놀이패들이 지방으로 순회공연을 자주 다녔는데, 이 과정에서 각 지방의 가면극 형성에 영향을 주어 발생한 가면극을 본산대놀이 계통 가면극이라 한다.

서울의 송파산대놀이, 경기도의 양주별산대놀이, 황해도의 봉산탈춤·강령탈춤·은율탈춤, 경상남도의 수영야류·동래야류·통영오광대·고성오광대·가산오광대, 남사당패의 덧뵈기 등이 해당된다.

② **특징**
  ㉠ 상업이 발달한 곳에서 주로 행해졌다.
  ㉡ 상인들의 후원과 지방 관아의 주최로 가면극이 행해지기도 했다.
  ㉢ 지역과 상관없이 각 과장의 구성과 내용, 등장인물, 대사의 형식, 극적 형식, 가면의 유형 등이 비슷하다.

③ **공통적 과장**
  ㉠ 벽사의 의식무
    상좌춤, 사자춤, 오방신장무 등으로 놀이판을 정화하고 가면극을 시작하는 의미에서 행해지는 것으로 의식적인 측면에서 행해진다.
  ㉡ 양반 과장
    양반들과 하인 말뚝이 사이의 갈등을 다룬다. 첫 부분에서는 말뚝이가 양반을 찾아 돌아다녔다는 것을 말하는 말뚝이의 노정기가 제시된다. 일반적으로 양반은 추하게 생긴 가면을 쓰고 비정상적인 의복을 입은 채 나타나 무능하고 조롱의 대상이 되는 모습으로 그려지는 반면 말뚝이는 민첩하고 지혜롭게 그려져 관중들의 전폭적인 지지를 받는다. 이를 통해 민중들은 양반에 대한 불만과 반감을 표출했다.

ⓒ 파계승 과장(노장 과장)
　　오랫동안 불도를 닦은 승려가 젊은 여자에게 미혹되어 파계하지만 결국 취발이에게 여자를 빼앗기는 내용을 담았다. 관념적 허위의식의 상징인 노장을 풍자하고, 이를 대체할 존재로서 세속적이고 현실적인 취발이를 등장시켜 당시 민중들이 지향하는 사고방식을 엿볼 수 있다.

ⓔ 할미 과장
　　영감과 할미가 젊은 첩 때문에 싸우는 내용이다. 오광대만은 영감이 양반으로 설정되었으나, 대부분은 영감과 할미가 서민으로 그려지고 할미는 무당으로 등장한다.
　　할미 과장은 할미의 가련한 신세를 통하여 여성에게 가해지는 남성의 부당한 횡포를 고발하고 있다.

　이러한 공통적 과장 외에 별산대놀이에서는 '연잎과 눈끔쩍이 과장'이 있고, 해서탈춤에는 '사자춤 과장'이 있으며, 야류와 오광대에는 '사자춤 과장'과 '영노 과장', '문둥이춤 과장' 등이 있다. 이는 본산대놀이가 각 지역으로 전파되면서, 각 지역에서 나름대로 새로운 내용을 삽입한 결과이다.

④ **작품예시**
　㉠ 양주별산대놀이
　　ⓐ 연희 시기
　　　사월 초파일, 오월 단오, 팔월 추석, 기우제를 지낼 때
　　ⓑ 과장의 순서
　　　• 길놀이 및 고사
　　　• 상좌춤
　　　• 옴과 상좌놀이
　　　• 옴과 먹중놀이
　　　• 연잎과 눈끔적이놀이
　　　• 염불놀이
　　　• 침놀이
　　　• 애사당법고놀이
　　　• 파계승놀이
　　　• 신장수놀이
　　　• 취발이놀이
　　　• 의막사령놀이
　　　• 포도부장놀이
　　　• 신할아버지와 미얄할미놀이
　　ⓒ 특징 : 산대놀이의 가면은 **사실적**이며, 손질이 많이 가해져 기교가 다양하고, 가면의 크기가 대부분 비슷하다. 또한 춤사위는 부드럽고 우아하며 섬세하다.

ⓛ 봉산탈춤
　ⓐ 연희 시기
　　5월 단오일 밤에서 다음날 새벽까지 진행되며, 중국 사신의 영접이나 신임사또의 부임을 축하하는 관아의 행사
　ⓑ 과장의 순서
　　• 사상좌춤
　　• 팔먹중춤
　　• 사당춤
　　• 노장춤(신장수놀음, 취발이놀음 삽입)
　　• 사자춤
　　• 양반춤
　　• 영감과 할미춤
　ⓒ 특징
　　다른 탈춤극에 비해 대사에 **한시구의 인용이 많아** 아전들에 의해 전승되었을 것으로 짐작된다.
ⓒ 수영야류
　ⓐ 연희 시기
　　정월대보름에 산신제를 지낸 후
　ⓑ 과장의 순서
　　• 길놀이 및 농악놀이
　　• 양반춤
　　• 영노탈놀이
　　• 할미와 영감놀이
　　• 사자춤
　ⓒ 특징
　　주술적인 가면이 중심을 이루며, 말뚝이의 역할과 비중이 매우 높다. 사자춤이 들어있어 벽사진경의 신앙적 특성을 보여준다.
ⓔ 남사당패의 덧뵈기(가면)
　ⓐ 연희 시기
　　남사당패가 가는 곳마다 그때그때 연행됨
　ⓑ 과장의 순서
　　• 마당씻이
　　• 옴탈잡이
　　• 샌님잡이
　　• 먹중잡이
　ⓒ 특징
　　등장인물과 내용이 양주별산대놀이와 유사한 것이 많아 서울, 경기 지역의 본산대놀이에서 나온 것으로 보인다.

(3) 기타 계통 가면극(북청사자놀이)

① **개념**

원래는 함경남도 북청군에서 전승되어 온 가면극으로, 한국전쟁 당시 월남한 연희자들에 의해 남한에서 복원되었다. 음력 정월 14일 밤에 사자탈을 쓰고 집집마다 돌아다니며 놀기 시작하던 **벽사진경의 풍습**이 현재는 서울을 중심으로 전승되고 있다.

② **작품예시**

㉠ 북청사자놀음

ⓐ 연희 시기

음력 정월 15일 무렵

ⓑ 과장의 순서
- 애원성춤
- 사자춤
- 사자 한 마리 더 등장
- 사당춤과 상좌의 승무 후 사자 퇴장
- 동리사람들이 '신고산타령'을 부르며 군무를 춘다.

ⓒ 특징

벽사진경을 목적으로 행해진다. 원래는 사자가 한 마리만 등장했으나 6·25전쟁 당시 월남한 놀이꾼들에 의해 보존되고 있는 현재는 사자가 두 마리 등장한다.

제 3 장 | 인형극의 개념과 특징

1 개념 및 명칭 중요

(1) 개념

인형극은 인형을 만들어 의상을 입히고 실을 매달아 인형의 동작을 보이고 조종자들이 뒤에서 대화하는 방식으로 연출하는 극을 말한다. 그러나 우리나라의 **대표적인 인형극**이라 할 수 있는 꼭두각시놀음은 무대를 차리고 인형의 조종자가 인형의 하반신을 손으로 잡고 손을 움직여 상반신만 무대 위에 올라가게 하여 관중에게 공연하는 방식이다.

이와 유사한 것으로 발탈과 만석중놀이가 있다. 발탈은 인간 배우와 발에 탈을 쓴 배우가 함께 등장하여 재담을 주고받는 것이며, 만석중놀이는 석가탄신일에 사찰이나 민가에서 행해지던 것으로, 만석중과 동물들의 인형 그림자를 보여주는 방식으로 연행하던 것이다. 그러나 발탈의 경우 인간 배우의 비중이 높은 편이고, 만석중놀이의 경우 그림자를 비춰 보이는 방식이라는 점에서 일반적인 의미의 인형극과는 다르다.

(2) 명칭

주요 등장인물인 박첨지와 홍동지의 이름을 따서 '박첨지놀이', '홍동지놀이' 또는 '꼭두각시놀음', '꼭두각시놀이', '꼭두극', '덜미'로도 불린다.

2 기원 및 역사

(1) 기원 중요

① **외래 기원설**
한국의 인형극은 인도에서 서역과 중국을 거쳐 전래되었고, 그것이 다시 일본으로 전해졌다고 보는 입장이다. 이러한 입장의 근거는 중국, 한국, 일본의 인형극이 무대구조와 연출방식, 인형조종법 등이 유사하다는 점, 인형극의 주역들이 모두 해학·풍자·희극적 성격의 인물이라는 점, 또한 인형의 형태가 유사하다는 점, 원시 종교나 불교와 깊은 관련이 있으며 유랑예인집단에 의해 공연되었다는 점 등의 공통점을 든다.

② **자생설**
삼국시대 또는 그 이전의 목우(木偶) 인형에서 시작된 인형극이 고구려의 인형극, 고려의 인형놀이와 만석중놀이, 조선시대의 꼭두각시놀음에 이르기까지 단계적으로 발전해 왔다고 보는 입장이다.

③ **양자의 절충설**
고대의 각시놀음과 나무 인형, 6세기 이후 가야와 신라의 무덤에서 발견된 토우와 토용, 상여의 장신

구인 목우 등의 존재에서 드러나듯, 우리나라에는 이미 꼭두각시놀이의 자생적 기반이 있었고, 거기에 외래적 요소의 영향이 결합하여 수세기에 걸친 변화와 발전을 통해 현재의 모습을 갖추었다고 보는 입장이다.

(2) 역사

① **고대**

신라에서는 탈해왕의 뼈로 만든 인형을 동악신(탈해왕이 죽어서 된 신)으로 여겨 제사를 드렸고, 고구려에서는 나무로 인형을 만들어 부여신과 고등신(주몽이 죽어서 된 신)이라 칭하며 제사를 드린 정황이 포착된다. 또한 중국 여러 문헌에서, 즐거운 잔치에서 벌어지는 고구려 인형극의 존재를 언급하고 있는 것으로 보아 고대시대에 이미 인형극이 나름의 독특함과 일정한 수준을 갖추었음을 짐작할 수 있다.

② **고려시대**

고려시대 제의적 인형극의 인형은 모셔지는 신격이 아니라 희생물의 의미를 지닌다. 즉 신격이 아니라 참여자의 나쁜 기운을 한 몸에 받고 쫓겨가는 저주의 대상이 된다.

또한 동적 인형이 등장한다. 예를 들어 팔관회에서 벌어진 신숭겸과 김낙의 추모 행사에서 두 공신을 빗대어 만든 인형은 술을 마시고 춤을 추며 말을 타고 뜰을 돌아다닌다.

한편 고려시대 오락적 인형극은 더욱 활성화되어 민간에서도 연행되기에 이른다.

③ **조선시대부터 현대까지**

조선시대에는 인형극이 훨씬 다양해지고 발전된 면모를 보인다.

㉠ 제의적 인형극에 나타나는 인형의 5가지 유형

ⓐ 신격화되거나 놀림의 대상이 된 인형

목멱산 사우(祠宇)에 모셔진 '목우인'의 존재, 고성 지방의 성황사 관련 기록, 김해·함경도·제주도에서 입춘날 목우에게 제사를 지낸 후 끌고 마을을 돌아다니는 풍습, 지리산 천왕봉에서 행해진 국사신을 놀리는 내용의 제의적 인형극, 충청남도 부여군 세도면 가회리 홍가마을 장군제에 등장하는 대장군 인형

ⓑ 기원 혹은 위협의 대상이 된 인형

기우제를 지낼 때 용 인형을 만들어 기원을 하거나 매질을 가하며 위협함

ⓒ 재앙 그 자체로 여겨지는 인형

제웅치기, 충청북도 제천시 수산면 오티 마을 별신제에 등장하는 요사귀 인형과 몽달귀 인형, 제주도 칠성새남굿·불찍굿, 아산 우환굿, 충청도 미친굿·개비잡이, 경기도 도당굿 등에서 사용되는 인형

ⓓ 저주와 폭력의 대상이 되는 인형

사람을 죽이거나 병에 걸리게 하려고 주술을 걸 때 사용되는 염매 인형

ⓔ 궁중 내농작

정월 대보름에 궁궐에서 볏짚으로 곡식 이삭이나 가물(假物) 등을 만들어 진열하고 풍년을 기원하는 풍속에서 사용되는 인형

ⓒ 오락적 인형극

개성적 외양을 한 다양한 모습의 인형 등장, 연행술의 발전, 유언 인형(有言人形)의 본격적인 등장과 극적 구조를 갖춘 인형극의 등장, 산대잡상놀이에서 진열되는 인형 등

> **더 알아두기**
>
> **인형극 관련 문헌**
> - 성현(1439~1504), 「관나시」, 「관괴뢰잡희시」 : 포장무대로 나타나는 궁중 오락적 인형극의 무대, 줄을 통한 인형 조종의 양상을 살필 수 있음
> - 박승임(1517~1586), 「괴뢰봉」 : 민간 인형 조종사의 뛰어난 조종술과 말을 하는 유언 인형의 존재가 나타남
> - 나식(1498~1546), 「괴뢰부」 : 연행을 준비하는 과정에서부터 연행이 끝난 후 마무리하는 상황까지 인형극의 제반 양상 거의 모두가 묘사되어 있음
> - 박제가(1750~1805), 「성시전도응령」 : 조선 후기 민간 오락적 인형극의 성행 모습
> - 강이천(1768~1801), 「남성관희자」 : 조선 후기 다채로운 모습의 개성적 인형들, 다양한 연행 내용, 진전된 연행 방식 등을 알 수 있음

3 현전하는 인형극의 종류 및 특징

인형극은 고정된 대본이 없이 전승되어 왔기 때문에 채록된 대본들을 보면 차이가 큰 편이다. 기본적으로는 몇 개의 과장(거리)으로 구성되어 있으며 각 과장은 서로 관련이 없는 독립된 내용으로 이루어져 있다. 다만 박첨지가 여러 과장들에서 동일하게 해설자의 역할을 담당하며 여러 과장을 통일시킨다. 극 중 장소는 해설자 역할을 하는 박첨지가 주로 설정하는데, 이는 소도구나 대화를 통해 표현된다.

현전하는 꼭두각시놀음 계통의 인형극은 다음과 같이 크게 3개로 나눌 수 있다.

(1) 남사당 꼭두각시놀음 중요

예인집단인 남사당패에 의해 전승되고 있는 인형극으로서, 현재는 심우성이 인형 연행자들의 구술을 받아 충실하게 채록한 보존회본을 바탕으로 공연이 이루어진다.

보존회본은 크게 박첨지마당과 평안감사마당으로 나뉘고, 각각이 다시 3~4거리로 나뉜다.

① 박첨지마당

㉠ 박첨지유람거리

박첨지가 등장해 팔도강산을 유람하다가 꼭두패가 논다는 소리를 듣고 나왔다며 익살스러운 재담을 늘어놓고 유람가를 부른다.

㉡ 피조리거리

박첨지의 딸과 며느리가 등장하여 뒷절 상좌중들과 어울려 놀다가 홍동지에게 쫓겨난다.

ⓒ 꼭두각시거리
오랫동안 헤어져 지냈던 박첨지와 그의 처 꼭두각시가 첩인 덜머리집 때문에 다툼을 벌이고 헤어지게 된다.
ⓔ 이시미거리
새를 쫓으러 나왔던 여러 인물들이 차례로 이시미에게 잡아먹히다가, 홍동지가 이시미를 때려잡는다.

② **평안감사마당**
㉠ 매사냥거리
평안감사의 매사냥과 그 전후에 길을 닦느라 백성들이 고생하는 내용이 나온다.
㉡ 상여거리
평안감사의 급작스런 죽음과 이에 따른 장례식 광경을 보여주는데, 장례에 어울리지 않는 상주의 경박한 행동과 벌거벗은 채로 상여를 밀고 가는 홍동지의 파격적 모습이 나타난다.
㉢ 건사거리
상좌중들이 절을 짓고 헌다.

(2) 서산박첨지놀이

충청남도 서산시 음암면 탑곡 4리에서 전승되는 인형극으로 채록본은 김동익 채록본과 허용호 채록본이 있다.
허용호 채록본에 따르면 서산박첨지놀이는 악사들의 '떼루 떼루아 떼루야'라는 구음을 기준으로 장면을 구분할 때, 3마당 20장면으로 이루어진다. 3마당의 내용은 남사당패의 꼭두각시놀음과 유사한 점이 많으나 다음과 같은 차이점도 있다.

① **박첨지유람과 가족갈등마당**
집안을 돌보지 않고 축첩을 일삼는 박첨지에 대한 다른 가족들의 비판이 주된 내용인데, 큰마누라만 비판의 주체인 남사당패 꼭두각시놀음과 달리 박첨지 가족 모두가 박첨지의 횡포를 비판한다.

② **평안감사매사냥과 장례마당**
벼슬아치와 일반 서민의 갈등을 통해 드러나는 신분적 특권에 대한 비판이 주된 내용이다. 꼭두각시놀음에 비해 홍동지의 역할이 많이 축소되어, 상층계급에 대한 풍자의 정도가 약하다.

③ **절짓기와 소경 눈뜨는 마당**
지배층인 평안감사의 횡포로 시력을 잃게 된 소경이 불공을 통하여 눈을 뜨게 된다는 내용으로, 종교인과 세속인의 갈등을 통해서 관념적 허위를 비판하는 내용이 중심을 이루는 꼭두각시놀음과는 전혀 다르게 불교를 비판하기보다는 불교적 기적 혹은 불교에 대한 긍정적 사고를 드러낸다.

(3) 장연꼭두각시극

황해도 장연 지방에 전승되던 인형극이다. 이 인형극은 모두 열 개의 과장으로 구성되어 있는데 남사당패의 꼭두각시놀음과 유사하면서도 다른 대목이 많다. 차이점은 다음과 같다.

① 꼭두각시가 전혀 등장하지 않는다. 꼭두각시가 없으므로 자연히 부부 혹은 남녀 간의 갈등 역시 없다.
② 홍동지 역할을 박첨지 아들이 대신하면서 양반층에 대한 비판의 강도는 약해지고 역할은 축소되었다.
③ 인형들이 나와서 춤추고 노는 장면이 확장되어 유희적 요소가 강해졌다.

> **더 알아두기**
>
> **덜머리집**
> 덜머리는 돌모루, 돌마리(石趾)라고도 하며 지금의 용산구 원효로 입구를 말한다. 덜머리집은 돌모루에 있던 술집의 여자 또는 여주인을 말하는데, 꼭두각시 인형극에서 샌님의 첩으로 등장하여 늙은 조강지처를 가리키는 (미얄)할미와 갈등을 일으키는 존재이다.

제13편 실전예상문제

01 민속극은 원래 민간에서 행해지던 연극이었다. 궁중에서는 조선시대에 들어 사신 영접 등의 공식 행사 때 산대도감의 주도하에 이루어졌다.

01 다음 중 민속극에 대한 설명으로 옳지 않은 것은?

① 민속극은 종합 예술적이라 할 수 있다.
② 민속극이란 원래 궁중에서 행해지던 연극을 말한다.
③ 농촌탈춤과 도시탈춤 중 먼저 연행되었던 것은 농촌탈춤이다.
④ 일제 강점기에 들어 민속극이 쇠퇴하고 대신 창극과 신파극이 연행되었다.

02 북청사자놀음은 탈을 쓰고 하는 가면극인 반면 나머지는 인형극이나.

02 다음 중 민속극의 종류가 다른 것은?

① 꼭두각시놀음
② 발탈
③ 망석중놀이
④ 북청사자놀음

03 하회별신굿탈놀이는 농촌탈춤에 해당하고 나머지는 도시탈춤에 속한다.

03 다음 중 탈춤의 종류가 다른 것은?

① 하회별신굿탈놀이
② 양주별산대놀이
③ 송파산대놀이
④ 은율탈춤

정답 01 ② 02 ④ 03 ①

04 다음 중 가면극에 대한 설명으로 옳지 않은 것은?
① 가면극은 연희자들이 가면을 쓰고 연기하는 전통극이다.
② 무대 역할을 하는 곳을 가리켜 '마당'이라 한다.
③ 가면극은 '교술' 장르에 해당한다.
④ 인물과 인물 간의 갈등, 인물과 세계와의 갈등이 나타난다.

04 가면극은 교술이 아니라 '극' 장르에 해당한다.

05 다음 중 가면극과 현대극의 차이점에 대한 설명으로 옳지 않은 것은?
① 가면극은 현대극과 달리 반주를 하는 악사와 대사를 주고받는다.
② 현대극에는 '막'이 있고, 가면극에는 '과장'이 있다.
③ 가면극은 현대극과 달리 인물과 세계의 갈등이 나타난다.
④ 가면극의 과장은 현대극과 달리 일관성 있는 사건의 흐름을 구분 짓는 것은 아니다.

05 가면극이나 현대극 모두 인물과 세계의 갈등이 나타난다.

06 다음 중 '가면극'의 다른 이름이 아닌 것은?
① 탈춤
② 탈놀이
③ 탈놀음
④ 발탈

06 발탈은 발에 탈을 쓰고 하는 민속연희 중 하나이다.

정답 04 ③ 05 ③ 06 ④

07 '탈춤'이라는 명칭은 황해도 지역에서 주로 부르던 것이다.

07 다음 중 가면극의 이름과 그 지역의 연결이 옳지 <u>않은</u> 것은?
① 산대놀이 – 서울, 경기
② 탈춤 – 전라도
③ 오광대놀이 – 낙동강 서쪽
④ 야류 – 낙동강 동쪽

08 가면극의 기원에 대한 주장에는 산대희 기원설, 풍농굿 기원설, 기악 기원설, 무굿 기원설이 있다.

08 다음 중 가면극의 기원에 대한 주장이 <u>아닌</u> 것은?
① 산대희 기원설
② 풍농굿 기원설
③ 판소리 기원설
④ 무굿 기원설

09 꼭두각시놀이는 인형극에 해당한다.

09 다음 중 가면극의 갈래에 해당하지 <u>않는</u> 것은?
① 꼭두각시놀이 계통 가면극
② 마을굿놀이 계통 가면극
③ 본산대놀이 계통 가면극
④ 북청사자놀이

10 마을굿놀이 계통 가면극은 지방에 따라 내용이 다른 반면 본산대놀이 계통 가면극의 경우 각 과장의 구성과 내용, 등장인물, 대사의 형식, 극적 형식, 가면의 유형 등이 비슷하다.

10 다음 중 마을굿놀이 계통 가면극의 특징이 <u>아닌</u> 것은?
① 토착적이고 자생적이다.
② 주로 농촌 마을의 평안과 풍농을 기원하는 마음이 반영되었다.
③ 지방에 따라 내용이 판이하다.
④ 지역과 상관없이 비슷한 점이 많다.

정답 07 ② 08 ③ 09 ① 10 ④

11 다음 설명에 해당하는 하회별신굿의 과장은 무엇인가?

- 암수 사자 한 쌍이 나와 사자춤을 춘다.
- 잡귀를 쫓는 벽사 의식무의 성격을 띤다.

① 무동 과장
② 주지 과장
③ 사자 과장
④ 백정 과장

11 주지 과장에 대한 설명이다. '주지'가 사자가 아니라 상상의 동물이라는 견해도 있다.

12 본산대놀이 계통 가면극의 원래 연희의 주체는 누구인가?

① 반인
② 양반
③ 상인
④ 남사당패

12 본산대놀이 계통 가면극은 조선 후기, 성균관 소속 노비였던 반인들이 삼국시대로부터 전해 내려오는 산악백희 계통의 가면희와 연희를 재창조한 것이다.

13 다음 중 본산대놀이 계통 가면극에 해당하지 <u>않는</u> 것은?

① 송파산대놀이
② 양주별산대놀이
③ 봉산탈춤
④ 하회별신굿

13 하회별신굿은 마을굿에서 유래한 가면극이다.

14 다음 중 지역과 그 지역의 유명한 가면극의 이름이 잘못 짝지어진 것은?

① 가산 – 야류
② 고성 – 오광대
③ 수영 – 야류
④ 강령 – 탈춤

14 가산의 유명한 가면극은 '오광대'이다. 낙동강 서쪽의 가면극은 '오광대', 동쪽은 '야류'라 불렀다.

정답 11 ② 12 ① 13 ④ 14 ①

15 '연잎과 눈끔쩍이 과장'은 별산대놀이에서만 행해지던 것이다.

15 다음 중 본산대놀이 계통 가면극이 각 지방에서 행해질 때 공통적으로 들어가는 과장이 아닌 것은?

① 양반 과장
② 파계승 과장
③ 연잎과 눈끔쩍이 과장
④ 할미 과장

16 북청사자놀이는 음력 정월 15일 무렵에 행해졌다.

16 다음 중 북청사자놀이에 대한 설명으로 적절하지 않은 것은?

① 원래는 함경남도 북청군에서 전승되어 온 가면극이다.
② 한국전쟁 이후 남한에서 복원되었다.
③ 음력 설날 행해지던 풍습이다.
④ 벽사진경의 의미를 담고 있는 놀이이다.

17 양주별산대놀이는 사월 초파일, 오월 단오, 팔월 추석, 그리고 기우제를 지낼 때 연희되었다.

17 다음 중 양주별산대놀이가 연행되는 시기가 아닌 것은?

① 사월 초파일
② 정월 대보름
③ 오월 단오
④ 팔월 추석

18 단옷날 행해진 가면극에는 강릉관노가면극 외에도 양주별산대놀이, 봉산탈춤 등이 있다.

18 다음 중 강릉관노가면극만의 특징이라 할 수 없는 것은?

① 원래 관노에 의해 연행되었다.
② 묵극이다.
③ 각 과장의 내용이 유기적이다.
④ 단옷날 행해졌다.

정답 15 ③ 16 ③ 17 ② 18 ④

19 다음 설명에 해당하는 인물은 누구인가?

- 주로 노장 과장에 등장하여 노장과 갈등을 일으킨다.
- 이름의 뜻은 '술 취한 중'이라고 추정된다.
- 양주별산대놀이, 봉산탈춤, 강령탈춤, 남사당 덧뵈기 등에 등장한다.

① 말뚝이
② 취발이
③ 부네
④ 소매각시

> 19 취발이는 여러 가면극에 등장하는데 공통적으로 붉은색 계통의 얼굴 색, 이마에 잡힌 여러 개의 주름, 이마 위로 길게 흘러 늘어진 머리카락의 모습을 하고 있다. 또 버드나무 가지를 들고 방울을 달고 있다.

20 다음 중 인형극의 또 다른 명칭이 아닌 것은?

① 박첨지놀이
② 덜미
③ 홍동지놀이
④ 선비놀이

> 20 선비놀이는 하회별신굿탈놀이의 한 과장이다. 제시된 것 이외의 인형극의 별칭으로는 꼭두각시놀음, 꼭두각시놀이, 꼭두극이 있다.

21 인형극의 기원에 대한 설명으로 적절하지 않은 것은?

① 인도에서 서역과 중국을 거쳐 전래되었다.
② 삼국시대 이전에 목우 인형에서 시작되었다.
③ 산대도감에 소속되었던 연희자들이 전국으로 흩어지면서 시작되었다.
④ 원래의 자생적 기반에 외래적 요소가 결합하여 현재의 모습이 되었다.

> 21 탈춤의 기원에 대한 설명이다.

정답 19 ② 20 ④ 21 ③

22 고려시대에 인형극의 인형은 희생물로서의 의미를 지니며 참여자의 나쁜 기운을 한 몸에 받고 쫓겨가는 저주의 대상이었다. 건국자를 인형으로 만들어 제사지냈던 것은 고대시대에 이루어진 일이었다.

22 다음 중 고려시대 인형극에 대한 설명으로 틀린 것은?
① 건국자를 인형으로 만들어 제사지냈다.
② 저주의 대상이었다.
③ 춤을 추며 말을 타고 돌아다니는 등 동적이었다.
④ 제의적인 목적뿐만 아니라 오락적 인형극도 활발하게 연행되었다.

23 폭력의 대상이 되는 인형은 제의적 인형극에서 사람을 죽이거나 병에 걸리게 하려고 주술을 걸 때 사용되는 인형에 대한 내용이다.

23 다음 중 오락적 인형극에 나타나는 인형의 모습이라 보기 어려운 것은?
① 말하는 인형
② 개성적 외양을 갖춘 인형
③ 신열뇌는 인형
④ 폭력의 대상이 되는 인형

24 나식의 「괴뢰부」에는 연행을 준비하는 과정에서부터 연행이 끝난 후 마무리하는 상황까지 인형극의 거의 모든 것이 묘사되어 있다.

24 다음 중 인형극 연행의 제반 양상을 살펴보기에 가장 적합한 자료는?
① 성현, 「관나시」
② 박승임, 「괴뢰봉」
③ 나식, 「괴뢰부」
④ 강이천, 「남성관희자」

정답 22 ① 23 ④ 24 ③

25 인형극에 대한 설명으로 옳지 않은 것은?
① 채록된 대본들 사이의 차이가 크지 않다.
② 인형극을 이루는 과장들의 내용은 유기적이지 않다.
③ 박첨지는 어느 과장이든 해설자의 역할을 맡는다.
④ 극 중 장소는 소도구나 대화를 통해 표현된다.

25 인형극은 고정된 대본이 없이 전승되어 왔기 때문에 채록된 대본들 사이에 차이가 큰 편이다.

26 꼭두각시놀음 계통 인형극의 갈래가 아닌 것은?
① 남사당 꼭두각시놀음
② 평안감사 꼭두각시놀음
③ 서산박첨지놀이
④ 장연꼭두각시극

26 평안감사마당은 남사당 꼭두각시놀음의 한 마당이다.

27 다음 중 남사당 꼭두각시놀음에 대한 설명으로 옳지 않은 것은?
① 남사당패에 의해 전승된다.
② 현재는 심우성이 채록한 '보존회본'을 바탕으로 연행된다.
③ 박첨지마당과 평안감사마당으로 크게 나뉜다.
④ 악사들이 '떼루 떼루아 떼루야'라고 함으로써 장면이 구분된다.

27 악사들의 '떼루 떼루아 떼루야'라는 구음을 기준으로 장면을 구분하는 것은 서산박첨지놀이이다.

정답 25 ① 26 ② 27 ④

28 건사거리는 남사당 꼭두각시놀음을 박첨지마당과 평안감사마당으로 나누었을 때 평안감사마당의 마지막 거리이다.

28 다음 중 남사당 꼭두각시놀음의 박첨지마당에 속하지 <u>않는</u> 거리는?

① 박첨지유람거리
② 피조리거리
③ 꼭두각시거리
④ 건사거리

29 서산박첨지놀이가 상층계급에 대한 풍자의 정도가 꼭두각시놀음에 비해 약하다는 것은 옳지만, 이는 말뚝이가 아니라 홍동지의 비중이 줄었기 때문이다.

29 다음 중 꼭두각시놀음과 서산박첨지놀이의 차이점에 대해 <u>잘못</u> 설명한 것은?

① 서산박첨지놀이에서는 큰마누라만이 아니라 가족 모두가 박첨지의 횡포를 비판한다.
② 서산박첨지놀이는 말뚝이의 역할이 많이 축소되어 상층계급에 대한 풍자의 정도가 약하다.
③ 꼭두각시놀음과는 다르게 서산박첨지놀이에서는 불교에 대해 긍정적이다.
④ 꼭두각시놀음은 2마당으로 이루어진 반면 서산박첨지놀이는 3마당으로 되어 있다.

30 장연꼭두각시극은 무려 10개의 과장으로 이루어져 있으나, 여러 개의 과장으로 되어 있다는 것이 장연꼭두각시극만의 특징적인 면이라 할 수는 없다. 서산박첨지놀이는 3마당, 남사당 꼭두각시놀음은 크게 2마당으로 나뉜다.

30 장연꼭두각시극의 특별한 점이라 할 수 <u>없는</u> 것은?

① 여러 개의 과장으로 이루어져 있다.
② 꼭두각시가 등장하지 않는다.
③ 홍동지 역할을 박첨지 아들이 대신한다.
④ 인형들의 춤 장면이 확장되어 유희적 요소가 강하다.

정답 28 ④ 29 ② 30 ①

제14편

무가

제1장　무가의 개념과 특징
제2장　무가의 작품 세계
실전예상문제

| 단원 개요 |

무가는 무당이 굿을 할 때 굿을 요청한 사람이나 신에게 치성으로 드리는 사설이다. 무가는 다른 구비문학 장르와 달리 가창자가 무당으로 한정되어 있다. 따라서 무가를 이해하기 위해서는 무당 및 굿에 대한 기본적인 이해도 필요하다. 그러나 이 단원의 목적은 '문학으로서의 무가'이므로 그 밖의 것에 대해서는 문학으로서의 무가를 이해하는 데 꼭 필요한 정도로만 다룬다. 이 단원에서는 무가의 개념, 특징에 대해 살펴보게 된다.

| 출제 경향 및 수험 대책 |

이 단원에서는 강신무와 세습무의 차이를 비롯하여 무가의 특징을 알아두는 것이 필요하다.

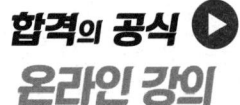 

보다 깊이 있는 학습을 원하는 수험생들을 위한
시대에듀의 동영상 강의가 준비되어 있습니다.
www.sdedu.co.kr → 회원가입(로그인) → 강의 살펴보기

제 1 장 | 무가의 개념과 특징

1 무가의 개념 중요

무가(巫歌)란 굿을 할 때 무당이 부르는 노래를 말한다. 무당은 악기의 반주에 맞춰 춤을 추며 노래를 부른다. 따라서 무가는 **종합 예술**의 형태를 띠고 있다. 이러한 특징은 무가 속에서 문학의 원형을 찾을 수 있다는 것을 의미하기 때문에 무가는 구비문학과 고대문학 연구에 필수적이다. 무가에 해당하는 작품으로는 「바리공주」, 「창부타령」, 「노랫가락」, 「제석풀이」, 「염불요」, 「서우제소리」 등이 있다.

2 무가의 특징

(1) 제의성

무가는 굿이라는 무속의례의 상황에서 무당들에 의해 행해지는 노래이다. 따라서 무당의 존재가 무가의 성격에 결정적인 영향을 줄 수밖에 없다. 무당이란 굿을 주관하는 자로서 신병이나 무병을 통해 영력을 획득하여 신과 교통할 수 있는 자이다. 물론 세습무도 있기 때문에 무당이라고 해서 다 강신을 경험한 것은 아니지만, 강신무든 세습무든 굿이라는 무속의례를 주재하는 과정에서 무가를 연행하는 것이므로 무가는 주술성과 신성성을 지니게 된다. 강신(降神), 치병(治病), 예언(豫言) 등이 모두 무가에 내포된 주술의 효과로 볼 수 있다. 또한 무가는 신과 인간의 대화라는 점에서 신성성을 띠기도 한다. 이로 인해 인간이 알지 못하는 문구를 삽입하는 식으로 과장되기도 하고, 신 자신의 언어로 신의 의사가 전달되는 '공수' 단계가 있기도 하다.

(2) 문학성 중요

세습무의 경우, 강신무와 달리 무병이나 내림굿을 하지 않고도 혈통을 따라 무당의 직위가 계승된다. 세습무는 무속의례를 행할 때 사제가 되어 인간의 뜻을 신에게 청원하는 공연을 하고 그 대가로 사회적 지위와 물질적 소득을 추구한다. 이로 인해 신과 인간의 매개자로서의 역할을 담당했던 강신무와 달리 세습무는 인간을 만족시키는 것에 중점을 두고 노력하다 보니 무가의 문학성이 강해지게 되었다. 알아듣기 힘든 말, 과격하거나 괴상한 어투 등을 사용하는 강신무의 사설과 달리 세습무의 사설은 **비유와 대구가 늘어나고 매끄럽게 구연될 수 있도록 다듬어졌다**. 이러한 무가의 문학적 성격을 바탕으로 판소리 같은 여러 갈래들이 무가를 원천으로 발전할 수 있었다.

제 2 장 무가의 작품 세계

1 「제석본풀이」

「제석본풀이」는 「당금애기」라고도 알려져 있는데, 당금애기가 아기의 탄생과 성장을 담당하는 '삼신'이 되고, 제석신(집안에 살면서 집안 사람들의 수명·자손·운명·농업 등을 관장하는 신)이 탄생하여 신이 되기까지의 과정을 서술한 서사무가이다. 정착한 여성과 도래한 남성이 결합하여 삼형제 신을 출산한다는 기본 설정을 갖고 있는데, 이러한 내용은 「단군 신화」나 「주몽 신화」의 내용과 일맥상통한다. 「제석본풀이」는 제주도를 포함한 한반도 전역에서 불리는 대표적 서사무가로, 세부 내용이 다른 여러 개의 각편이 있다. 대표적인 내용은 다음과 같다.

> 옛날 어느 곳 고귀한 가정의 부부가 아홉 형제를 두었으나 딸이 없어 딸을 점지해 달라는 치성을 드리고 딸을 낳아 이름을 당금애기라고 하였다. 곱게 자란 당금애기가 처녀가 되었을 무렵 부모와 오라비 등 가족이 모두 볼일을 보러 떠나고 당금애기만 집에 남아 있었다. 그때 서역에서 불도를 닦은 스님이 당금애기를 찾아와 시주를 빙자하여 접촉하고 사라졌는데, 그 후 당금애기는 잉태를 하게 된다. 가족들이 귀가하여 당금애기가 스님의 씨를 잉태한 사실을 알아내고 당금애기를 지함 속에 가두거나 집에서 내쫓는다. 잉태한 지 열 달 후에 지함 속에 있던 당금애기는 아들 세쌍둥이를 출산한다. 당금애기의 아들 삼 형제가 일곱 살이 되어 서당에 다녔는데 친구들에게 아비 없는 자식이란 욕설과 놀림을 당한다. 삼 형제는 당금애기에게 아버지가 누구며 어디 있는가를 물어서 알아내고 당금애기와 함께 스님을 찾아 서천국으로 가서 한 절에 이른다. 스님은 당금애기와 아들 삼 형제가 찾아온 것을 알고 친자 확인 시험을 한다. 종이옷 입고 청수에서 헤엄치기, 모래성 쌓고 넘나들기, 짚북과 짚닭 울리기 등의 시험을 거쳐, 마지막으로 손가락을 베어 피를 내어 스님과 세 아들의 피가 합쳐지는 것을 확인하고, 친자임을 인정하였다. 그래서 아들들에게 신직을 부여한 후, 스님과 당금애기는 승천하고 아들 삼 형제는 제석신이 되었다.
>
> – 당금애기(한국민속문학사전)

2 「바리공주」

「바리공주」역시 「제석본풀이」와 마찬가지로 전국적으로 나타나는 대표적인 서사무가이다. 「바리공주」는 죽은 사람의 영혼을 좋은 곳으로 인도하기 위해 하는 굿인 오구굿에서 불리는데, 사후세계를 인정함으로써 이승의 한계를 저승이라는 초월적인 공간에서 이루고자 하는 소망을 보여준다. 바리공주가 자신을 희생하면서까지 부모에게 효를 다하기 위해 저승으로 약을 구하러 간다는 내용은 설화에서 종종 등장하는 주제이다. 한편 「바리공주」는 주인공 바리공주가 온갖 역경을 극복하고 무당의 시초이자 조상이 된다는 점에서 영웅으로서의 면모를 지녀 영웅설화의 구조와도 비슷하다.

> 바리공주의 온전한 원형을 간직하고 있는 이 본풀이의 핵심을 요약하면 다음과 같다. 주상금마마와 중전부인이 혼인하게 되었다. 천하궁 다지박사에게 물으니 혼사를 서두르지 말라는 금기를 내리는데 이 금기를 어기면서 둘은 혼인한다. 이로 말미암아 바리공주의 부모는 거푸 딸을 낳게 되었으며 일곱 번째 역시 딸을 낳는다. 그런데 일곱 번째 딸은 마지막에도 딸이라는 이유로 부모에게 버림을 받는다. 이렇게 버려진 공주는 바리공주라는 이름을 얻고 비리공덕할아비와 비리공덕할미에게 구조되어 키워진다. 한편 바리공주의 부모는 죽을병에 걸리는데, 자신들에게 필요한 약이 무장승이 있는 곳에서 얻을 수 있는 양유수와 꽃임을 알게 된다. 부왕은 여섯 공주에게 서천서역국에 가서 양유수를 구해 오라고 하는데, 여섯 공주는 갖은 핑계를 대면서 가지 않겠다고 한다. 하는 수 없이 버린 일곱 번째 공주에게 부탁하기 위해서 어렸을 때 버려진 공주를 찾는다. 마침내 바리공주와 주상금마마 내외는 서로 재회한다. 바리공주는 남장을 하고 부모를 살릴 수 있는 약수를 구하기 위해 저승 여행을 떠난다. 그곳까지 가는 동안 바리공주는 여러 가지 주문과 주령을 들고 지옥에서 신음하고 있는 이들을 구원한다. 마침내 저승에 이르러서 남성인 무장승을 만난다. 무장승에게 여러 가지 일을 해 주면서 공덕을 쌓은 끝에 아이들을 낳고, 마침내 그곳에 있는 꽃이나 약물이 부모를 살릴 수 있는 것임을 알게 된다. 바리공주는 양유수와 꽃을 가지고 남편과 자식을 데리고 오다가 강림도령을 만나 인산거동(因山擧動)이 났음을 알게 된다. 더욱 서둘러 가서 양유수와 꽃으로 부모를 모두 되살린다. 마침내 부모를 살린 덕분에 부왕에게 신직을 부여받는데, 아이들은 칠성으로 자리하고, 무장승은 시왕군웅 노릇을 하게 되었으며, 바리공주는 만신의 몸주 노릇을 함으로써 만신의 섬김을 받는다.
>
> — 바리공주[한국민속문학사전(설화 편)]

제14편 실전예상문제

01 무가는 종합 예술의 형태를 띠고 있으며 그런 점에서 문학의 원형을 무가에서 찾을 수 있다.

01 무가에 대한 설명으로 옳지 않은 것은?

① 무당이 굿을 할 때 부르는 노래이다.
② 종합 예술의 형태를 띤다.
③ 강신무의 굿은 엄숙하고 진지한 편이지만 세습무의 굿은 세속적이고 오락성이 강하다.
④ 문학으로부터 발전되어 뻗어나간 장르이다.

02 무가는 무당을 통해서만 이루어지므로 다른 구비문학에 비해 전승과정에서 형태가 변하는 일이 적다.

02 다음 중 무가의 특징에 대한 설명으로 옳지 않은 것은?

① 전승과정에서 형태가 쉽게 변한다.
② 주로 무당에 의해서만 불린다.
③ 주술적 목적으로 불린다.
④ 신과 인간의 대화라는 점에서 신성성을 띠기도 한다.

03 세습무는 인간의 뜻을 신에게 청원하는 공연을 하고 그 대가로 사회적 지위와 물질적 소득을 추구하는 사람들이다. 따라서 공연적 성격이 강해지게 될 수밖에 없고 세습무가 많아질수록 비유, 대구 등의 문학적 표현이 늘어나게 된다.

03 무가의 문학성이 강해지게 된 까닭으로 가장 적절한 것은?

① 전승되는 과정에서 문학자들의 개입이 이루어졌기 때문이다.
② 원래 문학적 재능이 뛰어난 사람들이 무당의 자질도 풍부하기 때문이다.
③ 강신무와 달리 세습무는 신과 인간의 매개자로서의 역할보다 인간을 만족시키는 데 초점을 더 두게 되었기 때문이다.
④ 신에게 보다 더 문학적으로 아름다운 말을 전하고자 하는 인간의 의지 때문이다.

정답 01 ④ 02 ① 03 ③

04 다음 중 무가의 특성이라 할 수 없는 것은?

① 신성성
② 오락성
③ 주술성
④ 대중성

04 무가는 무당이라는 특정 계층에 의해서만, 굿을 통해 전승된다는 점에서 대중적이지 않고 전승이 제한적이다. 이 밖의 무가의 특성으로는 포용성을 언급할 수 있다. 무가는 다른 신앙에 대한 배타의식이 적은 편이어서 다른 종교의 경을 빌려서 쓰기도 하는데, 불교·유교·도교 등의 경전에서 많은 문구를 받아들였다.

05 다음 설명에 해당하는 무가는 무엇인가?

- 전국적으로 나타나는 광포유형이다.
- 오구굿에서 주로 불린다.
- 영웅설화의 구조와 비슷하다.

① 「바리공주」
② 「당금애기」
③ 「제석본풀이」
④ 「조상해원풀이」

05 「바리공주」는 「바리데기」, 「오구풀이」, 「칠공주」, 「무조전설」 등으로도 불린다.

06 다음 중 무가의 문학성을 높이는 것과 가장 관계 깊은 특성은 무엇인가?

① 전승성
② 오락성
③ 신성성
④ 주술성

06 무가의 문학성은 세습무의 무가에서 두드러지는 것으로 세습무의 굿이 강신무의 굿보다 오락성이 짙다.

정답 04 ④ 05 ① 06 ②

07 「제석본풀이」는 정착한 여성과 도래한 남성이 결합하여 삼형제 신을 출산한다는 설정을 갖고 있는데 이러한 내용은 「단군 신화」나 「주몽 신화」와 일맥상통하는 면이 있다.

08 「제석본풀이」는 제석신이 탄생하여 신이 되기까지의 과정을 서술한 무가이다. 제석신은 집안에 살면서 집안 사람들의 수명, 자손, 운명, 농업 등을 관장하는 신이다.

09 「바리공주」는 자신을 버린 부모를 살리기 위해 온갖 고생을 마다하지 않고 신이 된 바리공주의 삶을 담고 있다.

10 강신무와 달리 세습무는 혈통을 따라 세습되는 무당으로, 신성성은 약화되었으나 청중의 구미에 맞게 무가를 변형시킴으로써 무가가 문학적으로 성장하는 밑바탕이 되었다. 단골무는 세습무이기는 하지만 일정 지역, 즉 '단골판'을 관할하는 사제권을 계승한다는 점이 부각된 명칭이다. 독경무는 앉아서 북과 징을 치며 경문을 외우는 방법으로 굿을 하는 무당을 말한다.

정답 07 ④ 08 ① 09 ② 10 ①

---

07 다음 중 「바리공주」에 대한 설명으로 옳지 않은 것은?

① 죽은 사람의 영혼을 좋은 곳으로 인도하기 위해 하는 오구굿에서 불려진다.
② 바리공주의 일생은 영웅의 일생 구조에 부합된다.
③ 자기 희생을 통한 효라는 주제는 설화에서 흔한 주제이다.
④ 「단군 신화」나 「주몽 신화」 등과 일맥상통한다.

08 다음 중 생산신 또는 수복을 관장하는 신의 유래담을 담고 있는 서사무가는 무엇인가?

① 「제석본풀이」
② 「바리공주」
③ 「강림도령」
④ 「연명설화」

09 「바리공주」의 주제와 관련 있는 것은 무엇인가?

① 충(忠)
② 효(孝)
③ 의(義)
④ 신(信)

10 무가가 지니고 있던 신성성과 주술성이 약화되면서 점점 세속화되고 흥미 위주의 오락적인 측면이 강조됨으로써 무가는 문학적 성장을 이루게 된다. 이렇게 되는 데 가장 중요한 역할을 한 존재는 무엇인가?

① 세습무
② 강신무
③ 단골무
④ 독경무

11 무가의 특성에 대한 설명으로 적절하지 않은 것은?
① 무가는 기본적으로 주술성을 바탕으로 한다.
② 오락성은 세습무들의 굿보다 강신무들의 굿에서 더 강하게 나타난다.
③ 강신무는 내림굿을 받고 신어머니로부터 전승받고, 세습무는 혈연집단을 통해 전승된다는 점에서 무가는 전승이 제한적이다.
④ 대부분의 장편무가들은 4음보격의 율문으로 되어 있다.

11 무가의 오락성이 두드러지는 것은 세습무에 의해 연행되면서 청중을 의식하게 되었기 때문이다.

12 다음 중 「제석본풀이」에 대한 설명으로 옳지 않은 것은?
① 「당금애기」라고도 한다.
② 당금애기는 3년에 걸쳐 첫째, 둘째, 셋째를 낳았고 그 아들들이 결국 제석신이 되었다.
③ 제석신이 신이 되기까지의 과정을 서술하고 있다.
④ 한반도 전역에서 불린다.

12 당금애기가 낳은 것은 세 쌍둥이다.

13 다음 중 「바리공주」에 대한 설명으로 옳지 않은 것은?
① 「바리공주」는 사후세계에 대한 세계관이 나타난다.
② 「바리공주」에는 영웅설화의 구조가 나타난다.
③ 「바리공주」는 오구굿에서 불린다.
④ 「제석본풀이」와 달리 제주도 지역에서만 불렸다.

13 「바리공주」도 「제석본풀이」와 마찬가지로 전국적으로 불리는 서사무가이다.

정답 11 ② 12 ② 13 ④

행운이란 100%의 노력 뒤에 남는 것이다.

- 랭스턴 콜먼 -

제15편

한문학

제1장	한문학의 형식과 갈래
제2장	한문학의 역사적 전개
제3장	한문학의 주요 작가와 작품
실전예상문제	

단원 개요

한국 고유의 문자가 없어서 구비문학만 있던 시대를 지나 고조선이 끝나갈 무렵이 되었을 때 중국으로부터 한자가 전래된다. 한자만이 아니라 한문문학의 형식에 따라 많은 기록문학 작품들이 생성된다. 이 단원에서는 한문학의 형식과 갈래, 역사적 전개와 주요 작품을 살펴본다.

출제 경향 및 수험 대책

이 단원에서는 최치원과 정지상, 죽림고회의 작품 또는 특성을 묻는 문제가 출제될 수 있으니 꼼꼼한 학습이 필요하다. 또한 한문학의 양식에 대해서도 기본적인 내용을 잘 알아둘 필요가 있다.

보다 깊이 있는 학습을 원하는 수험생들을 위한 시대에듀의 동영상 강의가 준비되어 있습니다.
www.sdedu.co.kr ➜ 회원가입(로그인) ➜ 강의 살펴보기

제 1 장 　한문학의 형식과 갈래

글자가 없던 시기에 우리 민족은 중국의 한자를 빌려 쓸 수밖에 없었는데, 한자 유입의 정확한 시기에 대한 기록은 없으나 대략 고조선 때로 짐작된다. 한문이 유입된 초기에는 주로 실무적인 기능을 위해 사용되었을 것으로 짐작된다. 그러나 점차 시간이 지나면서 다양한 영역으로 확대되어 사용되기 시작했을 것이다. 한문학을 이름 그대로 풀이하면, 한문으로 된 모든 문학을 가리킨다. 그러나 한문은 우리나라에서만 사용한 것이 아니라 동아시아 문화권에서 보편적으로 사용하였다. 따라서 한문학의 영역과 관련하여 창작 주체를 한정할 필요가 있다. 중국인이나 일본인이 한문으로 남긴 문학 작품을 우리 한문학의 연구 대상으로 삼을 수는 없기 때문이다. 또한 향찰이나 이두로 표기한 것은 한자를 차용해 쓰기는 했으나 한문의 언어 규범에 따른 것이 아니므로 한문학의 대상이 될 수는 없다.

정리하자면, **한문학은 우리 조상이 한문을 사용해 우리의 사상과 감정을 기록한 일체의 문학 작품**을 가리키는 말이라고 정리할 수 있다.

근대 이후로는 한문만을 사용해 창작 활동을 하는 경우가 없다. 그러나 한문학은 우리 역사에서 상당히 오랜 기간 동안 기록문학의 영역을 담당해 왔으므로, 우리 민족의 정서와 사상을 제대로 이해하기 위해서는 충분한 연구가 필요하다.

1 한문학의 형식

(1) 운문

자수·구수(句數)의 다소, 압운의 유무, 운자(韻字)의 위치 등을 기준으로 고시와 근체시로 분류한다.

① 고시(古詩) **중요**
  ㉠ 고체 또는 고풍이라고도 한다. 당나라 때 완성된 근체시의 상대적 개념이다.
  ㉡ 5언·7언이 주가 되고 있을 뿐 엄격한 형식이 없는 편이다.

② 근체시(近體詩) **중요**
  ㉠ 고체시에 대한 새로운 형식의 시를 말하며 '금체시(今體詩)'라고도 한다.
  ㉡ 구수에 따라 율시·배율(排律)·절구가 이에 속하며 각각 5언과 7언의 구별이 있다.
    ⓐ 절구
      • 구 : 4개
      • 대구 : 제3, 4구는 대구를 이룬다.
      • 압운 : 5언절구에는 제2, 4구의 끝에, 7언절구에는 제1, 2, 4구 끝에 각운
    ⓑ 율시
      • 구 : 8개
      • 대구 : 제3, 4구와 제5, 6구는 대구를 이룬다.
      • 압운 : 5언율시에는 제2, 4, 6, 8구 끝에, 7언율시에는 제1, 2, 4, 6, 8구 끝에 각운

ⓒ 배율
- 구 : 12개
- 대구 : 제1, 2구와 제11, 12구를 제외하고는 모두 대구를 이루어야 한다.
- 압운 : 율시와 비슷함

(2) 산문

산문의 종류에 대해서는 여러 학설이 있다. 『동문선』에서는 한문학을 여러 갈래로 나누고 있는데, 그 중 산문에 해당하는 것으로는 논변류(論辨類 : 논설문), 주소류(奏疏類 : 임금에게 올린 글), 조령류(詔令類 : 왕의 명령), 서발류(序跋類 : 문집이나 시집의 서문과 발문), 증서류(贈序類 : 이별을 할 때 지어 주는 글), 전지류(傳志類 : 전, 비문, 묘표, 행장 등), 잡기류(雜記類 : 기행문이나 물건에 대한 기록글), 사독류(私牘類 : 편지글)가 있다.

2 한문학의 갈래

(1) 한시 중요

한시는 한문으로 쓴 시를 말하는데, 그 창작 시기에 따라 **고시(古詩)와 근체시(당나라 이후)로 구분되기**도 하고 음악과의 관련 여부를 따져 악부시를 별도로 구분하기도 한다. 한국의 한시는 대체로 근체시의 고정적 형식을 따르는 경우가 많다. 악부시는 관현(管絃)에 올려 노래로 부를 수 있도록 만들어진 것으로 중국 한나라 때에 성행하였으나 한국의 경우 악부시는 노래로 부르기 위하여 제작한 것이 아니다. **을지문덕의 「여수장우중문시」를 가장 이른 시기의 한시 작품으로 볼 수 있다.**

(2) 한문산문

한문산문은 문예적인 성격의 산문은 물론이고 공용문이나 실용문 가운데서도 문예물로 읽힐 수 있는 작품들을 말한다. 이런 의미에서 한문산문은 수필문학보다 큰 범주라 할 수 있다.

(3) 한문소설 중요

문헌설화에서 출발해 가전체문학을 거친 뒤 조선 초 김시습의 『금오신화』 시대에 이르러 완전한 의미의 소설이 형성되었다. 초기에는 중국소설의 형식을 따랐으나, 점점 내용과 형식의 독자성을 지니게 되었다. 한문소설은 초현실적 세계와 역사적 현실을 오가며 인간의 삶과 욕망을 폭넓게 그렸다. 학자에 따라 한문산문으로 분류하기도 한다.

(4) 한국경학

경학은 유가경전을 해석하는 것을 말하는데, 한문학은 중국의 고문(古文)에서 발달한 것이므로 한문학을 연구하거나 창작하려면 중국의 고문을 연구할 필요가 있었다. 이처럼 우리 조상들이 유가경전을 학습하는 과정에서 생겨난 저작들에 대한 연구도 한문학의 범주에 포함된다.

제 2 장 | 한문학의 역사적 전개

1 고대

(1) 특징

고대는 고려 이전의 시기를 말한다. 이 시기에는 우리나라 고유의 문자가 없었으나 구전되는 많은 설화들뿐만 아니라 다양한 기록을 위해 문자가 필요하였다. 이에 우리나라는 한자를 수입해 사용할 수밖에 없었다. 대략 **고조선 말, 한사군이 설치되던 무렵**의 일이다. 또한 이 시기에는 강력한 중앙집권 국가를 이루기 위해 불교를 수용하여 사상적 뒷받침을 했다. 이러한 사실은 문학에도 영향을 주어 고대 시기에는 불교의 설화문학과 시가, 불경의 주석 등이 많이 쓰였다. 한편 신라 중대에 들어서며 유교가 들어오게 되고 신라 하대에 이르러서는 중국의 빈공과에 합격한 육두품들에 의해 중국의 한문학이 빠른 속도로 수입되기에 이른다. 초기에는 실용문 중심이다가 신라 하대에 이르러 육두품들에 의해 본격적으로 한시가 쓰였다.

(2) 현전하는 주요 작가 및 주요 작품 중요

① **한역시** : 「구지가」, 「공무도하가」, 유리왕의 「황조가」, 「해가」 등(원본은 전하지 않음)
② **을지문덕의 「여수장우중문시」** : 을지문덕이 수나라 장수인 우중문에게 보낸 한시로, 현전하는 가장 오래된 5언고시
③ **진덕여왕의 「태평송」** : 진덕여왕이 당나라 황제에게 보낸 5언고시
④ **김후직의 「간렵문」** : 진평왕의 사냥을 말리는 내용의 간언문
⑤ **최치원의 『계원필경』 20권** : 현전 최고(最古), 최초의 개인문집
⑥ **최치원의 「추야우중」** : 최치원의 대표적인 작품
⑦ **최치원의 「격황소서」** : 당나라 때 황소의 난을 일으킨 괴수 황소에게 항복을 권유하기 위해 보내는 격문으로, 뛰어난 문장으로 유명함

2 고려시대

(1) 특징

① 고려 초에는 신라 말기의 육두품 계열이 중심이 되어 지속적인 창작 활동이 이루어졌다. 이들은 사륙변려문과 같은 만당풍 문체로 창작 활동을 하였다. 이후 고려 중기를 넘어서면서 당송풍이 유행하여 소동파를 추종하는 경향이 생겨났다.
② 4대 왕이었던 광종 때 도입된 과거제도의 영향으로 시의 경우 공령시(功令詩), 산문의 경우 과문육체(科文六體)라 하여 일정한 공식에 고사를 대입하는 등의 과거시험식 문장이 유행하였다.

③ 과거 응시 후 문인들은 기존의 과거식 문장에서 탈피하여 개성적인 문학세계를 개척해 나갔다.
④ 새로운 문학양식이 생겨났는데, 사(辭), 부(賦), 비평양식, 가전체문학과 같은 것들이 이에 해당한다.
⑤ 문학사상적인 면에서 불교와 유교가 심화되었다.

(2) 현전하는 주요 작가 및 주요 작품 중요

① **개인 문집** : 이규보의 『동국이상국집』, 이곡의 『가정집』, 이제현의 『익재집』, 의천의 『대각국사문집』 등이 있다.
② **부** : 김부식의 「아계부」・「중니봉부」, 이규보의 「몽비부」・「방선부」・「조강부」, 이인로의 「옥당백부」・「홍도정부」, 최자의 「삼도부」, 이색의 「관어대소부」 등이 있다.
③ **비평집** : 이규보의 『백운소설』, 이인로의 『파한집』, 최자의 『보한집』, 이제현의 『역옹패설』 등이 있다.
④ **정지상** : 만당풍의 대표적 시인으로 「장원정」・「대동강 송별시」(송인) 등 20여 수를 남겼다.
⑤ **죽림고회** : 무신란이 일어나자 무신정권에 아부하기를 거부하고 산수를 찾아다니며 시문을 즐겼던 사람들의 모임으로, 임춘, 이인로, 오세재 등이 중국의 죽림칠현을 본떠 만들었다.
⑥ **이인로** : 시 창작에 뛰어나 당대에 이름을 떨쳤다. 현존하는 최고의 시화집인 『파한집』을 남겼다.
⑦ **이규보** : 8000수의 시를 지었으며 즉물시, 영사시, 주필시 등 독특한 유형의 시분야를 개척하기도 했다. 장편 서사시 「동명왕편」의 저자이다.
⑧ **김부식의 『삼국사기』에 실린 열전** : 소설문학의 발단을 보여주는 것으로 중요한 의미가 있다. 「온달전」, 「도미」, 「설씨녀전」 등이 있다.
⑨ **일연의 『삼국유사』에 실린 설화** : 작가의 창작성과 문식이 가미되어있으며, 사회현실이 풍부하게 반영되어 있다. 「도화녀 비형랑」, 「조신」, 「김현감호」 등이 있다.
⑩ **「최치원전」** : 작가가 누구인지 불확실하나 박인량이라는 설이 가장 유력하다. 액자소설의 구조를 지닌 전기(傳奇)소설로 최치원이 당나라에 있을 때 쌍녀분이라는 무덤 근처에서 두 여자를 만났던 일화를 담고 있어서 애정소설적인 면모도 있다. 내용이나 구성적인 면에서 소설적 면모가 엿보여 최초의 소설이 무엇인가 하는 논쟁과 관련해 언급되기도 한다. 원래 『수이전』에 기록되어 있던 것인데 조선시대 성임의 『태평통재』에 기록되어 전한다. 조선 후기 소설인 「최고운전」(「최치원전」, 「최충전」이라고도 함)과는 다른 내용이다.
⑪ **가전체소설** : 임춘의 「국순전」(술을 의인화)・「공방전」(돈을 의인화), 이규보의 「국선생전」(술을 의인화)・「청강사자현부전」(거북을 의인화), 이곡의 「죽부인전」(대나무를 의인화), 이첨의 「저생전」(종이를 의인화), 석식영암의 「정시자전」(지팡이를 의인화) 등이 있다.

3 조선시대

(1) 특징

① 일반적으로 고려 중기에서 조선조 선조 대까지는 송시풍(宋詩風)이 유행하여 소동파나 한퇴지를 즐겨 읽었으나, 그 뒤로는 당시풍(唐詩風)이 우세하여 두보나 이백의 시풍이 우세하였다.
② 불교를 배척하고 정치이념인 유교를 따라 유교적 문학론을 발전시켰다. 그럼에도 불구하고 불교를 완전히 배척하지는 못하고 불교와 유교의 조화를 이루기 위한 노력이 이루어졌으며, 노장사상도 문학에 영향을 미쳤다.
③ 도학(道學)과 사장(詞章) 간의 대립이 지속적으로 이루어졌다. 김굉필, 김종직, 서경덕, 이황, 이이 등과 같은 도학 혹은 경학파들은 문학을 경시하는 입장인 반면, 서거정, 성현 등의 사장파들은 문학을 옹호하는 경향이 강했다.
④ 산림문학과 사실주의 문학이 함께 발전했다. 산림문학은 관념론적 사유에 바탕을 두고 사변적인 관념시를 통해 본원적인 아름다움을 표현했다. 서경덕, 이황, 이이 등이 이에 해당한다. 반면 사실주의 문학은 사회현실을 중시하여 사실주의적 경향에 가까운 시를 썼다. 정약용이 이에 해당한다.
⑤ 소설이 출현했다.
⑥ 비평 및 악부가 발달했다.
⑦ 황진이, 이계랑, 신사임당, 허초희 등 시를 짓는 여성 문인들이 등장하였다.
⑧ 방외인문학이라 불리는 경향이 나타났는데, 이는 반체제적·사회비판적 의식을 갖고 방랑하면서 문학 창작에 임했던 김시습, 임제 등을 통해 이루어졌다.

(2) 현전하는 주요 작가 및 주요 작품

① **정도전** : 「불씨잡변」·「심기리편」
② **만록, 잡기류** : 서거정의 『필원잡기』, 성현의 『용재총화』, 권응인의 『송계만록』, 김만중의 『서포만필』, 황현의 『매천야록』, 이순신의 『난중일기』, 유성룡의 『징비록』, 이노의 『용사일기』 등
③ **비평** : 서거정의 『동인시화』, 허균의 『성수시화』, 홍만종의 『소화시평』 등
④ **소설** : 김시습의 『금오신화』, 심의의 「대관재몽유록」, 임제의 「원생몽유록」·「화사」·「수성지」, 허균의 「남궁선생전」, 정태제의 「천군연의」, 조성기의 「창선감의록」, 박지원의 「허생전」·「양반전」 등
⑤ **악부** : 김종직의 「동도악부」, 심광세의 「해동악부」, 이익의 「성호악부」, 정약용의 「탐진악부」, 이학규의 「영남악부」, 김려의 「사유악부」 등
⑥ **백과전서적인 저서들** : 이수광의 『지봉유설』, 이익의 『성호사설』
⑦ **기행문** : 『해행총재』, 『연행록』
⑧ **시인** : 정도전, 권근, 원천석, 서거정, 강희맹, 최립 등의 조선 전기 시인들이 있었으며 삼당시인으로 불린 최경창, 백광훈, 이달, 그리고 여류시인이었던 허난설헌은 조선 중기의 시인들이었다. 또한 박지원을 비롯해 그의 문하생이었던 이덕무, 유득공, 박제가, 이서구 등은 조선 후기의 대표적인 시인들이다.

제3장 한문학의 주요 작가와 작품

1 을지문덕, 「여수장우중문시」

(1) 내용

원문	현대어 풀이
神策究天文(신책구천문)	귀신같은 책략은 하늘의 이치를 다했고
妙算窮地理(묘산궁지리)	오묘한 꾀는 땅의 이치를 깨우쳤네
戰勝功旣高(전승공기고)	싸움에서 이긴 공이 이미 높으니
知足願云止(지족원운지)	만족함을 알고 그만두기를 이르노라

(2) 특징

① 고구려 영양왕 23년, 고구려와 수나라 사이의 전쟁 중에 고구려 장군 을지문덕이 수나라 군대의 상황을 알아본 후 수나라 장군 우중문에게 보낸 한시이다.
② 5언고시이다.
③ 겉으로는 우중문을 높이고 있는 것 같으나 실제 내용은 자신이 우중문보다 뛰어나다는 자신감을 표현하는 것으로, 반어법을 씀으로써 적장을 조롱하는 내용이라 할 수 있다.
④ 이 시를 받은 후 우중문은 퇴각하나, 살수대첩에서 크게 패하고 만다.

2 최치원, 「추야우중」

(1) 내용

원문	현대어 풀이[1]
秋風唯苦吟(추풍유고음)	가을바람에 괴로이 읊나니
世路少知音(세로소지음)	세상에 나를 알 이 적구나.
窓外三更雨(창외삼경우)	창밖엔 쓸쓸히 밤비 내리는데,
燈前萬里心(등전만리심)	등 앞의 외로운 마음 만 리 밖 고향을 향해 달리네.

---

1) [네이버 지식백과] 계원필경집 (배규범·주옥파, 외국인을 위한 한국고전문학사, 도서출판 하우, 2010. 1. 29.)

(2) 특징

① 5언절구이다.
② 최치원의 대표적 작품 중 하나이다. 최치원은 신라 6두품 출신으로 당나라에 가서 빈공과에 합격하기도 했으나 외국인으로서의 한계를 느껴 다시 신라로 돌아왔다가 후삼국시대가 시작되자 칩거하였다. 「추야우중」 이외에도 「촉규화」, 「제가야산독서당」과 같은 다수의 한시 작품을 남겼다.
③ 비 오는 밤, 고향을 벗어난 타지에서 자신을 알아줄 이가 없는 외로움과 고향에 대한 그리움을 노래했다.

3 정지상, 「송인」

(1) 내용

원문	현대어 풀이
雨歇長堤草色多(우헐장제초색다)	비 갠 긴 둑에 풀빛이 짙은데
送君南浦動悲歌(송군남포동비가)	임 보내는 남포에 슬픈 노래 흐르는구나
大同江水何時盡(대동강수하시진)	대동강물이야 어느 때나 마르리
別淚年年添綠波(별루년년첨록파)	이별의 눈물 해마다 푸른 물결에 더하여지네

(2) 특징

① 7언절구이다.
② 대동강 하구의 진남포를 배경으로 한 이별의 슬픔을 서정적이고 감각적으로 형상화했다.
③ 고려시대를 대표하는 한시 작품이라 할 수 있다.

제15편 실전예상문제

01 한문학은 기본적으로 한자로 나타낸 문학을 가리키는 것이며 한자로 쓴 것이라 해도 일본인이나 중국인이 남긴 작품은 우리의 연구 대상에 포함되지 않는다. 또한 향찰이나 이두는 한자를 차용한 것일 뿐 한문의 언어규범에 따른 것이 아니므로 한문학의 대상으로 볼 수 없다.

01 우리나라 한문학의 연구 대상에 대한 설명으로 가장 적절한 것은?

① 향찰로 표기된 향가도 한자를 이용한 것이므로 한문학의 연구 대상이 된다.
② 중국, 일본과 같은 한자 문화권에 사는 사람들이 다른 언어로 표현한 것도 연구 대상에 포함시켜야 한다.
③ 우리 조상이 한문을 사용해 우리의 사상과 감정을 기록한 일체의 문학 작품을 가리킨다.
④ 우리 조상뿐만 아니라 중국인이나 일본인이 한문으로 남긴 작품도 연구 대상에 포함시킨다.

02 한문학의 범주에 해당하는 것은 한시, 한문산문, 한문소설, 한국경학이 있다. 한국경학이란 중국의 고문을 연구하는 과정에서 생겨난 저작들을 가리키는 말이다. 한문경전이라 함은 『논어』, 『맹자』, 『춘추』, 『예기』 와 같은 것들을 가리키는 것인데, 그러한 경전 자체를 연구하는 것은 한문학의 범주에 해당하지 않고, 그러한 경전은 한국인이 쓴 게 아니다.

02 다음 중 한문학의 연구 범주가 아닌 것은 무엇인가?

① 한시
② 한문산문
③ 한문경학
④ 한문경전

03 고시는 수나라 이전에 완성된 형식으로 다른 이름으로는 고체, 고풍이 있다. 근체시에 대응해 붙인 이름이다. 한편 우리나라의 한시들 중 진덕여왕이 지은 「태평송」, 을지문덕이 지은 「여수장우중문시」는 모두 오언 고시이다.

03 다음 중 고시(古詩)에 대한 설명으로 적절한 것은 무엇인가?

① '고체'라고도 불린다.
② 내용이 보수적 경향을 지녀 형식이 엄격하다.
③ 당나라 때 완성된 형식이다.
④ 우리나라에는 고시에 해당하는 작품이 없다.

정답 01 ③ 02 ④ 03 ①

04 다음 중 근체시에 대한 설명으로 적절한 것은 무엇인가?

① 대구를 가장 많이 이루어야 하는 시는 절구이다.
② 한 구를 이루는 글자 수에 따라 사언시와 칠언시의 두 종류로 나눌 수 있다.
③ '금체시'라고도 한다.
④ 율시, 배율, 절구 중 가장 긴 것은 율시이다.

04 근체시는 중국 당나라 때 확립된 형식으로 글자 수에 따라 5언과 7언이 있고, 구가 몇 개인지에 따라 4개는 절구, 8개는 율시, 12개는 배율이라 한다. 예를 들어 어떤 한시가 '5언율시'라 하면 그 시는 5글자가 한 행을 이루고, 그러한 행 8개로 이루어진 시라는 의미이다.
절구, 율시, 배율 중에서 압운의 제약을 가장 적게 받는 것은 절구로, 3·4구가 대구를 이루기만 하면 된다.

05 다음 중 『동문선』에서 소개하는 한문산문의 뜻으로 옳지 <u>않은</u> 것은?

① 논변류 : 논설문
② 주소류 : 임금에게 올린 글
③ 조령류 : 왕의 명령
④ 증서류 : 계약 당사자 간의 합의사항을 적은 글

05 증서류는 이별을 할 때 지어주는 글로, 예를 들어 「送震澤申公[光河]游白頭山序」(송진택신공[광하]유백두산서)는 정약용이 백두산으로 유람을 떠나는 신광하에게 주는 글이다.

06 다음 중 고대 한문학의 특징에 대한 설명으로 옳지 <u>않은</u> 것은?

① 우리나라에 한자가 유입된 것은 고려 초의 일이다.
② 고대시대에는 불교의 유입과 더불어 불교를 바탕으로 한 여러 설화들이 기록되었다.
③ 중국의 한문학이 본격적으로 수입되고 다양한 한시가 창작되기 시작한 것은 신라의 육두품 출신들에 의해서였다.
④ 이 시대를 대표하는 작가로는 최치원을 들 수 있다.

06 한자의 유입은 보다 이른 시기에 이루어졌다. 한나라에 의해 고조선이 멸망하고 한사군이 설치되던 무렵 한자가 유입된 것으로 짐작된다.

정답 04 ③ 05 ④ 06 ①

07 광종은 관리를 뽑기 위해 과거제도를 도입하였는데 과거시험의 시험과목은 시(詩)·부(賦)를 비롯하여, 송(頌)·시무책(時務策)·책문(策問)·예경(禮經)·논(論)·경의(經義)·고부(古賦)·육경의(六經義)·사서의(四書義) 등이었다. 이 중 4과목을 3번에 걸쳐 시험을 보았는데 그러다보니 시험과목에 해당하는 형식의 글들이 중시될 수밖에 없었다. 물론 과거에 합격하여 관리가 된 이후에는 과문의 형식에서 벗어나 개성적인 문학세계를 펼쳐나가는 경우가 대부분이었다.

07 고려시대 한문학에 대한 설명으로 옳은 것은?
① 유행하는 문체는 당송풍에서 만당풍으로 바뀌었다.
② 과거제도의 실시와 더불어 문장의 성격도 바뀌었다.
③ 이 시기에는 아직 새로운 장르가 생겨날 정도로 한문학이 발달하지는 못했다.
④ 불교 국가인 고려에 걸맞게 온통 불교적인 내용의 작품들만 쓰였다.

08 『파한집』의 저자는 이인로이다.

08 다음 중 작가와 책의 제목이 잘못 연결된 것은?
① 이제현 – 『역옹패설』
② 최자 – 『보한집』
③ 이규보 – 『파한집』
④ 이규보 – 『백운소설』

09 죽림고회에는 이인로, 임춘, 오세재, 조통, 황보항, 함순, 이담지가 속한다.

09 다음 중 '죽림고회'에 속하지 않는 사람은 누구인가?
① 임춘
② 이인로
③ 이규보
④ 오세재

정답 07 ② 08 ③ 09 ③

10 다음 중 소설 장르의 효시가 된 작품으로 여겨지는 작품은 무엇인가?
    ① 임춘, 「국순전」
    ② 박인량, 「최치원전」
    ③ 작자 미상, 「김현감호」
    ④ 이규보, 「동명왕편」

10 「최치원전」의 저자가 누군가에 대해서는 논란이 있으나 설화문학에서 소설로 나아가는 과정에서 소설의 효시가 된 작품으로 여겨진다.

11 다음 중 가전체소설의 제목과 의인화 대상이 잘못 연결된 것은?
    ① 「국순전」 – 술
    ② 「공방전」 – 돈
    ③ 「죽부인전」 – 대나무
    ④ 「저생전」 – 젓가락

11 「저생전」은 종이를 의인화한 작품으로, 저자인 이첨은 자신의 파란만장한 생애를 종이의 역사나 기능에 의탁하여 당시 부패한 선비의 도에 대하여 경종을 울리고 있다.

12 다음 중 조선시대 한문학의 특징에 관한 설명으로 옳지 않은 것은?
    ① 초기에는 송시풍이 유행했으나, 나중에는 당시풍이 유행했다.
    ② 불교를 배척하는 경향이 강해서 문학 작품에서 불교적 색채가 완전히 사라졌다.
    ③ 관념론적 사유에 바탕을 둔 문학과 사실주의적 경향에 해당하는 문학이 함께 발전했다.
    ④ 소설 장르가 본격적으로 발전했다.

12 불교를 배척한 것은 사실이나 사실상 완전하지는 못하여 불교와 유교의 조화를 추구하는 모습이 문학에도 드러난다.

정답 10 ② 11 ④ 12 ②

13 『매천야록』은 조선 말기에 황현이 역사를 기록한 책이다.

13 다음 중 조선시대에 쓰인 비평집이 아닌 것은?
① 황현, 『매천야록』
② 서거정, 『동인시화』
③ 허균, 『성수시화』
④ 홍만종, 『소화시평』

14 「원생몽유록」의 저자는 임제이다. 정태제가 쓴 소설은 「천군연의」이다.

14 다음 중 소설의 작가와 작품명이 잘못 연결된 것은?
① 김시습 - 『금오신화』
② 허균 - 「남궁선생전」
③ 박지원 - 「허생전」
④ 정태제 - 「원생몽유록」

15 이덕무는 조선 후기 시인이 맞지만, 권근은 조선 전기에 활동한 시인이다.

15 다음 중 조선시대 시인들과 시기가 잘못 연결된 것은?
① 조선 전기 - 정도전, 강희맹
② 조선 중기 - 허난설헌, 이달
③ 조선 전기 - 원천석, 서거정
④ 조선 후기 - 이덕무, 권근

16 최립은 조선 전기에 활동한 시인이고, 삼당시인은 선조 때인 조선 중기의 시인들이다. 이들은 송시풍을 따르던 당시의 경향에서 벗어나 당시풍을 따라 좀 더 낭만적, 풍류적인 시를 쓰고자 했다.

16 다음 중 삼당시인에 속하지 않는 사람은 누구인가?
① 최립
② 백광훈
③ 최경창
④ 이달

정답 13 ① 14 ④ 15 ④ 16 ①

17 다음에 제시된 시에 대한 설명으로 옳지 않은 것은?

원문	현대어 풀이
神策究天文(신책구천문)	귀신같은 책략은 하늘의 이치를 다했고
妙算窮地理(묘산궁지리)	오묘한 꾀는 땅의 이치를 깨우쳤네
戰勝功旣高(전승공기고)	싸움에서 이긴 공이 이미 높으니
知足願云止(지족원운지)	만족함을 알고 그만두기를 이르노라

① 을지문덕이 쓴 「여수장우중문시」이다.
② 현전하는 가장 오래된 한시이다.
③ 이 시를 받은 적장 우중문은 회군을 했으나 을지문덕은 뒤쫓아 크게 무찔렀다.
④ 5언율시의 형태를 지녔다.

17 이 시는 고체시이므로 별도로 율시인지 절구인지 등을 따지지 않는다. 다만 5언과 7언을 구별해 5언고시 혹은 7언고시라고 할 뿐이다. 다만 '율시'는 근체시에서 8구로 이루어진 시를 말한다. 4구로 된 시는 '절구'라고 한다.

18 다음에 제시된 시에 대한 설명으로 틀린 것은 무엇인가?

원문	현대어 풀이
雨歇長堤草色多 (우헐장제초색다)	비 개인 긴 둑에 풀빛이 짙은데
送君南浦動悲歌 (송군남포동비가)	님 보내는 남포에 슬픈 노래 흐르는구나
大同江水何時盡 (대동강수하시진)	대동강물이야 어느 때나 마르리
別淚年年添綠波 (별루년년첨록파)	이별의 눈물 해마다 푸른 물결에 더하여지네

① 고려시대의 문신 정지상이 이별의 슬픔을 노래한 시이다.
② 제1·2·4구의 마지막 글자 多(다)·歌(가)·派(파)가 압운자이다.
③ 7언고시에 해당한다.
④ 비 온 뒤 대동강변의 풍경과 이별의 슬픔을 대비하여 이별의 슬픔을 한층 깊게 표현했다.

18 「송인」은 형식이 정해진 시로 근체시 중에서도 절구에 해당한다.

정답 17 ④ 18 ③

19 최치원은 신라 육두품 출신으로 당나라 빈공과에 합격해 당나라에서 벼슬을 하였다. 그러나 외국인이라는 한계로 인해 높은 관직에 오르는 데에는 한계가 있었다.

20 「심기리편」은 정도전이 유가의 입장에서 불가와 도가를 비판하고 유가의 우수함을 찬양한 글이고, 임춘의 「국순전」은 술을 의인화해서 쓴 가전체소설이다. 「장원정」은 정지상의 작품이기는 하지만 개성 서강가에 있는 장원정의 위용과 주위의 모습을 노래한 작품이다.

21 무신란 이후 문벌귀족이 몰락하고, 지방을 근거지로 삼아 정계에 진출한 이들이 새로운 문학 담당층이 되었다. 이들을 신흥사대부라고 부른다. 권문세족은 원나라 세력을 등에 업고 정권을 장악한 귀족층을 가리키는 말이다.

정답   19 ①   20 ③   21 ④

19 다음 중 최치원에 대한 설명으로 옳지 않은 것은?

① 신라의 귀족 출신으로 당나라에서 중앙정부의 높은 관직에 올랐다.
② 「격황소서」를 통해 문명을 떨치게 되었다.
③ 「촉규화」, 「추야우중」, 「제가야산독서당」과 같은 많은 작품들을 남겼다.
④ 후삼국시대가 시작되자 칩거하였다.

20 다음 설명에 해당하는 작품은 무엇인가?

- 고려 문신이었던 정지상이 소년 시절에 지은 작품이다.
- 『서포만필』의 저자였던 김만중은 이 시를 왕유의 작품에 견줄 정도로 높이 평가했다.
- 이별을 제재로 한 시 중 백미로 손꼽힌다.

① 「심기리편」
② 「국순전」
③ 「송인」
④ 「장원정」

21 고려시대에 무신란 이후 한문학에 대한 설명으로 옳지 않은 것은?

① 몰락한 문벌귀족 중 일부는 '죽림고회'를 자처하며 세태를 비판하는 문학 활동을 했다.
② 비평의식이 대두되기 시작했다.
③ 이 시기 활동했던 대표적인 문인에는 이인로가 있다.
④ 무신란 이후 새로운 문학 담당층으로 떠오른 사람들은 권문세족이다.

22 다음 중 훈구파와 사림파의 대립 시기에 나타난 한문학 경향이 <u>아닌</u> 것은?

① 가전체문학이 생겨났다.
② 삼당시인이 활동했다.
③ 황진이, 이계랑, 신사임당, 허초희 등 여성 문인에 의한 한시 작품이 지어졌다.
④ 김시습, 임제 등의 방외인문학이 등장했다.

22 훈구파는 문장의 표현과 문학적 성취를 중요하게 여기는 사장파적인 경향을 보인 반면 사림파는 성리학에 대한 탐구를 문학보다 중시하여 문학을 재도지기(도덕적 가치를 담는 그릇)로 규정한 도학파 문인들을 말한다. 이들은 조선시대에 줄곧 대립하였는데 특히 조선 중기에 대립이 심하였다. '방외인문학'은 조선시대 상류층의 일반적인 경향에서 벗어나 반체제적인 삶을 살면서, 또는 사회 현실에 대한 비판의식을 가지고 방랑하면서, 문학 작품을 통해 자신의 고뇌를 토로하는 문학류를 가리키는 말로 김시습, 임제 등이 대표 작가이다. 가전체문학이 생겨난 것은 고려시대의 일이다.

23 다음 설명에 해당하는 문학 형식은 무엇인가?

- 중국 당나라 시대에 완성되었다.
- 절구, 율시, 배율에 따른 형식이 엄격하다.
- 가장 널리 향유된 한시 형식이다.

① 고시
② 근체시
③ 악부
④ 고체시

23 악부는 우리나라 가요를 한시 절구 형식에 맞게 번안한 것을 말하며, 고시와 고체시는 근체시에 대비되는 개념으로 수나라 이전에 있던 한시 양식을 통칭하거나 근체시 형식에 부합하지 않은 시를 말한다.

정답 22 ① 23 ②

24 「여수장우중문시」는 을지문덕의 작품이다.

25 『계원필경』에는 표(表)·장(狀)·서(書)·시(詩) 등을 수록했으며, 최치원이 당나라에서도 활동했기 때문에 당시 신라와 당나라 사회의 모습에 대해 알 수 있는 중요한 자료가 된다.

26 이규보는 이 모임에 가입할 것을 권유받자 이들을 비판하며 거절했다고 한다.

정답 24 ③ 25 ③ 26 ④

24 다음 중 최치원과 거리가 먼 작품은 무엇인가?
① 「격황소서」
② 「강남녀」
③ 「여수장우중문시」
④ 「추야우중」

25 다음 중 최치원의 작품이자 현전하는 가장 오래된 개인 문집으로 꼽히는 것은 무엇인가?
① 『지봉유설』
② 『해행총재』
③ 『계원필경』
④ 『해동가요』

26 다음 중 죽림고회에 대한 설명으로 적절하지 않은 것은 무엇인가?
① 고려 무신 정권기에 구성된 문인들의 모임이다.
② 중국의 '죽림칠현'에 비견하여 '해좌칠현' 혹은 '죽림고회'라 이름 지어졌다.
③ 서로 모여 술 마시고 시를 지으며 호탕하게 즐겼는데, 그들의 이러한 모습은 세인의 비난을 받기도 하였지만 무신정권 하에서의 불만을 그런 식으로 표현한 것이라 여겨지기도 한다.
④ 이규보는 이 모임의 대표적인 인물로 모임을 이끌었다.

27 「최치원전」에 대한 설명으로 적절하지 않은 것은?

① 작자로 거론되는 사람이 몇 명 있는데 그중 최치원이 가장 유력하다.
② 액자소설의 구조를 지녔으며 내용상 전기(傳奇)소설적 면모가 있다.
③ 애정소설의 일반적인 구조를 따르고 있다.
④ 조선 전기에 성임이 편찬한 잡록집인 『태평통재』에 실려 있다.

27 「최치원전」의 작자는 최치원, 박인량, 김척명 등이 작자로 거론되는데 가장 유력하다고 여겨지는 사람은 박인량이다.

28 다음 중 조선시대에 쓰인 허구의 작품은?

① 『징비록』
② 『송계만록』
③ 『매천야록』
④ 『창선감의록』

28 유성룡의 『징비록』은 저자가 임진왜란의 전황을 기록한 잡기류에 해당하며, 권응인의 『송계만록』은 당대의 시화 및 일화집이고, 황현의 『매천야록』은 구한말의 역사책이다. 이것들은 모두 만록 및 잡기류에 해당하는 것으로 사실 및 실제에 대한 생각을 담고 있다. 그러나 조성기의 『창선감의록』은 고전소설로 허구의 저작물이다.

정답 27 ① 28 ④

또 실패했는가? 괜찮다. 다시 실행하라. 그리고 더 나은 실패를 하라!

— 사뮈엘 베케트 —

부록

최종모의고사

최종모의고사 제1회
최종모의고사 제2회
정답 및 해설

이성으로 비관해도 의지로써 낙관하라!

− 안토니오 그람시 −

보다 깊이 있는 학습을 원하는 수험생들을 위한
시대에듀의 동영상 강의가 준비되어 있습니다.
www.sdedu.co.kr → 회원가입(로그인) → 강의 살펴보기

제1회 최종모의고사 | 국문학개론

제한시간: 50분 | 시작 ___시 ___분 - 종료 ___시 ___분

정답 및 해설 299p

01 다음 중 자아와 세계가 대결하지 않는 방식으로 이어진 문학 갈래는?

① 향가
② 가면극
③ 무가
④ 판소리

02 다음 중 국문학 연구방법에 대한 설명으로 옳지 않은 것은?

① 작가론은 작품과 작가의 관계를 규명함으로써 작품의 의미를 온전히 밝힐 수 있다고 본다.
② 작품론은 작품 속에 나타난 상징, 은유, 모티프 등을 연구하는 데 주력을 기울인다.
③ 작가론은 작품의 미적 구조를 밝히는 데에는 한계가 있다.
④ 작품론은 문학사적인 면에서 지니는 작품의 의의를 중시하는 경향이 있다.

03 다음 중 고대시가에 대한 설명으로 적절하지 않은 것은?

① 한역가요라고도 불린다.
② 원시 종합 예술의 형태였다.
③ 배경설화와 함께 전한다.
④ 「공무도하가」는 '백수광부의 처'가 지은 노래로 유일하게 지은이가 밝혀져 있다.

04 시조의 문학사적 전개에 대한 설명으로 옳지 <u>않은</u> 것은?
① 시조는 속악가사가 단형화되면서 등장하게 되었다고 보는 게 가장 유력한 설이다.
② 시대를 막론하고 오직 사대부들만이 시조를 창작했다.
③ 조선 후기에는 평민들이 시조 창작에 참여하게 되면서 시조가 장형화되었다.
④ 시조가 국민문학으로 완전히 자리 잡게 된 것은 조선 후기에 이르러서이다.

05 다음 중 10구체 향가가 <u>아닌</u> 것은?
① 「서동요」
② 「혜성가」
③ 「찬기파랑가」
④ 「우적가」

06 다음 중 향가에 대한 설명으로 옳지 <u>않은</u> 것은?
① 내용적인 면에서는 개인적 서정시로 나아갔다는 점에서 이전에 비해 발전되었다고 할 수 있으나 형식적인 면에서는 지나치게 중국에 의존적이었다.
② 4구체, 8구체, 10구체 중 10구체 향가가 가장 완성된 형태라 할 수 있다.
③ 대부분의 작자는 승려 혹은 화랑이었다.
④ 10구체 향가의 형식 중 이후 시조나 가사에 영향을 준 것은 결구의 형식이다.

07 다음 중 속악가사 작품이 <u>아닌</u> 것은?
① 「서경별곡」
② 「청산별곡」
③ 「가시리」
④ 「한림별곡」

08 다음 중 경기체가와 속악가사의 공통점이 아닌 것은?
① 주로 3음절, 3음보이다.
② 분연체이다.
③ 여음이나 후렴구가 붙는다.
④ 교술 장르에 속한다.

09 다음 중 가사에 대한 설명으로 옳지 않은 것은?
① 한문으로 쓴 가사를 정격가사, 국문으로 쓴 가사를 변격가사라고 한다.
② 가사는 4음보만 갖추면 되므로 시조에 비해 비교적 자유로운 형식을 지녔다.
③ 조선 전기에는 강호한정가가 많이 쓰였다.
④ 조선 후기에 들어 가사의 창작자가 다양해지면서 내용도 다양하게 변모하였다.

10 다음 중 시조에 대한 설명으로 옳지 않은 것은?
① 길이에 따라 평시조, 엇시조, 사설시조로 분류된다.
② 중첩 여부에 따라 단시조와 연시조로 나뉜다.
③ 종장의 첫 음보는 3자이다.
④ 현존하는 가장 오래된 시조집에는 『시조유취』가 있다.

11 다음 설명에 해당하는 인물은 누구인가?

- 조선 중기의 문신으로 호는 '면앙정'이다.
- 시조에 뛰어났으며 '강호가도'를 읊는 시조의 선구자로 불린다.
- 「면앙정잡가」와 「면앙정가」 등 다수의 시가문학 작품을 남겼다.

① 윤선도　　　　　　　② 정철
③ 송순　　　　　　　　④ 이황

12 다음 중 시조 가단이 다른 사람은 누구인가?

① 이현보
② 송순
③ 권호문
④ 이황

13 악장에 대한 설명으로 적절하지 않은 것은?

① 악장은 궁중에서 공식 행사 때 사용된 음악의 가사이다.
② 연장형식과 분절형식 등 형식이 정형화되어 있다.
③ 유교적 이상사회를 찬양하는 내용이 주를 이룬다.
④ 「용비어천가」는 조선 초 악장의 결정판이라 여겨진다.

14 다음 중 「용비어천가」에 대한 설명으로 적절하지 않은 것은?

① 세종이 직접 지은 것으로 석가의 생애와 공덕을 찬양하는 내용을 담고 있다.
② 훈민정음을 이용해 지은 최초의 노래이다.
③ 전체가 125장이고 각 장은 대구 형식을 지닌 2절로 이루어져 있다.
④ 일부 장에는 곡을 지어 조정의 연례악으로 사용했다.

15 다음 중 민요에 대한 설명으로 옳지 않은 것은?

① 「정선아리랑」, 「밀양아리랑」, 「진도아리랑」은 비기능요에 속한다.
② 비기능요에 비해 기능요가 보다 정제된 형태이다.
③ 노동요 중에는 노동과 노래의 박자가 일치하는 것도 있고 일치하지 않는 것도 있다.
④ 「강강수월래」 혹은 「강강술래」는 이순신 장군과 얽힌 이야기가 전해진다.

16 다음 중 가사의 형식에 대한 설명으로 옳지 않은 것은?

① 한 행은 대체로 4음보로 끊어 읽는다.
② 결구가 3글자로 시작하느냐 마느냐에 따라 정격가사와 변격가사로 구분한다.
③ 조선 후기로 갈수록 형식이 다듬어져 4·4조보다 3·4조의 음수율을 지닌 작품이 많아졌다.
④ 대부분 1연으로 이루어져 있다.

17 다음 중 가사의 종류별 특성에 대한 설명으로 적절하지 않은 것은?

① 사대부가사는 주로 강호생활, 연군과 유배, 유교 이념과 교훈 등의 내용을 다루었다.
② 내방가사는 주로 궁녀들에 의해 지어졌다.
③ 서민가사에는 평민만이 아니라 향촌의 몰락한 사대부들이 쓴 것도 포함된다.
④ 개화가사는 한국 시가 사상 최초의 근대적 시가 양식의 모습을 보여주었다.

18 다음 중 민요에 대한 설명으로 적절하지 않은 것은?

① 민요는 전통 사회의 피지배계급이 불러온 노래이다.
② 민요는 기층적 삶과 연관됨으로써 민족적 고유성이 잘 드러나는 장르이다.
③ 민요는 개성적인 특성을 지닌 개인 창작자가 창작한 후 전체 민중이 이를 함께 공유하는 장르이다.
④ 민요는 구비 전승되지만 전문 창자에 의해 불리는 건 아니라는 점에서 무가, 판소리와 구별된다.

19 다음 중 작품과 그 작품에서 두드러지는 미의식이 잘못 연결된 것은?

① 「임진록」 - 비장미
② 「사씨남정기」 - 우아미
③ 「홍길동전」 - 골계미
④ 「이생규장전」 - 우아미

20 다음 중 설화의 특성이라고 볼 수 없는 것은?

① 구비 전승되는 과정에서 변화가 일어나기도 한다.
② 율격이 살아있다.
③ 구연되기 위해서는 화자와 청자만 있으면 된다.
④ 설화의 화자가 되기 위해서는 수련이 필요하지 않다.

21 다음 중 전설에 대한 설명으로 옳지 않은 것은?

① 전설은 산천, 촌락, 사찰 등의 형성과 유래에 대해 사실적으로 설명해 준다.
② 전설은 선조들의 생활체험을 토대로 형성되었다.
③ 전설은 화자와 청자 모두 진실로 믿으려는 마음을 바탕으로 한다.
④ 전설은 구체성을 띤다.

22 다음 중 민담의 특성에 대해 옳게 설명한 것은?

① 민담은 구체적인 시간과 공간을 토대로 지어진다.
② 민담의 주제와 형식은 개개의 민담마다 독특한 특성을 지닌다.
③ 민담에는 영웅적인 주인공이 등장하여 뛰어난 업적을 이루어낸다.
④ 민담을 시작할 때는 '옛날에', '호랑이 담배피던 시절에'와 같이 특정한 표현이 사용된다.

23 다음 중 설화의 기능에 대한 설명으로 적절하지 않은 것은?

① 신화는 향유집단의 긍지와 자부심을 높이는 기능이 있다.
② 전설을 통해 증거물이 존재하는 지역 주민들은 유대감을 형성한다.
③ 전설을 통해 사물의 시원이나 죽음 이후의 삶에 대한 호기심과 탐구심이 증폭된다.
④ 민담을 주고받음으로써 인간관계가 돈독해진다.

24 다음 중 신재효가 정리한 판소리 6마당에 속하지 <u>않는</u> 것은?

① 「춘향가」
② 「심청가」
③ 「광대가」
④ 「적벽가」

25 국문학 연구방법에 대한 설명으로 옳지 <u>않은</u> 것은?

① 작가론의 관점에서는 작가와 작품의 관계를 밝힘으로써 작품을 제대로 이해할 수 있다고 본다.
② 작품의 미적 구조를 살피려면 작가론의 관점에서 문학 작품을 살펴야 한다.
③ 작품론의 방법만 고수하다 보면 문학사적인 가치 평가가 충분히 이루어지기 힘들다.
④ 작품의 여러 표현법을 탐구하여 문학적 가치를 발견하려고 하는 것은 작품론의 관점이다.

26 다음 중 시조에 대한 설명으로 옳지 <u>않은</u> 것은?

① 강호한정가는 조선 전기에 사대부들에 의해 지어졌다.
② 시조의 향유층이 평민으로까지 확장되면서 시조의 길이도 길어지게 되었다.
③ 시조는 기존의 어떤 문학장르와도 관계 없이 독창적으로 만들어진 시가 형식이다.
④ 조선 초에는 주로 사대부들에 의해 향유되었다.

27 다음 중 고소설의 효시가 되는 작품으로 보기 가장 <u>어려운</u> 것은 무엇인가?

① 『금오신화』
② 「최치원전」
③ 「국순전」
④ 「홍길동전」

28 판소리가 이루어지기 위해 필요한 3대 요소에 해당하지 않는 것은?

① 소리광대
② 고수
③ 아니리
④ 청중

29 판소리의 특성에 대한 설명으로 옳지 않은 것은?

① 구비 전승되었다.
② 음악, 문학, 연극이 결합된 종합 예술이라 할 수 있다.
③ 부분만 따로 떼어 연행할 수 있다.
④ 조선 후기 서민이라는 특정 계층의 향유물이어서 그 당시 서민들의 생각과 감정을 잘 전달한다.

30 다음 중 판소리 12마당 중 사설과 선율이 모두 함께 남아 있는 것은?

① 「춘향가」
② 「장끼타령」
③ 「가짜신선타령」
④ 「무숙이타령」

31 다음 중 가면극에 대한 설명으로 잘못된 것은?

① 가면극은 지역에 따라 여러 이름으로 불리는데 산대놀이, 탈춤, 야류, 오광대놀이가 모두 가면극을 가리키는 이름이다.
② 가면극의 무대는 '마당'이라 부른다.
③ 가면극의 '과장'은 현대극의 '막'과 동일한 기능을 담당한다.
④ 가면극의 기원에 대해서는 산대희 기원설, 풍농굿 기원설, 기악 기원설, 무굿 기원설 등 다양한 견해가 있다.

32 다음 중 가면극의 종류가 <u>다른</u> 것은?

① 하회별신굿의 가면극
② 강릉단오굿의 관노가면극
③ 병산별신굿의 가면극
④ 송파산대놀이

33 다음은 무엇에 대한 설명인가?

- 상업이 발달한 곳에서 주로 연행되었다.
- 지역과 상관없이 내용 및 형식의 유사한 점이 많다.
- 양반 과장, 파계승 과장, 할미 과장이 공통적으로 들어간다.

① 마을굿놀이 계통 가면극
② 북청사자놀이
③ 본산대놀이 계통 가면극
④ 남사당패의 덧뵈기

34 다음 중 조선 후기 가사에 대한 설명으로 옳지 <u>않은</u> 것은?

① 가사의 길이가 점차 장형화되었다.
② 가사의 서정성이 강화되었다.
③ 조선 후기 가사문학의 대표적인 작가로는 박인로를 꼽을 수 있다.
④ 「만언사」와 「북천가」는 유배가사다.

35 다음 중 민요의 종류가 <u>다른</u> 것은?

① 「해녀노래」
② 「모내기노래」
③ 「보리타작」
④ 「줄타기노래」

36 '무가'에 대한 설명으로 옳지 <u>않은</u> 것은?

① 무가는 굿을 하는 동안 무당들이 부르는 노래이므로 매우 제한된 전문인에 의해서만 구연된다.
② 무가에는 강신, 치병, 예언 등의 내용이 담긴다는 점에서 주술적이다.
③ 세습무에 의해 무속의례가 행해지게 되면서 무가가 지니는 신성성이 더욱 강해시게 되있다.
④ 무가는 판소리와 같은 장르에 영향을 주기도 했다.

37 다음 중 판소리 및 판소리계 소설에 대한 설명으로 옳지 <u>않은</u> 것은?

① 판소리의 미의식을 결정하는 것은 장단과 조와 같은 음악적 요소이다.
② 「춘향전」, 「심청전」, 「흥부전」, 「화용도」, 「토끼전」은 지금도 판소리로 불린다.
③ 판소리에는 해학과 풍자가 드러난다.
④ 「흥부전」의 흥부와 놀부는 전형적 인물에 속한다.

38 다음 중 한시에 대한 설명으로 적절하지 않은 것은?

① 고체시는 근체시보다 엄격한 형식적 제약을 갖는다.
② 근체시는 구수에 따라 절구, 율시, 배율로 나뉜다.
③ 근체시에서 3구와 4구는 항상 대구를 이룬다.
④ 글자 수에 따라 한시는 5언과 7언으로 구분된다.

39 다음 중 고려시대 한문학의 특징이라 볼 수 없는 것은?

① 광종 때 도입된 과거제도 때문에 과거시험식 문장이 유행하기도 했다.
② 가전체라는 새로운 문학양식이 생겨났다.
③ 불교와 유교 사상을 토대로 한 작품들이 지어졌다.
④ 두보나 이백의 시풍이 유행하였다.

40 다음은 누구에 대한 설명인가?

- 자기만의 독특한 시분야를 개척한 고려 최고의 시인이다.
- 장편 서사시 「동명왕편」을 지었다.
- 『백운소설』이라는 제목의 시화집을 지었다.

① 이규보
② 최치원
③ 김부식
④ 이인로

제2회 최종모의고사 | 국문학개론

제한시간: 50분 | 시작 ___시 ___분 – 종료 ___시 ___분

정답 및 해설 303p

01 다음 중 한국문학 작품들을 자아와 세계의 연관 양상에 따라 4갈래로 나누고 가사를 '교술' 장르에 포함시켜야 한다고 한 사람은 누구인가?

① 장덕순
② 조동일
③ 조윤제
④ 이병기

02 한국문학의 갈래 및 문학 담당층의 변화에 대한 설명으로 옳지 않은 것은?

① 한글이 창제된 직후 문학 담당층은 전 계층으로 확대되었다.
② 한글이 창제된 이후에도 한문문학에서 국문문학으로의 변화는 점진적으로 이루어졌다.
③ 한글의 확산과 더불어 운문문학보다 산문문학이 보다 발달하였다.
④ 서정시의 발달은 한자의 유입과 더불어 이루어졌다.

03 다음 중 「구지가」의 '거북'의 의미로 보기 어려운 것은?

① 실제 동물로서의 거북
② 구지봉의 산신
③ 잡귀
④ 남근

04 다음 중 개인의 서정을 읊은 고대가요는 무엇인가?
① 「구지가」
② 「황조가」
③ 「공무도하가」
④ 「해가」

05 다음 설명에 해당하는 작품은 무엇인가?

- 백제의 노래들 중 가사가 전하는 유일한 작품이다.
- 행상을 하러 다니는 남편의 아내가 남편의 무사귀환을 바라며 부른 노래이다.
- 고려를 거쳐 조선시대에 궁중악으로 불리었다.
- 조선시대에 지어진 『악학궤범』에 가사가 국문으로 실려있다.
- 3장 6구로 된 시조 형식의 원형을 보여준다.

① 「선운산」
② 「방등산」
③ 「지리산」
④ 「정읍사」

06 다음 중 4구체 향가가 아닌 것은 무엇인가?
① 「서동요」
② 「찬기파랑가」
③ 「풍요」
④ 「헌화가」

07 '별곡'에 대한 설명으로 적절하지 않은 것은?
　① 중국에서 들어온 대성악에 대하여 우리의 가요라는 의미를 지닌 말이다.
　② 속악 또는 향악이라는 의미이다.
　③ '별곡'이라는 이름이 붙은 작품들은 고유의 형식이 있다.
　④ 경기체가류, 속악가사류, 가사류 등이 있다.

08 다음 중 최초의 경기체가로 여러 사대부들의 자부심과 의욕을 노래한 작품은?
　①「한림별곡」
　②「관동별곡」
　③「죽계별곡」
　④「불우헌곡」

09 다음 중 경기체가와 속악가사의 차이점으로 옳지 않은 것은?
　① 경기체가와 달리 속악가사는 구비 전승되다가 후대에 정착되었다.
　② 속악가사는 대부분 작자가 밝혀지지 않았다.
　③ 속악가사는 교술 장르인 반면, 경기체가는 서정 장르에 속한다.
　④ 경기체가는 신진사대부들이 주로 부른 반면 속악가사는 평민층이 주로 불렀다.

10 다음 중 이별의 슬픔을 소재로 한 속악가사가 아닌 것은?
　①「가시리」
　②「서경별곡」
　③「이상곡」
　④「사모곡」

11 다음 중 시조 시인과 그 시인의 주요 작품 성향이 잘못 연결된 것은?

① 우탁 – 탄로가
② 길재 – 회고가
③ 황진이 – 강호한정가
④ 박인로 – 탄궁가

12 다음 중 가사의 작가와 작품이 잘못 연결된 것은?

① 정극인 – 「관동별곡」
② 송순 – 「면앙정가」
③ 허난설헌 – 「규원가」
④ 박인로 – 「누항사」

13 현재 전하는 시조들 가운데 가장 오래된 것으로 여겨지는 작품을 남긴 사람은?

① 이존오
② 이규보
③ 우탁
④ 정몽주

14 다음에 제시된 시조의 비판 대상이 된 인물은 누구인가?

> 구름이 無心(무심)탄 말이 아마도 虛浪(허랑)ᄒ다
> 中天(중천)에 써 이셔 任意(임의) ᄃᆞ니며셔
> 구틔야 光明(광명)ᄒᆞᆫ 날빗츨 ᄯᅡ라가며 덥ᄂᆞ니

① 정몽주
② 정도전
③ 공민왕
④ 신돈

15 다음 시조와 상관이 없는 용어는 무엇인가?

> 十年(십년)을 經營(경영)ᄒ여 草廬三間(초려삼간) 지여내니
> 나 ᄒᆞᆫ간 돌 ᄒᆞᆫ간에 淸風(청풍) ᄒᆞᆫ간 맛져 두고
> 江山(강산)은 들일 듸 업스니 둘러 두고 보리라

① 면앙정
② 송순
③ 호남가단
④ 영남가단

16 악장에 대한 설명으로 옳지 않은 것은?
① 궁중에서 노래로 불리었다.
② 한문악장, 국문악장, 현토악장으로 구분할 수 있다.
③ 유교적 이상사회에 대한 찬양이 주된 내용이다.
④ 궁중의 악사들에 의해 주로 창작되었다.

17 다음 중 태조 이성계와 거리가 먼 내용을 지닌 악장은?
① 「무공곡」
② 「납씨가」
③ 「수명명」
④ 「정동방곡」

18 다음 중 가사의 효시가 되는 작품이라 볼 여지가 전혀 없는 작품은?
① 「승원가」
② 「서왕가」
③ 「면앙정가」
④ 「상춘곡」

19 다음 중 강호한정 및 안빈낙도를 주제로 한 가사 작품으로 볼 수 없는 것은?
① 정극인, 「상춘곡」
② 송순, 「면앙정가」
③ 정철, 「성산별곡」
④ 허전, 「고공가」

20 민요의 기능에 대한 설명으로 옳지 않은 것은?
① 노동요는 일하는 방법을 지시하고 질서를 바로잡는 역할을 한다.
② 통과의례를 행할 때 부르는 민요는 주술적, 종교적 기능을 나타내기도 한다.
③ 놀이를 할 때 민요를 부름으로써 공동체 구성원 간의 화합을 다지기도 한다.
④ 잘못된 사회현실에 대한 울분을 노래로 풀어냄으로써 반항심을 해소하는 역할을 한다.

21 민요 사설의 형식에 대한 설명으로 옳지 않은 것은?

① 3음보 또는 4음보로 된 것이 많다.
② 민요의 길이는 짧은 편이어서 대부분 4~5행을 넘지 않는다.
③ 병렬구조, 반복구조, 대응구조가 쓰인다.
④ 후렴이 있는 민요도 있다.

22 다음 중 민요의 가창방식에 대한 설명으로 적절하지 않은 것은?

① 독창은 혼자 부르는 방식이다.
② 제창은 여러 사람이 함께 부르는 방식으로 사설은 정해진 대로 불러야 한다.
③ 선후창은 한 사람이 사설을 부르고 이어서 나머지 사람들이 후렴을 부르는 방식이다.
④ 교환창은 선창을 하는 패가 사설을 부르면 후창을 하는 패가 후렴을 부르는 방식이다.

23 다음은 어느 지역 민요에 대한 설명인가?

- 판소리나 산조의 장단을 많이 쓴다.
- 계면조를 주로 사용한다.
- 「육자배기」, 「강강술래」, 「흥타령」 등이 있다.

① 제주도 민요
② 남도민요
③ 동부민요
④ 서도민요

24 설화의 특성에 대한 설명으로 적절하지 않은 것은?

① 설화는 구연의 제한이 적어서 민중들에게 가장 친숙한 갈래라 할 수 있다.
② 설화는 구비 전승되는 것이어서 문헌으로 정착되기 어렵다.
③ 설화는 반드시 청자와 대면을 해야 구연할 수 있다.
④ 설화의 화자는 구연을 하기 위한 전문적인 능력이 필요없다.

25 다음 중 영웅소설에서 주로 찾아볼 수 있는 미적 범주는 무엇인가?

① 숭고미
② 우아미
③ 비장미
④ 골계미

26 다음 중 전설의 특징에 해당하지 않는 것은?

① 허구성
② 체험성
③ 설명성
④ 비약성

27 영웅신화 속 주인공의 일생의 구조에 대한 설명으로 옳지 않은 것은?

① 결국 투쟁에서 승리해 영광을 차지하는 것으로 끝난다.
② 비천한 신분으로 태어난다.
③ 고난을 겪으나 조력자가 등장한다.
④ 어려서부터 비범한 모습을 보인다.

28 다음 중 민담의 형식과 그에 대한 사례가 잘못 짝지어진 것은?

① 단선적 형식 – 「흥부와 놀부」
② 누적적 형식 – 「새끼 서 발」
③ 연쇄적 형식 – 「콩쥐팥쥐」
④ 회귀적 형식 – 「두더지 혼인」

29 다음 중 판소리계 소설과 이해조가 신소설로 재창작한 소설이 잘못 연결된 것은?

① 「춘향전」 - 「옥중화」
② 「심청전」 - 「혈의 누」
③ 「흥부전」 - 「연의 각」
④ 「토끼전」 - 「토의 간」

30 민속극의 역사적 전개에 대한 설명으로 옳지 않은 것은?

① 처용무는 신라시대를 대표하는 민속극이다.
② 조선 초에는 '산대도감'이라는 관청을 두고 민속극을 관장하게 했다.
③ 민속극이 쇠퇴하며 판소리가 빈자리를 메우게 된다.
④ 민속극이 보다 발전하게 된 것은 18세기 상업 활동의 발전과 더불어 도시탈춤이 활발하게 이루어졌기 때문이다.

31 다음 중 의인체 작품들의 제목과 의인화 대상을 잘못 연결한 것은?

① 「국순전」 - 술
② 「빙도자전」 - 얼음
③ 「안빙몽유록」 - 꽃
④ 「서재야회록」 - 책

32 신재효가 정리한 판소리에 대한 설명으로 옳지 않은 것은?

① 「심청전」을 남창, 여창, 동창으로 만들었다.
② 판소리 6마당을 완성했다.
③ 서술자의 작중 개입이 많은 편이다.
④ 민요를 판소리로 창작하기도 했다.

33 다음 중 몽유소설과 몽자류 소설의 차이점에 대한 설명으로 옳지 않은 것은?

① 몽자류 소설은 몽유소설과 달리 시가 많이 들어있다.
② 몽유소설은 주인공이 꿈에서 역사적 인물을 만났다가 꿈에서 깨어나는 내용인 반면 몽자류 소설은 주인공이 꿈에서 현실에 대한 깨달음을 얻고 깨어나 본래의 자아로 되돌아오는 내용이다.
③ 몽유소설에는 시공간의 제약 없이 시간을 뛰어넘는 인물들이 꿈속에 등장하기도 한다.
④ 몽자류 소설은 임진왜란, 병자호란을 계기로 창작되었다.

34 다음 작품과 관련이 없는 것은?

> 미나리는 사철이요 장다리는 한철이요
> 메꽃 같은 우리 딸이 시집 삼 년 살더니
> 미나리꽃이 다 피었네

① 인현왕후
② 장희빈
③ 의식요
④ 참요

35 다음 가사들 중 창작 시기가 다른 것은?

①「연행가」
②「만분가」
③「누항사」
④「갑민가」

36 판소리의 주제에 대한 설명으로 적절하지 않은 것은?

① 판소리는 생산의 주체와 감상의 주체가 일치하지 않아서 양면적 주제를 갖게 되었다.
② 민중의 현실주의적 세계관은 판소리의 이면적 주제를 구성하는 바탕이 된다.
③ 지배 질서를 옹호하는 양반들의 세계관은 판소리의 표면적 주제를 구성한다.
④「춘향전」의 이면적 주제는 정절이며, 표면적 주제는 신분적 제약의 극복과 인간 해방이라고 할 수 있다.

37 다음 중 가장 느린 판소리 장단의 명칭은 무엇인가?

① 중모리
② 진양조
③ 휘몰이
④ 자진모리

38 다음은 무엇에 대한 설명인가?

- 「당금애기」라고도 불린다.
- 제주도를 포함한 한반도 전역에서 불리는 대표적 서사무가이다.
- 기본 내용은 정착한 여성과 도래한 남성이 결합하여 삼형제 신을 출산한다는 것이다.

① 「제석본풀이」
② 「바리공주」
③ 「칠성풀이」
④ 「천지왕본풀이」

39 국문학에서 사용되는 언어의 변화에 대한 설명으로 옳지 않은 것은?

① 고대에는 구비문학의 형태였다.
② 한자가 유입된 후 지배층에서 한자 사용이 증가하면서 다양한 한문학 작품들이 창작되었다.
③ 17세기 이후 국문문학의 획기적인 증가가 일어났다.
④ 한글 창제와 더불어 국문학의 중심은 한문문학에서 국문문학으로 혁명적인 변화를 이루었다.

40 고려시대에 지어진 가전체소설에서 대상에 대한 작가의 태도가 다른 작품은?

① 임춘, 「국순전」
② 석식영암, 「정시자전」
③ 이곡, 「죽부인전」
④ 이규보, 「국선생전」

제1회 정답 및 해설 | 국문학개론

01	02	03	04	05	06	07	08	09	10
①	④	④	②	①	①	④	④	①	④
11	12	13	14	15	16	17	18	19	20
③	②	②	①	②	③	②	③	④	②
21	22	23	24	25	26	27	28	29	30
①	④	③	③	②	③	④	③	④	①
31	32	33	34	35	36	37	38	39	40
③	④	③	②	④	③	①	①	④	①

01 정답 ①
자아와 세계의 연관 양상에 따라 서사와 희곡 장르는 자아와 세계의 대결이 이루어진다고 보고, 서정 장르는 세계의 자아화, 교술 장르는 자아의 세계화가 이루어진다고 본다. '향가'는 서정 장르에 속하는 것이고, '무가', '판소리'는 모두 서사 장르, '가면극'은 희곡 장르에 속한다.

02 정답 ④
작품론은 작품의 문학성을 규명하는 데 용이하나 문학사적 문제에 대해서는 알 수 없다는 한계가 있다.

03 정답 ④
「공무도하가」만 작자가 밝혀진 것이 아니다. 「공무도하가」뿐만 아니라 「황조가」역시 고구려 2대 왕인 유리왕이 지은 것으로 작자가 밝혀져 있다.

04 정답 ②
조선 전기의 주된 시조 창작자는 사대부라 할 수 있으나, 이후 홍랑, 황진이 같은 기녀들도 시조 창작에 참여했다. 조선 후기에 접어들면서 시조 향유층은 평민층으로까지 확대되었다.

05 정답 ①
「서동요」, 「풍요」, 「헌화가」, 「도솔가」는 모두 4구체 향가이다.

06 정답 ①
향가는 향찰이라는 표기수단을 사용했다. 향찰은 비록 우리만의 글자가 없어서 중국의 한자를 쓰는 것이기는 하지만 우리말에 맞게 바꾸어 사용했다는 점에서 주체성을 발현한 것이라 보는 게 타당하다.

07 정답 ④
「한림별곡」은 한림의 여러 유생들이 사대부의 자부심과 학문에 대한 의욕을 노래한 작품으로, 최초의 경기체가 작품이다.

08 정답 ④
경기체가는 교술 장르에 속하지만 속악가사는 서정 장르에 속한다.

09 정답 ①
가사는 오직 국문으로 쓰였다. 정격가사와 변격가사는 '마지막 구절이 3음보로 시작하는지'로 구분된다.

10 정답 ④
『시조유취』는 1928년 최남선이 편찬한 것이다. 이보다 더 오래된 시조집으로 1728년 김천택이 편찬한 『청구영언』이 있다.

11 정답 ③
송순의 호는 '면앙정'으로 자신의 호를 딴 시조 「면앙정잡가」와 가사 작품 「면앙정가」 등 다수의 작품을 남겼다.

12 정답 ②
송순은 호남가단에 속하며 이현보, 권호문, 이황은 영남가단에 속한다. 영남가단은 영남지방을 중심으로 도학적 기풍의 시조를 창작한 사람들을 일컫는다.

13 정답 ②
악장이 대부분 연장형식과 분절형식인 것은 맞지만, 형식이 통일되지는 못하고 다양한 형태를 보이는 편이다. 형식보다는 내용적인 면에서 공통적인 편이다.

14 정답 ①
석가의 생애와 공덕을 찬양하는 내용을 담은 악장은 「월인천강지곡」이다. 이 작품은 세종이 지었다고 보는 게 일반적이지만 세종의 명령을 받아 김수온이 지었다고 보는 견해도 있다. 「용비어천가」는 조선 건국의 정당성과 조선의 발전을 기원하는 송축가이다.

15 정답 ②
비기능요와 기능요 중 음악적·문학적인 면에서 보다 정제된 형태를 보이는 것은 비기능요이다.

16 정답 ③
4·4조의 가사는 서민가사와 내방가사인 경우가 많고 3·4조의 가사는 사대부가 한자어구를 사용해 쓴 것이 많다. 조선 후기로 갈수록 서민가사 내방가사가 많이 쓰였으므로 4·4조의 안정적인 음수율을 지닌 가사가 많이 쓰였다고 할 수 있다.

17 정답 ②
내방가사는 규방가사라고도 불리는 것으로 대부분 작자 미상이거나 성씨 정도만 알려져 있다. 그러나 시집살이의 어려움을 토로하는 것이나 딸의 출가를 앞두고 규범이 될 만한 것을 알려주는 등의 내용으로 보아 궁녀가 아니라 일반 부녀자들이 지었을 것으로 짐작된다.

18 정답 ③
민요의 창작자는 한 개인이라 하더라도 삶의 현장에서 민중의 공감을 받아야만 살아남을 수 있다. 또한 여럿이 함께 부르는 과정에서 원작자의 개성이나 특수성은 소멸된다. 이로써 민요의 창작주체는 한 개인이 아니라 민중 전체라 보는 것이 적절하다.

19 정답 ④
「이생규장전」은 생사를 초월한 남녀의 사랑을 다루고 있는데, 이처럼 이상적인 가치를 추구하지만 현실적 한계로 인해 이루지 못할 때 나타나는 아름다움은 비장미이다.

20 정답 ②
설화는 구비 전승되는 서사문학이라는 점에서 서사민요, 서사무가, 판소리 등과 공통적이지만 이것들과 달리 율격이 들어있지 않다.

21 정답 ①
전설이 어떤 지역이나 사물의 형성과 유래 등을 설명하려고 하는 것은 옳으나 대부분 과장되거나 허구적이므로 사실적이라는 설명은 적절하지 않다.

22 정답 ④
민담은 시작할 때와 끝맺을 때 특정한 표현을 사용한다. 이로써 일상적인 세계와 이야기 속의 세계를 구분 짓고 이야기가 허구임을 나타낸다.

23 정답 ③
전설은 사물의 시원, 죽음 이후의 삶에 대한 궁금증을 일정 부분 해소하는 기능을 담당한다.

24 정답 ③
「광대가」는 신재효가 창작한 판소리이지만, 판소리 6마당에 속하는 것은 아니다. 신재효는 이미 판소리로 불리던 것들 중 여섯 가지를 다듬어 완성했는데, 그중에는 선지에 제시된 것 이외에 「박타령」, 「토별가」, 「변강쇠타령」이 있다.

25 정답 ②
작품의 미적 구조를 충분히 밝힐 수 없다는 것은 작가론의 한계이다. 이는 작품론의 관점에서 작품을 연구함으로써 보완될 수 있다.

26 정답 ③
시조의 형식이 어떻게 만들어졌는가에 대해서는 의견이 분분하지만 시조 이전에도 3장 형태의 속악가사가 있었던 점, 종장의 첫 3글자의 원칙도 10구체 향가에서 그 기원을 찾아볼 수 있는 점 등 이전 시대 문학장르와 관계를 맺고 있다고 볼 수 있다.

27 정답 ④
고소설의 효시가 되는 작품이 무엇인가에 대해서는 여러 논의가 있다. 오랫동안 인정되어 온 것은 김시습의 『금오신화』이다. 그러나 고려 말 가전체 작품들을 효시로 보아야 한다는 주장도 있고, 신라 말, 고려 초의 전기소설들로부터 소설이 시작되었다고 보는 견해도 있다. 그러나 「홍길동전」은 조선 중기의 작품으로 최초의 한글소설이라는 의의가 있을 뿐 고소설의 효시에 대한 논쟁과는 거리가 멀다.

28 정답 ③
아니리는 창, 너름새와 함께 소리광대의 표현수단 중 하나이지만 판소리의 3대 구성요소라 할 수는 없다.

29 정답 ④
판소리는 처음에 서민을 중심으로 연행되었으나 나중에는 양반의 후원을 받기도 하는 등 민족 전체에게로 향유층이 확대되었다.

30 정답 ①
이 외에도 「심청가」, 「흥보가」, 「수궁가」, 「적벽가」는 판소리 사설과 선율이 모두 함께 남아 있다. 다만 최근 「변강쇠타령」, 「옹고집타령」, 「배비장타령」, 「숙영낭자타령」의 선율을 복원했다.

31 **정답** ③
가면극의 '과장'은 인물의 등장과 퇴장을 구분지어 주는 개념인데 비해 현대극에서 '막'은 사건의 흐름을 구분 짓는 개념으로 사용된다.

32 **정답** ④
가면극은 마을굿놀이 계통, 본산대놀이 계통, 기타 계통으로 나누어 볼 수 있다. 하회별신굿, 강릉단오굿, 병산별신굿의 가면극은 마을굿놀이 계통의 가면극이다. 송파산대놀이는 본산대놀이 계통 가면극의 하나로 이 외에도 양주별산대놀이, 봉산탈춤, 강령탈춤, 은율탈춤, 수영야류, 동래야류, 통영오광대, 고성오광대, 가산오광대, 남사당패의 덧뵈기 등이 본산대놀이 계통 가면극에 해당한다.

33 **정답** ③
본산대놀이는 원래 삼국시대부터 전해 내려오던 산악백희 계통의 가면희와 연희를 성균관 소속 노비들이었던 놀이패들이 재창조해 공연했던 것이다. 지방으로 순회공연을 자주 다니기도 했는데 그러한 과정에서 각 지방에 원래부터 있던 가면극에 영향을 주어 본산대놀이 계통 가면극이 형성되었다.

34 **정답** ②
조선 후기에 들어 가사는 서정성이 줄어들고 대신 일상적, 현실적인 체험을 다루는 내용들이 많아졌다.

35 **정답** ④
민요는 기능요와 비기능요로 구분할 수 있고 기능요는 다시 노동요, 유희요, 의식요, 정치요로 구별된다. 제시된 민요들은 유희요인 「줄타기노래」를 제외하고 모두 노동요에 속한다.

36 **정답** ③
무당에는 신내림을 받은 강신무와 혈통을 따라 무당의 직위를 세습받은 세습무가 있다. 강신무가 신과 인간의 매개자로 역할하며 신성성을 띠는 데 반해 세습무는 굿을 할 때 인간을 만족시키는 것에 초점을 두게 된다. 따라서 여러 가지 문학적 표현이 더해지고 다듬어짐으로써 무가의 문학성이 강해지게 된다.

37 **정답** ①
판소리의 미의식은 사설, 음악, 너름새가 결합되어 결정되지만 그중에서도 가장 결정적인 요소는 사설이라 할 수 있다.

38 **정답** ①
고체시는 근체시에 비해 형식이 자유롭다. 5언 혹은 7언이 주가 된다는 형식만 지키면 된다.

39 **정답** ④
두보나 이백은 모두 당나라 때 시인이다. 우리나라에서 당나라 시풍이 유행한 것은 조선 중기 이후이다. 고려시대에는 송나라의 시풍이 유행하여 소동파의 시가 유행하였다.

40 **정답** ①
이규보는 고려시대의 문인이다. 그는 구전해 오던 고구려 건국 시조 동명왕의 설화를 바탕으로 한 서사시 「동명왕편」을 지었고, 삼국시대 이후 고려 때까지의 여러 시작품을 해설한 시화집 『백운소설』을 펴냈다. 이 외에도 「국선생전」, 「백운거사어록」, 「백운거사전」 등 여러 저술을 남겼다.

제2회 정답 및 해설 | 국문학개론

01	02	03	04	05	06	07	08	09	10
②	①	③	②	④	②	③	①	③	④
11	12	13	14	15	16	17	18	19	20
③	①	③	④	④	④	③	③	④	④
21	22	23	24	25	26	27	28	29	30
②	④	②	②	①	①	②	③	②	③
31	32	33	34	35	36	37	38	39	40
④	①	①	③	②	④	②	①	④	①

01 정답 ②
조동일은 한국문학 작품들을 서정, 교술, 서사, 희곡의 네 갈래로 나누었다.

02 정답 ①
한글 사용으로 인해 양반뿐 아니라 평민도 쉽게 문학작품을 향유할 수 있게 된 것은 사실이나 문학 담당층의 확대는 단지 한글 창제만이 아니라 임진왜란과 병자호란을 겪으며 일어난 사회적·경제적 변화를 바탕으로 이루어졌다.

03 정답 ③
'거북'의 의미에 대해서는 다양한 관점이 존재하지만 「구지가」가 잡귀를 쫓는 주문이라 보기도 한다는 점에서 거북이 잡귀를 의미한다고 볼 수는 없다. 거북은 보통 신성한 존재로 여겨지기 때문이다.

04 정답 ②
고구려 2대 유리왕이 지은 「황조가」는 최초의 개인적 서정시로 인정받는 작품이다.

05 정답 ④
백제의 노래들은 작품 관련 설명만 대략적으로 남아있으나, 「정읍사」는 조선시대까지 궁중에서 불린 덕에 가사를 확인할 수 있다.

06 정답 ②
「찬기파랑가」는 10구체 향가이다. 주어진 선지 외의 4구체 향가에는 「도솔가」가 있다.

07 정답 ③
'별곡'이라는 이름이 붙은 작품 전체에 공통적으로 존재하는 형식이나 특징은 없다. 별곡은 특정 형식에 붙인 이름이 아니라 중국의 음악에 대응하는 우리나라 노래라는 의미를 지닐 뿐이다.

08 정답 ①
한림에 있던 여러 선비들이 지은 것으로 추정되는 작품으로, 당시 신진사대부들의 풍류적이고 유흥적인 생활을 보여준다.

09 정답 ③
경기체가는 교술 장르인 반면 속악가사는 서정 장르에 속한다.

10 정답 ④
「사모곡」은 어머니의 사랑을 소재로 삼고 있다.

11 정답 ③
강호한정가는 조선 전기에 자연에 묻혀 살면서 유유자적하는 삶을 읊은 것으로, 사대부들에 의해 지어졌다. 대표 작가로는 이현보, 송순, 이황, 이이, 정철, 임제 등이 있다. 황진이는 기녀로서 임을 그리워하는 여인의 마음을 담은 시조를 주로 썼다.

12 정답 ①
정극인이 쓴 기시는 「상춘곡」이다. 「관동별곡」은 정철의 작품이다.

13 정답 ③
1263~1342년에 살았던 고려 말 문신 우탁의 「탄로가」 2수는 현재 전하는 시조들 중 가장 오래된 작품으로 여겨진다.

14 정답 ④
고려 말 이존오의 시조이다. 이 시조에서 구름은 신돈, 햇빛은 공민왕을 뜻하며, 이존오가 신돈의 잘못을 탄핵하다가 공민왕에 의해 좌천되었을 때 쓴 시조라 한다.

15 정답 ④
제시된 작품은 면앙정 송순의 시조 「면앙정잡가」 중 한 연에 해당한다. 면앙정은 송순의 호이며, 송순은 강호가도의 선구자로 호남가단의 대표적 시인이다.

16 정답 ④
악장은 신흥사대부 가운데 핵심 관료층이었던 사람들에 의해 창작되었다. 정도전, 하륜, 윤회 등이 그러하다.

17 정답 ③
해당 작품은 하륜이 지은 것으로 태종이 명나라로부터 왕의 인준을 받은 사실을 토대로 한다.

18 정답 ③
가사가 언제부터 지어졌는가에 대해서는 논란이 있다. 고려 말 나옹화상의 불교 포교용 가사들을 효시로 보아야 한다는 의견도 있고 조선 초 정극인의 「상춘곡」을 가사문학의 효시로 봐야 한다는 견해도 있다. 「면앙정가」는 송순이 조선 중기에 지은 작품으로 「상춘곡」의 뒤를 잇는 강호한정 가사 작품이다.

19 정답 ④
「고공가」는 국록을 먹는 신하들의 부패상을 비판하는 내용의 가사 작품이다.

20 정답 ④
민요를 부름으로써 반항심을 표출했으나, 해소할 목적으로 민요를 부른 것은 아니다. 민중들은 반항심을 표출함으로써 잘못된 정치에 대해 비판의 목소리를 내고 부당한 현실의 개선을 모색하려 했다.

21 정답 ②
민요는 2행부터 100행 이상까지 길이가 다양하다.

22 정답 ④
교환창은 여러 사람을 두 패로 나누어 번갈아가며 부르는 방식으로 후렴은 따로 없다.

23 정답 ②
남도민요에 대한 설명이다. 남도는 판소리와 함께 민요가 발달하였는데, 떠는 소리(미), 평으로 내는 소리(라), 꺾는 소리(도-시)로 이루어진 3음의 계면조를 많이 사용하여 독특한 느낌을 자아내고, 비장한 느낌을 준다.

24 정답 ②
설화는 민중뿐만 아니라 양반이나 지식인 등도 즐길 기회가 많아 문헌으로 정착되기 쉬운 편이다.

25 정답 ①
숭고미는 현실생활에서 벗어나 중요하다고 여기는 이상적 가치를 추구하는 데서 우러나는 아름다움이다. 이것은 영웅소설의 주인공이 보여주는 모습과 일치한다.

26 정답 ①
전설은 화자와 청자 모두 진실로 믿으려는 마음으로 구연된다. 따라서 허구성은 전설의 특징이라 볼 수 없다.

27 정답 ②
영웅신화의 주인공은 대개 고귀한 혈통을 지니고 태어나는 것으로 설정된다.

28 정답 ③
연쇄적 형식은 반복되는 사건들이 서로 인과관계 없이 이어지는 것으로 중간의 사건을 빼도 사건 진행에 큰 지장이 없다. 「콩쥐팥쥐」는 단선적 형식에 해당한다.

29 정답 ②
「심청전」을 개작하여 이해조가 쓴 신소설의 제목은 「강상련」이다. 「혈의 누」는 이인직이 쓴 한국 최초의 신소설로, 판소리계 소설과는 상관이 없다.

30 정답 ③
일제 강점기에 들어 민속극이 쇠퇴하면서 창극과 신파극이 퍼져나가게 된다.

31 정답 ④
「서재야회록」은 붓, 먹, 종이, 벼루의 문방사우를 의인화한 소설이다.

32 정답 ①
신재효가 세 가지 사설로 정리한 것은 「심청전」이 아니라 「춘향가」이다.

33 정답 ①
몽자류 소설과 몽유소설 둘 다 시가 많이 들어 있다.

34 정답 ③
제시된 작품은 정치요의 한 종류인 참요로, 제목은 「미나리요」이다. '미나리'는 인현왕후, '장다리'는 장희빈으로, 인현왕후 폐위 사건과 관련된 내용이다.

35 정답 ②
조위의 「만분가」는 연산군 시절 창작된 유배가사로, 조선 전기에 속한다. 나머지 작품들은 모두 조선 후기 작품이다.

36 정답 ④
「춘향전」의 이면적 주제와 표면적 주제에 대한 설명이 서로 뒤바뀌었다. 「춘향전」의 표면적 주제는 유교적 가치인 정절이고, 이면적 주제는 신분적 제약의 극복과 인간 해방이다.

37 정답 ②
진양조는 가장 느린 장단으로, 사설의 극적 전개가 느슨하고 서정적인 대목에서 흔히 사용된다.

38 정답 ①
제석신이 탄생하여 신이 되기까지의 과정을 서술한 서사무가이다.

39 정답 ④
한글이 창제된 후 한동안은 한글이 제대로 된 대접을 받지 못하였다. 여전히 사대부들은 한자 사용을 고집했고, 한글은 일부 계층을 중심으로 조금씩 퍼져나갔다. 그러다가 16세기 말과 17세기 초에 두 차례의 전쟁을 겪은 후에서야 본격적인 국문문학의 시대가 펼쳐졌다.

40 정답 ①
「국순전」은 술을 간신으로 의인화한 것으로 술의 부정적인 면을 드러낸 반면, 제시된 다른 작품들은 모두 대상의 긍정적인 면을 부각시키고 있다. 「정시자전」은 지팡이, 「죽부인전」은 대나무, 「국선생전」은 술을 의인화한 작품이다.

부록

4단계 대비 주관식 문제

출/제/유/형/완/벽/파/악/

할 수 있다고 믿는 사람은 그렇게 되고, 할 수 없다고 믿는 사람도 역시 그렇게 된다.

-샤를 드골-

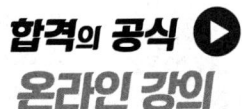

보다 깊이 있는 학습을 원하는 수험생들을 위한
시대에듀의 동영상 강의가 준비되어 있습니다.
www.sdedu.co.kr → 회원가입(로그인) → 강의 살펴보기

부록 | 4단계 대비 주관식 문제

제1편 국문학의 개념과 특징

01 조동일이 구분한 한국문학의 갈래 네 가지를 모두 쓰시오.

01 정답
서정, 교술, 서사, 희곡

해설
조동일은 서정, 서사, 희곡이라는 서양의 3분법을 받아들이고 거기에 교술 갈래를 새롭게 포함시켜 정리했다.

02 작가론과 작품론을 비교하여 약술하시오.

02 정답
작가론은 작품을 작가의 독창적인 산물로 보아 작가와 작품의 관계 규명에 집중하고, 작가의 자전적 경험과 생애, 살았던 환경 등을 연구한다. 반면 작품론은 문학의 형식에 주목하고, 작품 속 상징, 은유, 모티프, 내용과 형식의 조화 등을 연구한다.

03

정답
한자의 유입, 한글창제

해설
기원전후 무렵, 한자의 유입으로 문자생활이 가능해졌다. 이로 인해 구비문학으로만 존재하던 국문학의 일부가 문헌으로 정착되고, 차자를 통한 작품과 한문학 작품들의 창작이 가능해졌다. 또한 조선 초 세종에 의해 한글이 창제되면서 국문문학의 창작이 가능해졌다.

04

정답
설화, 민요, 무가

해설
한국문학은 입에서 입으로 전하는 구비문학과 문자로 창작된 기록문학으로 나뉜다. 이 중 구비문학에는 설화, 민요, 무가 외에도 판소리, 민속극 등이 있다.

---

03 한국문학의 표기방법이 변하는 데 가장 큰 영향을 끼친 사건 두 가지를 쓰시오.

04 구비문학에 해당하는 한국문학 장르를 3가지 쓰시오.

제2편 고대시가

01 「해가」와 「구지가」의 내용상 공통점과 차이점을 서술하시오.

01 정답
「해가」와 「구지가」는 공통적으로 집단적·주술적 내용을 담고 있으나, 그 배경설화가 「구지가」는 김수로왕 탄생배경과 관련되는 반면, 「해가」는 수로부인과 관련된다는 점에서 차이가 난다.

02 유리왕이 지은 「황조가」의 문학사적 의의를 쓰시오.

02 정답
「황조가」는 암수 꾀꼬리가 정겹게 노는 모습과 외로운 화자의 모습을 대비하여 실연의 아픔을 표현한 고대시가이다. 비슷한 시기의 시가와는 달리 개인적 정서를 노래했다는 점에서 우리나라 최초의 개인 서정시로 평가된다.

03

정답
㉠ 명령
㉡ 위협

해설
「구지가」의 내용은 다음과 같다. 이 중 2행에 해당하는 '머리를 내어라'는 '명령', 4행에 해당하는 '구워서 먹으리'는 '위협'에 해당한다.

> 거북아 거북아
> 머리를 내어라
> 내놓지 않으면
> 구워서 먹으리

04

정답
고대시가 작품에는 「구지가」, 「황조가」, 「해가」, 「공무도하가」가 있는데, 모두 4행으로 이루어졌다는 점에서 공통적이다.

해설
고대시가는 구전되다가 한자로 번역되어 정착되었는데, 「구지가」, 「황조가」, 「해가」, 「공무도하가」 등의 고전시가 작품들은 모두 총 4행으로 이루어져 있다. 각 행의 글자 수는 4-4-4-4(5)인 것도 있고 7-7-7-7인 것도 있으나, 총 4행으로 이루어져 있다는 것은 공통적이다.

---

03 다음은 「구지가」의 내용 구조를 간략하게 나타낸 것이다. 괄호 안에 들어갈 적절한 말을 순서대로 쓰시오.

> 호명 – (㉠) – 가정 – (㉡)

04 고대시가 작품의 제목을 3개 이상 쓰고, 형식상의 공통점을 쓰시오.

제3편 향가

01 향가가 시조의 형식에 영향을 끼쳤다는 근거가 되는 10구체 향가의 특징을 쓰시오.

01 정답
10구체 향가는 3단 구성으로 이루어져 있는데, 이것이 이후 초장, 중장, 종장이라는 시조의 3단 구성으로 이어진다고 본다.

해설
10구체 향가는 '4구 + 4구 + 2구'로 구성된다. 이러한 3단 구성은 이후 초장, 중장, 종장이라는 시조의 3단 구성으로 이어진다고 보는 시각이 있다. 또한 10구체 향가의 마지막 2구의 첫 부분은 감탄사로 시작하여 화자의 정서를 집약하고 시적 전환이 이루어지게 하는데, 이것이 나중에 시조 종장의 첫 음보가 3글자로 고정되어 있는 것에 영향을 끼쳤다고 보기도 한다.

02 향가의 내용상 특징을 향가의 작가와 관련지어 서술하시오.

02 정답
대부분 승려가 지은 것이어서 불교적인 색채가 강하다.

해설
향가는 현재까지 전하는 작품 25수 중 7수가량을 제외하고는 모두 승려가 지은 것이라 불교적인 내용이 많다. 대표적인 예로, 균여의 「보현십원가」 11수는 창작 목적 자체가 불교의 화엄사상을 대중에게 퍼뜨리는 것이었다.

03

정답
한자의 음과 훈을 빌려 표기했다.

해설
향찰은 한자의 음과 훈을 적절히 섞어서 우리말을 표기하는 방식이다. '훈주음종'의 방식에 따라 훈독과 음독을 섞어 한자를 우리말식으로 사용하였다.

04

정답
해당 작품은 「서동요」로, 현전 향가 중 가장 오래된 작품으로 손꼽힌다. 백제의 서동이 신라의 선화공주와 결혼하기 위해 지어서 아이들에게 부르게 했다는 점에서 민요적 정서를 보여준다고 평가된다.

05

정답
「제망매가」, 「혜성가」, 「찬기파랑가」 등

해설
이밖에도 10구체 향가에는 「안민가」, 「우적가」, 「도천수대비가」, 「원가」, 「원왕생가」 등이 있다.

---

03 향가의 표기 수단인 향찰은 우리말을 어떤 식으로 표기하였는지 서술하시오.

04 다음에 제시된 향가 작품의 제목을 쓰고, 이 작품의 의의를 서술하시오.

> 선화공주님은
> 남 몰래 사귀어
> 맛둥[薯童] 도련님을
> 밤에 몰래 안고 간다

05 10구체 향가 작품의 제목을 3개 이상 쓰시오.

제4편　속악가사

※ 다음 속악가사 작품을 읽고 물음에 답하시오. (01 ~ 02)

가시리 가시리잇고 나는
ᄇᆞ리고 가시리잇고 나는
위 증즐가 태평성대

날러는 엇디 살라ᄒᆞ고
ᄇᆞ리고 가시리잇고 나는
위 증즐가 태평성대

잡ᄉᆞ와 두어리마ᄂᆞᄂᆞᆫ
선ᄒᆞ면 아니올세라 나는
위 증즐가 태평성대

셜온님 보내옵노니 나는
가시는 둣 도셔 오쇼셔 나는
위 증즐가 태평성대

01 제시된 작품의 제목과 주요 내용을 쓰시오.

01 정답
제시된 작품은 작가 미상의 속악가사 작품인 「가시리」로, 이별의 정한을 노래한 개인 서정시가에 해당한다.

02 **정답**
민요로 불리다가 나중에 궁중음악으로 편입되어 정착됐다.

해설
「가시리」와 같은 속악가사는 원래 민요로 평민들 사이에 구전되었으나, 고려 후기에 권문세족들에 의해 궁중의 속악가사로 수용되었다. 그래서 작품 전체의 슬픈 분위기와 어울리지 않는 '태평성대'를 기원하는 후렴구가 덧붙게 되었다.

03 **정답**
「가시리」, 「서경별곡」, 「동동」 등

해설
속악가사 작품 중에서 「도이장가」는 예종이, 「정과정곡」은 정서가 지은 것으로 작가가 알려져 있다. 그러나 대부분의 작품들은 작가 미상으로, 이러한 작품에는 「가시리」, 「서경별곡」, 「청산별곡」, 「동동」, 「만전춘」, 「사모곡」, 「쌍화점」, 「이상곡」, 「정석가」, 「처용가」 등이 있다.

04 **정답**
㉠ 「도이장가」
㉡ 「정과정곡」

해설
속악가사 중 「도이장가」는 향찰로 표기된 2절 4구 형식(양주동) 혹은 8구체(김완진) 형식으로 해석되고 있으며, 「정과정곡」은 10구체 향가의 형식과 유사하다. 이러한 작품들은 향가가 속악가사를 거쳐 시조나 가사로 변모해 갔다고 보는 입장의 근거가 된다.

---

02 제시된 작품에서, '위 증즐가 태평성대'라는 후렴구가 첨가된 것을 통해 알 수 있는 속악가사의 특징을 서술하시오.

03 작가 미상의 속악가사 작품의 제목을 3개 이상 쓰시오.

04 다음 내용에서 괄호 안에 들어갈 적절한 작품 제목을 순서대로 쓰시오.

> 속악가사 중 고려의 개국공신을 추모하는 내용의 (㉠)와 임금에 대한 충정을 노래한 (㉡)은 향가 형식을 띠고 있다. 이를 통해 향가와 속악가사의 관련성을 짐작해 볼 수 있다.

05 속악가사 「동동」의 형식상 특징에 대해 서술하시오.

05 **정답**
「동동」은 임에 대한 송축과 연모의 정을 열두 달의 풍속과 함께 표현한 작품으로, 속악가사 중 유일하게 월령체 형식을 지니고 있다.

해설
각 달의 자연이나 날씨, 세시풍속 등을 반영하여 지은 노래를 월령체 형식이라 한다.

06 속악가사가 조선시대 때 비판받은 이유는 무엇인지 서술하시오.

06 **정답**
속악가사는 주로 평민들의 솔직하고 소박한 정서를 읊었고, 그중 「쌍화점」, 「만전춘」 등 남녀 간의 애정을 솔직하게 노래하는 작품들도 있었다. 이러한 내용은 유교적 질서를 중시하던 조선시대에는 남녀상열지사라 하여 비판의 대상이 되었다.

… 제5편 경기체가

01 경기체가와 속악가사의 장르적 차이를 간단히 서술하시오.

01 **정답**
경기체가가 교술 장르인 반면, 속악가사는 서정 장르이다.

해설
경기체가와 속악가사는 둘 다 3음보의 분연체로 되어 있는 등의 형식상 공통점이 있다. 그러나 경기체가가 교술 장르인 반면, 속악가사는 서정 장르로 분류된다는 차이점이 존재한다.

02 다음 작품의 제목과 문학사적 의의를 서술하시오.

> 유원순의 문장, 이인로의 시, 이공로의 사륙변려문.
> 이규보와 진화가 쌍운을 맞추어 거침없이 써 내려간 글.
> 유충기의 대책문, 민광균의 경서 뜻풀이, 김양경의 시와 부.
> 아, 과거 시험장의 모습이 어떠합니까. (정말 대단하지 않습니까.)
>
> (후략)

02 **정답**
제시된 작품은 「한림별곡」으로, 여러 문인들이 그들의 문학적 경지와 자긍심을 드러내고 있는 우리나라 최초의 경기체가이다.

03 경기체가 중 고려 때 지어진 작품의 제목을 3개 이상 쓰시오.

03 **정답**
「한림별곡」, 「관동별곡」, 「죽계별곡」 등

해설
경기체가는 고려에서 조선까지 창작되었는데 고려 때 3작품, 조선 때 22작품이 전해진다.

04 경기체가의 문학적 한계를 서술하시오.

04 **정답**
경기체가는 생경하고 어려운 한자어를 많이 사용했고, 주로 자신들의 문학적 경지와 향락적 생활을 노래하여 문학성이 떨어졌다. 또한 한시도 우리나라 시가도 아닌 중간적 형태라는 과도기적 시가 형식에 불과하다.

05 경기체가가 조선시대에까지 창작될 수 있었던 이유를 서술하시오.

05 **정답**
경기체가는 전대절과 후소절로 구분되고, 반복되는 후렴구와 3음보의 운율, 그리고 고정된 글자 수 등의 정제된 형식이 있었다. 이는 사대부 계층의 자긍심을 드러내는 데 효과적이었기 때문에 조선시대에 들어서도 창작될 수 있었다.

해설
경기체가는 전체 6행이 전대절(1행~4행)과 후소절(5행~6행)로 나뉘고, 그중 4행과 6행은 후렴구가 반복되며, 3음보의 운율 및 글자 수의 고정이 엄격하게 지켜지는 등 정제된 형식미를 지녔다. 이러한 특징은 사대부 계층의 자긍심을 드러내는 데 효과적이어서 조선시대까지 창작이 이어졌다.

제6편 악장

01 다음 작품의 작가와 작품명을 모두 쓰시오.

> 녜는 양쥬 꼬올히여
> 디위예 신도형승이샷다
> 기국성왕이 셩되를 니르어샷다
> 잣다온뎌 당금경 잣다온뎌
> 셩슈만년ᄒ샤 만민의 함락이샷다
> 아으 다롱디리
> 알품 한강슈여 뒤흔 삼각산이여
> 덕듕ᄒ신 강산 즈으메 만세를 누리쇼셔

01 정답
정도전, 「신도가」

해설
「신도가」는 조선 초기에 정도전이 지은 악장으로, 수도를 개경에서 한양으로 옮긴 후 새로운 수도의 형세와 태조의 성덕을 예찬하는 내용을 담고 있는 작품이다. 「용비어천가」와 함께 문학성이 높기로 손꼽히는 악장 중 하나이다.

02 「용비어천가」를 한글로 창작한 의도를 서술하시오.

02 정답
새로이 창제된 훈민정음을 시험해 보고, 훈민정음에 국가의 글자로서의 권위를 부여하기 위해서였다.

해설
「용비어천가」는 훈민정음으로 쓰인 최초의 악장 작품으로, 내용적인 면에서는 조선 건국을 찬양하고 후대 왕에게 권계하려는 의도를 지닌다.

03 다음은 「용비어천가」 2장이다. 밑줄 친 ㉠과 ㉡의 현대어 풀이를 순서대로 쓰시오.

> ㉠ 불·휘기·픈남·ᄀᆞᆫ·ᄇᆞᄅᆞ·매아·니:뮐·씨。
> ㉡ 곶:됴·코°여·름·하ᄂᆞ·니

03 **정답**
㉠ 뿌리가 깊은 나무는
㉡ 꽃이 좋고 열매가 많이 열리니

해설
제시된 부분의 현대어 해석은 '뿌리가 깊은 나무는 바람에 흔들리지 아니하므로 꽃이 좋고 열매가 많이 열리니'이다. '뿌리가 깊은 나무'는 기초가 튼튼한 나라로 곧 조선을 뜻하며, '꽃'과 '열매'는 문화와 문물을 상징하는 것으로 해석된다.

제7편 시조

01 시조의 형식 중 평시조와 사설시조 모두에서 반드시 지켜져야 하는 조건은 무엇인지 서술하시오.

01 **정답**
시조는 초·중·종장의 3행으로 하나의 연을 이루고, 종장의 첫 음보는 항상 3글자이다.

해설
정답에 서술된 것 외의 시조의 형식상 특징들은 평시조에만 적용된다. 평시조는 대체적으로 4음보의 형식을 지니지만, 사설시조의 경우 중장 혹은 종장의 음보가 4음보 이상으로 늘어나게 된다. 또한 평시조의 글자 수는 어느 정도 정형화되어 있으나, 사설시조의 경우 중장 혹은 종장의 글자 수가 잘 지켜지지 않는다.

02 다음 시조의 작가와 작품명, 작품에서 드러나는 삶의 태도를 모두 서술하시오.

> 十年(십년)을 經營(경영)ᄒ여 草廬三間(초려삼간) 지여내니
> 나 ᄒ간 ᄃᆞᆯ ᄒ간에 淸風(청풍) ᄒ간 맛져 두고
> 江山(강산)은 들일 듸 업스니 둘러 두고 보리라

02 **정답**
제시된 작품은 송순의 「면앙정잡가」로, 안빈낙도와 물아일체를 추구하는 삶의 태도가 드러난다.

해설
제시된 작품은 송순의 「면앙정잡가」 중 2수에 해당한다. '면앙정'은 송순의 호로, 송순은 강호가도의 선구자적 문인으로서 시조뿐만 아니라 「면앙정가」라는 제목의 가사 작품으로도 유명하다.

03 다음 내용에서 괄호 안에 들어갈 적절한 인물을 순서대로 쓰시오.

> 조선 성종 이후, 사대부들 사이에는 정치적 혼란을 피해 고향으로 돌아가 자연에 파묻혀 지내는 경향이 나타났다. 이들은 자연의 아름다움을 노래하고 임금의 은혜를 생각하는 작품들을 지었는데, 지역에 따라 가단(歌壇)을 형성해 활동했다. 이러한 가단 중 영남가단의 대표적 인물에는 「도산십이곡」을 지은 (㉠)과 이현보, 조식 등이 있었고, 호남가단에는 「사미인곡」을 지은 (㉡)을 비롯하여 송순, 김성원 등이 있었다.

03 **정답**
㉠ 이황
㉡ 정철

해설
영남가단에는 이황을 비롯해 이현보, 조식, 김우굉, 강익, 채헌, 주세붕 등이 있었는데, 이들은 도학적 기풍을 지닌 작품을 주로 창작했다. 호남가단에는 정철, 송순, 김성원, 고경명, 임제 등이 있었는데 이들은 주로 풍류를 즐기는 내용의 작품들을 창작했다.

04 다음 설명에 해당하는 시조들을 통칭하는 명칭과 공통적인 주제를 모두 쓰시오.

> 조선 성종 이후 임금 곁을 떠나 자연에 파묻혀 지내며 유유자적하는 생활을 노래하는 경향의 시조들이 지어졌다. 이러한 시조를 쓴 사람에는 송순, 이현보, 이황, 정철 등이 있다.

04 **정답**
강호한정가, 자연의 아름다움과 임금의 은혜

05 | **정답**
　㉠ 신돈
　㉡ 공민왕
해설
해당 작품은 작가인 이존오가 신돈을 탄핵시키려다가 좌천되었을 때 지은 시조 작품이라고 전해진다. 해당 작품에서 작가는 신돈과 공민왕의 관계를 '구름'과 '날빛(햇빛)'에 비유하여 신돈의 횡포를 비판했다.

05　작가가 처한 상황을 고려했을 때, 다음 시조에서 밑줄 친 ㉠과 ㉡이 가리키는 역사적 인물을 순서대로 쓰시오.

> ㉠ 구름이 無心(무심)탄 말이 아마도 虛浪(허랑)ㅎ다
> 　中天(중천)에 떠 이셔 任意(임의) 둔니며셔
> 　구틔야 光明(광명)흔 ㉡ 날빛츨 싸라가며 덥ᄂ니

제8편 가사

01 가사의 효시 지위를 두고 논란이 되는 두 작품의 작가와 제목을 모두 쓰시오.

01 정답
나옹화상의 「서왕가」, 정극인의 「상춘곡」

해설
나옹화상의 「서왕가」를 가사의 효시로 볼 경우, 나옹화상(1320~1376)은 고려시대 사람이므로 가사의 발생 시기는 고려 말이 된다. 그러나 「서왕가」의 작가가 정말로 나옹화상인가에 대한 논란이 있고, 「서왕가」가 구전되다가 18세기 초에 문자로 정착되었기 때문에 처음부터 가사의 형식으로 지어졌는지 확인할 수 없다. 따라서 조선시대의 「상춘곡」을 가사의 효시로 보는 견해도 존재한다.

02 정격가사와 변격가사를 구분하는 기준을 간략히 서술하시오.

02 정답
마지막 행의 첫 음보가 3글자인지 아닌지가 기준이 된다.

해설
마지막 행(결구)의 첫 음보가 3글자이면 정격가사, 그렇지 않으면 변격가사로 구분한다.

03

정답
- ㉠ 「사미인곡」
- ㉡ 「속미인곡」
- ㉢ 「관동별곡」
- ㉣ 「성산별곡」

해설
정철의 대표적인 가사 작품은 「사미인곡」, 「속미인곡」, 「관동별곡」, 「성산별곡」이라고 할 수 있는데, 이 중 「사미인곡」과 「속미인곡」은 연군의 정을 주제로 한 것이고, 「관동별곡」은 저자가 관동팔경을 둘러보며 벼슬아치로서 선정을 베풀겠다고 다짐하는 내용이다. 「성산별곡」은 저자가 전남 담양에 위치한 성산의 아름다운 사계절의 모습을 살펴보고 그 속에서 삶을 즐기는 모습을 예찬하는 내용이다.

03 다음 주제를 주로 담고 있는 송강 정철의 작품 제목을 〈보기〉에서 찾아 각각 순서대로 쓰시오.

- 연군의 정 - (㉠), (㉡)
- 아름다운 풍경과 선정을 베풀겠다는 다짐 - (㉢)
- 강호한정과 안빈낙도 - (㉣)

보기
「속미인곡」, 「성산별곡」, 「관동별곡」, 「사미인곡」

04

정답
- ㉠ 규방가사(내방가사)
- ㉡ 허난설헌

해설
제시문은 규방가사 혹은 내방가사라고 불리는 가사 장르에 대한 설명이다. 「규원가」는 규방에서 독수공방하는 여성의 한과 남편에 대한 원망과 그리움을 담은 작품으로, 작가는 허난설헌이다.

04 다음 내용에서 괄호 안에 들어갈 적절한 말을 순서대로 쓰시오.

(㉠)는 조선시대 여성문학의 모습을 보여주는 대표 장르로, 한글의 보급과 더불어 일상적인 생활 용어와 과감한 표현 등을 사용하여 한글로 창작한 것이다. 여성들의 정한을 담은 대표 작품에는 (㉡)의 「규원가」, 이씨 부인의 「복선화음가」 등이 있는데, 대부분의 여성 가사 작품은 작가 미상이다.

05 다음 가사 작품의 작가와 제목을 모두 쓰시오.

(전략)

인간 세상의 어느 일이 운명 밖에 생겼겠느냐?
가난하여도 원망하지 않음을 어렵다고 하건마는
내 생활이 이러하되 서러운 뜻은 없다.
한 도시락의 밥을 먹고, 한 표주박의 물을 마시는 어려운 생활도 만족하게 여긴다.
평생의 한 뜻이 따뜻이 입고, 배불리 먹는 데에는 없다.
태평스런 세상에 충성과 효도를 일로 삼아,
형제간에 화목하고 벗끼리 신의 있게 사귀는 일을 그르다고 할 사람이 누가 있겠느냐?
그 밖에 나머지 일이야 태어난 대로 살아가겠노라.

05 정답
박인로, 「누항사」

해설
제시된 작품은 박인로의 「누항사」의 현대어 역을 일부 발췌한 것으로, 임진왜란 후 궁핍해진 현실 속에서 살아가는 사대부가 느끼는 삶의 비애와 그 속에서도 안빈낙도를 추구하려는 모습을 담고 있는 작품이다. 이 작품을 기점으로 가사문학은 풍류적인 내용을 담은 조선 전기 가사에서 현실 생활을 사실적으로 그리는 후기 가사로 전환된다.

06 유배가사의 효시에 해당하는 작품의 제목과 그 작가를 쓰시오.

06 정답
「만분가」, 조위

해설
조선 전기의 문신이었던 조위는 무오사화 때 유배를 가서 「만분가」를 지었다. 작가가 귀양살이하는 원통함을 하소연한 이 작품은 유배가사 중에서도 가장 오래된 작품으로 여겨진다.

제9편 민요

01 민요의 기능에 따른 분류 3가지를 쓰시오.

01 정답
노동요, 의식요, 유희요

해설
민요의 주된 기능은 민중의 생활과 밀접한 관계를 가지면서 생활에 필요한 것을 충족시킨다는 것이다. 기능에 따라 이를 세부적으로 나눠보면, 노동요·의식요·유희요의 세 가지로 분류할 수 있다.

02 남도민요에서 주로 사용하는 민요의 음계와 그 특징을 서술하시오.

02 정답
남도민요에서는 주로 계면조를 사용하는데, 이는 서양의 단조와 비슷하게 슬프고 애타는 느낌을 준다.

03 민요에서 비슷한 구절이 한 민요 또는 여러 민요에 두루 나타남으로써 얻을 수 있는 효과는 무엇인지 쓰시오.

03 **정답**
민요에서는 관용적 표현이 반복되는 경향이 있는데, 이로써 외우기 쉬워지므로 전승이 쉽고 약간의 변형을 통해 창작도 용이해진다.

04 민요의 가창방식 중 선후창과 교환창의 차이와, 두 가창방식의 차이를 결정하는 요소를 모두 서술하시오.

04 **정답**
선후창은 선창자가 마음대로 사설을 지어 부르면 후창자가 이어서 후렴을 부르는 방식이고, 교환창은 사설을 양분하여 선창과 후창으로 나눠 부르는 방식이다. 이 차이를 결정하는 요소는 후렴의 유무로, 선후창과 달리 교환창에는 후렴이 따로 없다.

05 **정답**
강원도, 경상도, 전라도

해설
「정선아리랑」은 제목 그대로 강원도의 정선 지역에서 불리던 민요이고, 「쾌지나칭칭나네」는 '쾌지나 칭칭나네'라는 후렴을 받는 소리로 삼는 경상도 민요이다. 또한 「육자배기」는 6박자의 진양조로 시작하는 전라남도 지역의 향토민요이다.

05 다음 민요들이 주로 불린 지역을 순서에 맞게 도 단위로 쓰시오.

「정선아리랑」 – 「쾌지나칭칭나네」 – 「육자배기」

06 **정답**
㉠ 노동요
㉡ 기층문화
㉢ 생산성 확대

06 민요에 대한 다음 설명 중 괄호 안에 들어갈 적절한 말을 순서대로 쓰시오.

(㉠)는 의식요, 유희요, 정치요와 같은 기능요 중 가장 큰 비중을 차지한다. 이것은 노동에 종사하는 사람들의 자기 표현 방식이라는 점에서 (㉡)를 형성하였으며 이후 다른 민요 및 다른 시가를 산출하는 모체가 되었다. 이것을 함께 부르며 공동체 의식을 다질 수 있었고 이는 결국 (㉢)로 이어지는 효과를 낳았다.

제10편 무가

01 서사무가 「제석본풀이」의 다른 제목과, 제석신의 어머니는 나중에 무엇이 되었는지 모두 쓰시오.

01 정답
「당금애기」, 삼신할머니

해설
「제석본풀이」는 삼신할머니와 제석신의 내력을 풀어내는 서사무가이다. 당금애기가 스님으로 변신한 석가모니와 동침하여 세쌍둥이를 낳았는데, 그들이 온갖 고난을 겪은 후 당금애기는 삼신할머니가 되고 삼형제는 제석신이 된다는 내용이다.

02 세습무와 강신무가 무당이 되는 방식의 차이점을 약술하시오.

02 정답
강신무는 신병을 앓아 내림굿을 통해 무당이 되고, 세습무는 내림굿 없이 무당의 지위가 계승된다.

03 세습무의 존속 방식에 따른 세습무 사설의 특징을 서술하시오.

03 정답
세습무는 무속의례를 행할 때 공연을 한 대가를 받아 존속하므로 인간을 만족시키는 데 초점을 맞춘다. 그래서 세습무의 사설은 비유와 대구의 표현이 늘어나는 등 문학적 성격이 강하다.

04 무가 「바리공주」의 특징을 3가지 이상 쓰시오.

04 정답
- 무당의 조상에 대한 서사무가이다.
- 망자의 영혼 오구굿에서 불린다.
- 영웅설화와 비슷한 구조를 갖고 있다.

해설
「바리공주」는 자신을 버린 부모가 사망하자, 부모를 살리기 위해 저승으로 가서 생명의 약을 구해온 바리공주의 이야기이다. 바리공주는 온갖 고난을 겪은 후 약을 구해 부모를 살리고 한국 무당의 조상이 되었다.

제11편 설화

01 일반적인 3분법에 따른 설화의 종류를 쓰시오.

01 정답
신화, 전설, 민담

해설
설화의 종류를 구분하는 일이 명료하게 이루어지는 것은 아니며, 학자에 따라 9가지, 5가지, 3가지 등 구분법에 대한 의견이 모두 다르다. 그러나 대체적으로 신화, 전설, 민담의 3분법이 널리 쓰인다.

02 설화에 대한 다음 내용에서 괄호 안에 들어갈 적절한 말을 순서대로 쓰시오.

(㉠)은 신격 중심의 신화와 달리 인간과 그 행위를 주제로 한 것이다. 여기에 나오는 인간들은 의지가 좌절되거나 (㉡) 상황을 맞는 경우가 많다. 특정의 (㉢)이 제시되는 경우가 대부분이다.

02 정답
㉠ 전설
㉡ 비극적
㉢ 증거물

해설
전설은 특정 지역 중심적인 설화로 자연물이나 장소, 사물 등에 얽혀 내려오는 것이 대부분이며 대상물의 형성과 유래 등을 설명한다. 이 경우 그 대상물은 곧 그 전설의 진실성을 입증하는 증거물이 된다.

03 영웅신화 속 주인공의 출생은 일반적으로 어떤 특징이 있는지 서술하시오.

03 정답
단군 신화나 주몽 신화, 박혁거세 신화 등 한 국가를 창건한 영웅신화에서, 영웅들은 신족이나 왕의 후손 등 고귀한 혈통을 지닌 존재로 태어난다. 또한 사람으로 변한 곰의 자손이거나 알에서 태어나는 등 비정상적인 출생을 보이는 경우가 대부분이다.

04

전설의 특징을 3가지 이상 쓰시오.

04 정답
진실성, 역사성, 체험성 등

해설
이밖에도 전설은 설명성, 비약성, 화술의 자유로움 등의 특징을 지닌다.

05

신화, 전설, 민담의 시간 및 공간의 특징에 대해 각각 서술하시오.

05 정답
신화는 아득한 옛날이라는 시간과 신성한 장소가 언급되고, 전설은 구체적이고 현실적인 시간과 장소가 제시된다. 마지막으로 민담은 시간과 장소가 뚜렷하게 언급되지 않는다.

06

신화, 전설, 민담의 전승범위의 특징을 범위가 좁은 것부터 넓은 것 순서대로 서술하시오.

06 정답
전설은 일정한 민족이나 지방에 한정되는 이야기로 전승범위가 가장 좁고, 신화는 민족 혹은 국가로 전승범위가 더 넓어진다. 전승범위가 가장 넓은 것은 민담으로, 민담은 지역과 민족을 초월하여 전승된다.

해설
다만 종교신화의 경우, 지역과 국가를 초월해 특정 종교의 전파와 함께 한다.

제12편 고소설

01 판소리계 소설 작품의 제목을 3가지 이상 쓰시오.

01 정답
「춘향전」, 「심청전」, 「흥부전」 등

해설
판소리계 소설 작품에는 이 외에도 「화용도」, 「토끼전」 등이 있다.

02 다음 내용에서 괄호 안에 들어갈 적절한 말을 순서대로 쓰시오.

> 소설 옹호론을 펼친 김시습 등은 (㉠)의 가치를 인식하면서 그 안에는 객관적 진실이 숨어 있으며, 그 속에 도가 있다고 보았다. 그러나 소설은 (㉡)을 추구하는 당시 문학 흐름에 위배된다고 보는 비판론도 존재하였다.

02 정답
㉠ 허구
㉡ 진실

해설
조선조 사대부들은 소설의 허구적 성격을 두고 그것이 진실을 내포한 것이라 보기도 하고, 진실과는 거리가 멀다고 보기도 하는 등 입장이 갈렸다.

03 가전체 작품 중 술을 의인화한 작품의 제목을 두 개 이상 쓰시오.

03 정답
「국순전」, 「국선생전」 등

해설
임춘의 「국순전」과 이규보의 「국선생전」은 둘 다 술을 의인화한 가전체 작품이다. 다만 「국순전」에서는 술에 대해 비판적인 입장을 보이는 반면, 「국선생전」에서는 술의 긍정적인 면을 더 부각하고 있다는 점에서 차이가 있다.

04 우리나라 최초의 한문소설집, 최초의 국문번역소설, 최초의 국문소설의 제목을 순서대로 쓰시오.

04 정답
『금오신화』,「설공찬전」,「홍길동전」

해설
김시습이 15세기 중엽에 지은 『금오신화』는 최초의 한문소설집으로, 총 5편의 소설이 수록되어 있다. 채수의 「설공찬전」은 최초의 국문번역소설로 여겨지고, 이와 같은 국문번역소설의 시기를 지나 16세기 후반에서 17세기 초 사이에 최초의 국문창작소설인 허균의 「홍길동전」이 창작되기에 이른다.

05 몽자류 소설의 주제는 주로 무엇인지 쓰시오.

05 정답
부귀영화의 허망함과 인생무상

해설
「구운몽」,「옥루몽」 등과 같은 몽자류 소설의 주인공은 꿈을 통해 현실에 대한 깨달음을 얻고 꿈에서 깨어난 후 본래의 자아로 되돌아온다는 특징이 있다.

06 골계미에 대한 다음 설명 중 괄호 안에 들어갈 적절한 말을 순서대로 쓰시오.

- (㉠)를 부정하는 의식을 바탕으로 한다.
- (㉡)와 (㉢)이 두드러지게 사용된다.
- 특히 (㉣)이 쓴 소설들에서 잘 나타난다.

06 정답
㉠ 봉건사회의 이데올로기
㉡ 풍자
㉢ 해학
㉣ 박지원

해설
해당 제시문은 한국문학의 미적 범주인 숭고미, 비장미, 우아미, 골계미 중 자연의 질서나 이치를 의미 있는 것으로 존중하지 않고 추락시킬 때 나타나는 골계미에 대한 설명이다.

제13편　판소리

01 판소리의 구성 요소 중 '창'과 '아니리'의 차이를 서술하시오.

01 정답
창은 소리광대가 노래하는 것이고, 아니리는 소리광대가 말로 설명하는 부분이다.

해설
판소리의 소리광대(연창자)는 창(소리), 아니리, 너름새(발림) 등을 통해 판소리 대본을 청중에게 전달한다. 이 중 창은 노래 부분이고, 아니리는 말을 통해 서두에서 장소, 인물, 환경 등을 설명하고 사건의 변화 등을 알려준다.

02 '더늠'의 정의와 의의를 모두 서술하시오.

02 정답
더늠은 판소리 창자가 스승에게 전수받은 부분 위에 자신만의 장기를 발휘하여 새로운 부분을 보태는 것이다. 이것을 통해 판소리는 부분적 독자성을 지니게 되며, 판소리의 진수가 드러난다.

03 판소리에서 골계미가 드러나는 방식 두 가지를 쓰시오.

03 정답
해학, 풍자

해설
해학은 지체와 상관없이 인물을 웃음거리로 만들 때 나타나고, 풍자는 주로 높은 인물을 웃음거리로 만들어 비속화하고 조롱할 때 나타난다.

04 판소리 12마당 중 사설과 선율이 함께 남아있는 다섯 작품의 제목을 모두 쓰시오.

04 정답
「춘향가」, 「심청가」, 「흥보가」, 「수궁가」, 「적벽가」

해설
판소리 12마당 중 5작품(「춘향가」, 「심청가」, 「흥보가」, 「수궁가」, 「적벽가」)은 사설과 선율이 함께 남아있고, 나머지 7작품(「변강쇠타령」, 「배비장타령」, 「강릉매화전」, 「옹고집타령」, 「장끼타령」, 「왈자타령」, 「숙영낭자전」)은 사설만 남아있고 원래의 선율은 알 수 없다. 이는 양반들의 미의식에 알맞지 않아 노래로 불리지 않았기 때문으로 추측된다.

05 판소리의 주제가 양면성을 띠게 된 이유를 약술하시오.

05 정답
생산 주체는 민중인 반면, 감상 주체는 양반 이상으로까지 확대되었기 때문이다.

해설
구비문학을 토대로 한 민중들이 현실주의적 세계관을 바탕으로 발랄한 태도를 사설 속에 드러냄으로써 판소리의 이면적 주제가 형성되었고, 감상의 주체가 된 양반들은 지배 이념에 기초한 세계관으로 지배 질서를 옹호하는 표면적 주제를 구성하는 데 영향을 끼치게 되었다.

06 다음 설명에 해당하는 판소리의 제목을 2개 이상 쓰시오.

- 영웅들의 이야기를 다루었다.
- 지배층에 대한 민중들의 비판의식이 두드러진다.
- 「화용도」라고도 한다.

06 **정답**
「적벽가」, 「적벽대전」, 「화용도실기」 등

해설
「화용도」는 원래 「삼국지연의」에 등장하는 지명의 이름인데, 적벽대전과 관련되어 「적벽가」의 다른 이름으로도 불린다.

07 신재효의 업적을 2가지 이상 서술하시오.

07 **정답**
- 「광대가」, 「도리화가」를 지었다.
- 판소리 6마당을 완성했다.
- 판소리 창자들의 교육 및 예술 활동을 지원했다.
- 판소리 중 「춘향가」를 남창, 여창, 동창(童唱)으로 분화시켰다.

제14편 민속극

01 가면극과 현대극의 차이점을 2가지 이상 쓰시오.

01 정답
- 현대극은 인과관계로 구성된 하나의 사건이 이어지지만, 가면극은 일관된 사건의 흐름이 이어지는 것이 아니라 여러 별개의 장면들이 결합되어 구성된다.
- 가면극의 등장인물은 반주를 하는 악사와 대사를 주고받기도 하지만, 현대극에서는 악사가 따로 없다.
- 가면극에서는 '과장'에 따라 인물의 등장과 퇴장이 구분되지만, 현대극에서는 과장에 해당하는 '막'에 따라 사건의 흐름이 구분된다.

02 본산대놀이 계통 가면극에 등장하는 '말뚝이'의 특징을 두 가지 이상 쓰시오.

02 정답
- 말뚝이는 양반의 하인 신분이다.
- 겉으로는 충실한 하인의 역할을 담당하는 척 하지만, 실제로는 양반의 위선을 폭로하고 조롱하는 인물이다.
- 말뚝이를 통해 가면극의 풍자적 효과가 극대화된다.
- 양반과는 달리, 민첩하고 지혜롭게 묘사되어 관중들의 지지를 받아 민중들의 양반에 대한 불만과 반감을 표출하게 한다.

03 가면극의 산대희 기원설에 대해 서술하시오.

03 **정답**
조선시대 때 궁중에서 행해지던 산대놀이가 폐지되자 산대도감에 소속되어 있던 연희자들이 사방으로 흩어졌고, 생계를 위해 민중 앞에서도 공연을 하면서 가면극이 이루어졌다는 설이다.

해설
산대는 산의 모양을 본 떠 만든 높은 무대로, 나례 의식을 행할 때 만들어졌던 것이다. 이러한 일을 담당한 기구가 산대도감이다. 그러나 인조 이후에는 중국 사신의 방문 이외에 산대를 제작하는 경우가 줄어들어 산대도감이 유명무실해지다가 결국 폐지되었다. 산대 주위에서는 가면극을 비롯한 여러 가지 공연이 이루어졌는데, 그 연희자들이 전국으로 퍼져나가며 민간에서도 가면극이 활발하게 행해지게 되었다.

04 북청사자놀이가 행해진 시기와 목적을 쓰시오.

04 **정답**
북청사자놀이는 함경남도 북청군에서 전승되어 정월대보름에 행해지던 가면극으로, 사자탈을 쓰고 집집마다 돌아다니며 놀았다. 강한 힘을 가진 사자를 통해 잡귀를 쫓고 마을의 평안을 비는 것이 주된 목적이다.

05 **[정답]**
   ㉠ 신라
   ㉡ 천연두
   ㉢ 8

[해설]
처용무는 통일신라 헌강왕 때의 설화를 바탕으로 한 민속극으로, 8구체 향가 「처용가」와도 관련된다.

05 처용무에 대한 다음 설명 중 괄호 안에 들어갈 적절한 말을 순서대로 쓰시오.

- 고대 (㉠) 때부터 행해졌다.
- 동해 용왕의 아들이 (㉡)로부터 인간을 구해냈다는 설화를 바탕으로 한다.
- 해당 민속극의 바탕이 되는 설화와 관련된 (㉢)구체 향가도 전해진다.

제15편 한문학

01 다음 한시의 작가와 제목을 모두 쓰시오.

> 神策究天文　　귀신같은 책략은 하늘의 이치를 다했고
> 妙算窮地理　　오묘한 꾀는 땅의 이치를 깨우쳤네
> 戰勝功旣高　　싸움에서 이긴 공이 이미 높으니
> 知足願云止　　만족함을 알고 그만두기를 이르노라

01 정답
을지문덕의 「여수장우중문시」

해설
을지문덕의 「여수장우중문시」는 한국에서 가장 오래된 한시로 알려진 작품으로, 『삼국사기』에 실려 있다. 612년 수나라가 고구려를 침공했을 때 수나라 적장 우중문이 살수까지 쳐들어오자 을지문덕이 지어 보냈다고 한다. 우중문은 이 시를 받고 군사를 돌려 돌아가고자 했으나 을지문덕은 이들을 뒤쫓아 살수대첩에서 크게 이겼다.

02 다음 내용에서 괄호 안에 들어갈 적절한 말을 순서대로 쓰시오.

> 근체시는 당나라 때 완성된 것으로 구수(句數)에 따라 절구, (㉠), 배율로 나뉘는데, 각각 순서대로 (㉡)구, (㉢)구, (㉣)구로 이루어져 있다.

02 정답
㉠ 율시
㉡ 4
㉢ 8
㉣ 12

해설
한시는 형식이 비교적 자유로운 고시와 형식이 정형화된 근체시로 나뉜다. 근체시는 다시 구수에 따라 4구의 절구, 8구의 율시, 12구의 배율로 나뉜다.

03 정답

고려 무신정권 때 이인로, 임춘, 오세재, 조통, 황보항, 함순, 이담지의 7명이 모여 날마다 술을 마시고 시를 지었다고 한다. 이들의 행동은 무신정권에 대한 비판으로도 읽히며, 이들을 중국의 '죽림칠현'에 비견하여 '죽림고회' 또는 '해좌칠현'이라고 한다.

04 정답

『계원필경』은 신라 말 최치원의 시문집으로, 우리나라 최초의 개인 문집이라는 의의가 있다. 전 20권 분량의 책에 50수의 시와 320편의 산문이 실려 있다.

03 죽림고회에 대해 간략히 서술하시오.

04 『계원필경』의 작가와 의의를 모두 쓰시오.

독학학위제 2단계 전공기초과정인정시험 답안지(객관식)

독학학위제 2단계 전공기초과정인정시험 답안지(객관식)

년도 학위취득종합시험 답안지(객관식)

컴퓨터용 사인펜만 사용

★ 수험생은 수험번호의 응시과목 코드번호를 표기(마킹)한 후 일치여부를 반드시 확인할 것.

전공분야

성 명

수 험 번 호
(1) 4 — — —
(2) ① ② ③ ●

감독관 확인란

(인)

관리번호 (응시자수) (연번)

답안지 작성시 유의사항

1. 답안지는 반드시 컴퓨터용 사인펜을 사용하여 다음 **보기**와 같이 표기할 것.
   보기 잘된 표기: ● 잘못된 표기: ⊗ ⊙ ◐ ○
2. 수험번호 (1)에는 아라비아 숫자로 쓰고, (2)에는 "●"와 같이 표기할 것.
3. 과목코드는 **뒷면** "과목코드번호"를 보고 해당과목의 코드번호를 찾아 표기하고, 응시과목란에는 응시과목명을 한글로 기재할 것.
4. 교시코드는 문제지 전면의 교시를 해당란에 "●"와 같이 표기할 것.
5. 한번 표기한 답은 긁거나 수정액 및 스티커 등 어떠한 방법으로도 고쳐서는 아니되고, 고쳐 묻힘은 "0"점 처리함.

과목코드

교시코드 ① ② ③ ④

응시과목

1 ① ② ③ ④	14 ① ② ③ ④
2 ① ② ③ ④	15 ① ② ③ ④
3 ① ② ③ ④	16 ① ② ③ ④
4 ① ② ③ ④	17 ① ② ③ ④
5 ① ② ③ ④	18 ① ② ③ ④
6 ① ② ③ ④	19 ① ② ③ ④
7 ① ② ③ ④	20 ① ② ③ ④
8 ① ② ③ ④	21 ① ② ③ ④
9 ① ② ③ ④	22 ① ② ③ ④
10 ① ② ③ ④	23 ① ② ③ ④
11 ① ② ③ ④	24 ① ② ③ ④
12 ① ② ③ ④	
13 ① ② ③ ④	

과목코드

응시과목

1 ① ② ③ ④	14 ① ② ③ ④
2 ① ② ③ ④	15 ① ② ③ ④
3 ① ② ③ ④	16 ① ② ③ ④
4 ① ② ③ ④	17 ① ② ③ ④
5 ① ② ③ ④	18 ① ② ③ ④
6 ① ② ③ ④	19 ① ② ③ ④
7 ① ② ③ ④	20 ① ② ③ ④
8 ① ② ③ ④	21 ① ② ③ ④
9 ① ② ③ ④	22 ① ② ③ ④
10 ① ② ③ ④	23 ① ② ③ ④
11 ① ② ③ ④	24 ① ② ③ ④
12 ① ② ③ ④	
13 ① ② ③ ④	

[이 답안지는 마킹연습용 모의답안지입니다.]

년도 학위취득 종합시험 답안지(주관식)

전공분야

성명

| 수험번호 | | | | - | | | - | | | |

교시코드 ① ② ③ ④

답안지 작성시 유의사항

1. ※란은 표기하지 말 것.
2. 수험번호 (2)란, 과목코드, 교시코드 표기는 반드시 컴퓨터용 싸인펜으로 표기할 것.
3. 교시코드는 문제지 전면의 교시를 해당란에 컴퓨터용 싸인펜으로 표기할 것.
4. 답란은 반드시 흑·청색 볼펜 또는 만년필을 사용할 것. (연필 또는 적색 필기구 사용불가)
5. 답안을 수정할 때에는 두줄(=)을 긋고 수정할 것.
6. 답란이 부족하면 해당답란에 "뒷면기재"라고 쓰고 뒷면 '추가답란'에 문제번호를 기재한 후 답안을 작성할 것.
7. 기타 유의사항은 객관식 답안지의 유의사항과 동일함.

※ 감독관 확인란

(인)

[이 답안지는 마킹연습용 모의답안지입니다.]

참고문헌

- 강등학 등, 『한국 구비문학의 이해』, 월인, 2000.
- 김광순 등, 『국문학개론』, 새문사, 2008.
- 김은정 외, 『청소년을 위한 한국고전문학사』, 두리미디어, 2009.
- 김춘섭, 「문학 연구 방법에 대한 비판적 고찰」, 『어문논집』, 안암어문학회, 1998.
- 김탁환, 『한국고전소설의 세계』, 돌베개, 2005.
- 김태곤 등, 『한국구비문학개론』, 민속원, 2003.
- 문성환, 「근대 한국소설의 미적 특질 연구 : 미적 범주에 의한 근대적 미의식 고찰」, 인천대학교 대학원, 2000.
- 사회과학원 문화연구소, 『조선문학통사』 1권, 인동, 1988.
- 안병국, 『설화문학론』, 학고방, 2012.
- 이상택 외, 『한국 고전소설의 세계』, 돌베개, 2005.
- 장덕순 외 3인, 『구비문학개설』, 일조각, 2006.
- 정재호, 『한국시조문학론』, 태학사, 1999.
- 조규익 외, 『한국문학개론』, 새문사, 2015.
- 조동일 외, 『한국문학강의』, 길벗, 2015.
- 조동일, 『한국문학통사』 2, 지식산업사, 2002.
- 조동일, 『한국문학통사』 1~5권, 지식산업사, 2003.
- 최운식, 『한국 서사의 전통과 설화문학』, 민속원, 2002.
- 국립국악원·전북특별자치도, 국악정보, 국립국악원, 2010. 07.
  (네이버 지식백과, https://terms.naver.com/list.naver?cid=60483&categoryId=60483)
- 두산백과 두피디아, 두산백과
  (네이버 지식백과, https://terms.naver.com/list.naver?searchId=pv327)
- 배규범·주옥파, 외국인을 위한 한국고전문학사, 도서출판 하우, 2010. 1. 29.
  (네이버 지식백과, https://terms.naver.com/list.naver?cid=41708&categoryId=41727)
- 유네스코 인류무형문화유산, 인류무형문화유산(영/불어 원문)
  (네이버 지식백과, https://terms.naver.com/list.naver?searchId=au1898)

- 이응백・김원경・김선풍, 국어국문학자료사전, 한국사전연구사, 1998.
  (네이버 지식백과, https://terms.naver.com/list.naver?cid=41708&categoryId=41711)
- 한국구비문학대계, https://kdp.aks.ac.kr/inde/gubi
- 한국민속문학사전(민요 편), 국립민속박물관
  (네이버 지식백과, https://terms.naver.com/list.naver?cid=50223&categoryId=51052)
- 한국학중앙연구원, 한국민족문화대백과
  (네이버 지식백과, https://terms.naver.com/list.naver?cid=44621&categoryId=44621)
- 한국학중앙연구원, 한국향토문화전자대전
  (네이버 지식백과, https://terms.naver.com/list.naver?cid=51792&categoryId=51792)

시대에듀 독학사 국어국문학과 2·4단계 국문학개론

개정1판1쇄 발행	2025년 02월 05일 (인쇄 2024년 12월 31일)
초 판 발 행	2023년 02월 10일 (인쇄 2022년 11월 03일)
발 행 인	박영일
책 임 편 집	이해욱
편 저	한수정
편 집 진 행	송영진·김다련
표지디자인	박종우
편집디자인	김기화·김휘주
발 행 처	(주)시대고시기획
출 판 등 록	제10-1521호
주 소	서울시 마포구 큰우물로 75 [도화동 538 성지 B/D] 9F
전 화	1600-3600
팩 스	02-701-8823
홈 페 이 지	www.sdedu.co.kr
I S B N	979-11-383-7961-8 (13810)
정 가	24,000원

※ 이 책은 저작권법의 보호를 받는 저작물이므로 동영상 제작 및 무단전재와 배포를 금합니다.
※ 잘못된 책은 구입하신 서점에서 바꾸어 드립니다.

시대에듀 독학사
국어국문학과

왜? 독학사 국어국문학과인가?

4년제 국어국문학과 학위를 최소 시간과 비용으로 단 **1년 만에 초고속 취득 가능!**

1 1990년 독학학위제의 시작부터 함께한 가장 오래된 전공 중 하나

2 국어 및 국문학의 체계적 학습 가능

3 교육대학원 진학 및 출판계, 언론계, 미디어 등 다양한 분야로 취업 가능

국어국문학과 과정별 시험과목(2~4과정)

1~2과정 교양 및 전공기초과정은 객관식 40문제 구성
3~4과정 전공심화 및 학위취득과정은 객관식 24문제 + 주관식 4문제 구성

2과정(전공기초)
- 국어사
- 국어학개론
- 한국현대시론
- 국문학개론
- 고전소설론
- 한국현대소설론

3과정(전공심화)
- 문학비평론
- 국어의미론
- 국어정서법
- 국어음운론
- 고전시가론
- 한국문학사(근간)

4과정(학위취득)
- 국어학개론(2과정 겸용)
- 국문학개론(2과정 겸용)
- 문학비평론(3과정 겸용)
- 한국문학사(3과정 겸용)

시대에듀 국어국문학과 학습 커리큘럼

기본이론부터 실전문제풀이 훈련까지!
시대에듀가 제시하는 각 과정별 최적화된 커리큘럼에 따라 학습해 보세요.

STEP 01 기본이론 — 핵심이론 분석으로 확실한 개념 이해

STEP 02 문제풀이 — 실전예상문제를 통해 문제 유형 파악

STEP 03 모의고사 — 최종모의고사로 실전 감각 키우기

1과정 교양과정 | 심리학과 | 경영학과 | 컴퓨터공학과 | **국어국문학과** | 영어영문학과 | 간호학과 | 4과정 교양공통

독학사 국어국문학과 2~4과정 교재 시리즈

독학학위제 공식 평가영역을 100% 반영한 이론과 문제로 구성된 완벽한 최신 기본서 라인업!

START

2과정

▶ 전공 기본서 [전 6종]
- 국어사
- 국어학개론
- 한국현대시론
- 국문학개론
- 고전소설론
- 한국현대소설론

3과정

▶ 전공 기본서 [전 6종]
- 문학비평론
- 국어의미론
- 국어정서법
- 국어음운론
- 고전시가론
- 한국문학사(근간)

4과정

▶ 전공 기본서
- 국어학개론(2과정 겸용)
- 국문학개론(2과정 겸용)
- 문학비평론(3과정 겸용)
- 한국문학사(3과정 겸용)

GOAL!

※ 표지 이미지 및 구성은 변경될 수 있습니다.

➕ 독학사 전문컨설턴트가 개인별 맞춤형 학습플랜을 제공해 드립니다.

시대에듀 홈페이지 **www.sdedu.co.kr**   상담문의 **1600-3600**   평일 9~18시 · 토요일 · 공휴일 휴무

나는 이렇게 합격했다

당신의 합격 스토리를 들려주세요
추첨을 통해 선물을 드립니다

베스트 리뷰
갤럭시탭/ 버즈 2

상/하반기 추천 리뷰
상품권/ 스벅커피

인터뷰 참여
백화점 상품권

이벤트 참여방법

합격수기
시대에듀와 함께한 도서 or 강의 **선택** ▶ 나만의 합격 노하우 정성껏 **작성** ▶ 상반기/하반기 추첨을 통해 **선물 증정**

인터뷰
시대에듀와 함께한 강의 **선택** ▶ 합격증명서 or 자격증 사본 **첨부**, 간단한 소개 **작성** ▶ 인터뷰 완료 후 **백화점 상품권 증정**

이벤트 참여방법
다음 합격의 주인공은 바로 여러분입니다!

QR코드 스캔하고 ▷▷▷
이벤트 참여하여 푸짐한 경품받자!

합격의 공식
시대에듀